職場における性別ダイバーシティの心理的影響

正木郁太郎――［著］

東京大学出版会

The Psychological Influence of Workplace Gender Diversity in Japan
Ikutarō MASAKI
University of Tokyo Press, 2019
ISBN 978-4-13-016121-3

はじめに

研究背景と課題

昨今，日本企業では組織のダイバーシティ，中でも性別ダイバーシティが大きな企業課題となっている．本書の下敷きとなる博士論文（正木，2017）の執筆時点（2016 年）では「いかにして働く・働き続ける女性を増やすか」という意味での「女性活躍推進」が盛んに議論されていた．また，2018 年現在では議論の内容がやや変化し，主に経済的理由によって働く女性の人数が増えたことから，「多様な人が協働しやすい環境づくり」（一種の働き方改革）に議論がシフトしている．

このように，この約 2 年間だけでも社会の状況は非常に早く変化している．しかし，本質的な議論が深まったのかといえば，そうではないと考えられる．例えば，「そもそも多様な人が協働することは組織に何をもたらすのか？」「多様な人が協働する組織ではどのようなマネジメントが有効か？」というような，企業にとって重大なダイバーシティ・マネジメントに関する論点には，明確な結論が得られないままである．これは実務上の問題にとどまらず，関連する研究蓄積ができていないという学術研究上の課題でもある．

本書の目的と構成

本書は以上の背景を踏まえて，性別ダイバーシティの職場への影響と，その影響を調整するコンテクスト要因の効果を，複数企業を対象とした企業調査から明らかにすることを目指す．中でも本書は産業・組織心理学の立場に立つことから，職場のメンバーへの心理的影響（例えば，情緒的コミットメントの向上や離職意図の低下，コンフリクトの低下）に着目する．そしてコンテクストとしては，①職務特性，②組織風土の二つの組織環境に関する要因に着目し，いかなる職務特性や組織風土を持つ職場で性別ダイバーシティの正の影響が強まるかを検討していく．

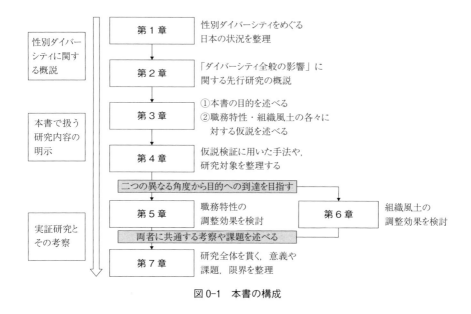

図 0-1　本書の構成

本書の構成は以下の通りである（図 0-1）．

第 1 章では，日本に固有の性別ダイバーシティを取り巻く状況について整理する．一例として，高いジェンダー・ギャップや，性役割分業の文化および雇用慣行などについて述べる．先に述べたように，一部の状況は，2016 年から 2018 年までの間でも変化がみられるが，そうした変化の様子についても触れたい．

続く第 2 章では「ダイバーシティ」の研究方法と，関連する研究蓄積について，主に海外の知見を整理する．この章では性別ダイバーシティに特化せず，ダイバーシティ全般について，産業・組織心理学を中心にどのような議論がなされてきたのかをまとめる．具体的に言えば，まずはダイバーシティの主効果を予測する研究仮説（つまり「ダイバーシティにはよい（悪い）影響がある」という素朴な仮説）が立ち上がった．しかしその仮説は実証研究の積み重ねの中で次第に破綻し，コンテクストを考慮する研究仮説（つまり「ダイバーシティがよい（悪い）影響をもたらす『条件』がある」という仮説）などの，精緻な予測へと推移していった．この経緯について，代表的な研究や，2018 年現在で最新の研究

動向についてまとめる．

　ここまでは，いわば性別ダイバーシティに関する研究の「概論」にあたる．第3章では，以上の背景を踏まえた本書の独自の「仮説」や，立場について述べる．筆者が本書において社会的課題や先行研究に対してどのような立場を取り，いかなる問題の解決を試みるのかについて述べる．そして，目的に続いて，主たる実証的な検討対象となる職務特性と組織風土の調整効果に関する仮説について，関連する先行研究を引きつつ述べる．

　第4章では，実証研究の「方法」を述べる．本書では実証研究のために，多様な特徴を持つ企業を対象としたアンケート調査と，その統計分析を手法として用いた．この手法の長所・短所について述べるとともに，具体的に本書で調査対象となった各企業の特徴や，整理の仕方についても述べる．

　第5章と第6章は，本書の中核となる実証研究を扱う章である．まず第5章は，職務特性の調整効果に関する実証研究である．ここでは三つのデータセット，四つの企業を対象とした調査データの分析を行う．職務特性の中でも，「仕事の相互依存性」と「役割の曖昧性」の二つの効果を検討する．これらは「日本的な特徴」と呼ばれることもあり，日本企業で重要な意味を持ってきた．こうした特徴が，果たしてダイバーシティ・マネジメント上，有効な施策になりうるか否かを検討し，日本で性別ダイバーシティを高める上で望ましい仕事のあり方について展望する．

　第6章は，組織風土，中でも「ダイバーシティ風土」の調整効果に関する実証研究である．ここでは，ウェブ調査一つ，企業調査四つから成る五つの調査データを扱う．まず日本の企業環境に合致したダイバーシティ風土の尺度作成を試みるとともに，両立支援制度や研修制度という客観的な指標との相関関係の分析を通じて妥当性の確認を行う．そして尺度構成ののち，各企業においてダイバーシティの心理的影響を好転させる風土が何か検討する．ここでの要点は，どのような特徴を持つ企業で，数あるダイバーシティ風土の下位因子のどの側面が調整効果を持つか知ることにある．この分析を通じて，様々な企業にとって望ましい風土醸成の方針が何かを探るとともに，「企業の置かれた状況，性別ダイバーシティを取り巻く状況」を考慮することが，ダイバーシティの主効果研究をどのように改善するかについて考察を行う．

最後に第7章では，以上の二つの実証研究を貫く総合的な考察を行う．中でも，海外の研究知見を発展させた「日本型ダイバーシティ・マネジメント」の可能性について，実証研究からわかったことと，今後の研究展望について述べる．

　なお，各章では付随していくつかの定性的な情報に基づく考察も実施する．定量調査および統計分析には，指標間の相関関係などを統計的・客観的に分析可能であるという長所がある一方で，必ずしも現場の感覚に即してはいない結果が導かれてしまいかねないことが短所として挙げられる．この短所を補うために，本書では各々の調査対象組織の持つ特徴（例えば，従業員の男女比率や，男女の平等性）を考慮した定性的な考察や，各組織の人事担当者などからのヒアリング結果も合わせて記述する．このことで各調査データの結果に関する考察に厚みを持たせるとともに，統計的結果からの現場への誤ったフィードバックを抑制することを目指す．

　本書は，第一義的には，性別ダイバーシティに関して，実在の社会集団（組織）における調査をもとに論じる応用研究をまとめたものとして位置づけられる．したがって，産業・組織心理学や集団研究の研究者が最も明確に想定される読者となる．また，関連する経営学や労働社会学の研究者も読者となりうるかもしれない．加えて本書の潜在的な貢献として，ダイバーシティに関する企業・社会施策に対する示唆を導くことも目指している．この観点から言えば，人事実務に携わる人事担当者・役員，多様な部下を持つ上司，あるいは政策立案者等も潜在的な読者になりうると考えている．

目　次

はじめに　i

第1章　日本の性別ダイバーシティに関する課題　1
1.1　日本の性別ダイバーシティとマネジメントの現状　1
1.2　政府による近年の女性活躍推進の動き　7
1.3　日本の「ダイバーシティ研究」の蓄積と課題　10

第2章　「ダイバーシティ」とは何か——その定義と分析　13
2.1　「ダイバーシティ」の定義——分析単位・類型化・影響対象　14
2.2　ダイバーシティの主効果研究と「三つの理論」　20
2.3　ダイバーシティの主効果研究の「破綻」と調整効果の検討　25

第3章　性別ダイバーシティに適した組織とは　35
3.1　本書の目的と「性別」「性別ダイバーシティ」の扱い方　35
3.2　性別ダイバーシティに適した職務特性とは　41
3.3　性別ダイバーシティに適した組織風土とは　47
3.4　本書のゴールと社会的な立場　59

第4章　実証研究の方法——企業間の比較と共通点・相違点　67
4.1　研究方法——定量調査に基づく企業間比較　67
4.2　変数の測定方法と留意点　69
4.3　調査データの概要と各企業が置かれた状況　73

第5章　ダイバーシティと「日本的職務特性」の相性　79
5.1　職務特性の効果の基本的分析（研究1）　79
5.2　人材サービス業の企業を対象とした仮説の再検討（研究2）　84
5.3　対人的ストレスに対するマルチレベル分析（研究3）　90
5.4　三つの企業調査からみえてきたこと　95

第 6 章　ダイバーシティと組織風土の相性 ………………………………… 101

　6.1　ダイバーシティ風土尺度の検討（研究 4）　102
　6.2　ダイバーシティ風土の効果の基本的分析（研究 5）　111
　6.3　女性が多く平等性が低いサービス業のケース（研究 6）　117
　6.4　女性が多く平等性が低い人材サービス業のケース（研究 7）　121
　6.5　女性が少なく平等性が高いグローバル企業のケース（研究 8）　125
　6.6　男女の数・平等性が中程度の小売業のケース（研究 9）　131
　6.7　企業間で異なるダイバーシティ風土の調整効果　142

第 7 章　日本型「ダイバーシティ・マネジメント」に向けて …………… 151

　7.1　本書の示唆の理論的側面と実践的側面　151
　7.2　性別ダイバーシティの心理的影響とコンテクスト　152
　7.3　コンテクスチュアル・パースペクティブの深化　153
　7.4　「ダイバーシティ」を深く理解・考察する　157
　7.5　ダイバーシティをマネージすることの意義　159
　7.6　ほかのダイバーシティ研究への拡張可能性　163
　7.7　おわりに　164

あとがき　169
初出一覧　173
引用文献　175

　　Appendix 1　「女性が増えると風土が変わる」のか　185
　　Appendix 2　女性比率を用いた分析例　190
　　Appendix 3　男女で結果は異なるか　195
　　Appendix 4　ダイバーシティ風土の上位因子の有無　201

索　　引　207

第1章 日本の性別ダイバーシティに関する課題

　本書が扱うテーマは，日本企業の性別ダイバーシティと，そのマネジメントである．しかし，そもそもこの問題にまつわる日本の「現在地」はどこなのだろうか．日本において性別ダイバーシティをとりまく現状はどのようなものであり，性別ダイバーシティと関連付けて議論される学術的な論点にはどのようなものがあり，そしてどのような未解決の問題があるのだろうか．本章ではこの点について筆者なりの整理を行い，本書の出発点としたい．

1.1 日本の性別ダイバーシティとマネジメントの現状

日本企業における性別ダイバーシティの現状と課題

　日本の社会あるいは企業組織は，国際的にみても大きな変革期にある．従来，日本は他国と比べて伝統的に性役割分業が強いとされてきた．すなわち，企業に働きに出るのは男性の役割であり，女性は家事労働を中心とした役割を担うという分業形態が強いと，メディアの報道や社会的な言説等を通じて主張されることが多かった．しかし近年は，少しずつではあるが，状況に変化が起きている．本節ではその点について具体的な数値を引用しつつ状況を整理したい．

　生産年齢人口に関する女性就業率　最もわかりやすい指標が，企業に勤める従業員に占める，女性の比率の低さだろう．日本経済新聞の 2015 年 7 月 10 日朝刊によれば，経済協力開発機構（OECD）加盟国 34 カ国における 25～54 歳女性の就業率は，日本の平均は 71.8% と 34 カ国中 24 位であった[1]．OECD（2018）のデータベースに掲載されている 2015 年当時の生産年齢人口に占める

---

[1] 類似の観点として「全就業者に占める女性の割合」を指標として用いることもある．例えば労働政策研究・研修機構（2015）では，就業者に占める女性の割合が，女性と労働の関係をめぐる国際比較に用いられている．なお同書において示されている 2013 年の全就業者に占める女性の割合は，日本では 42.8% であり，スウェーデン（47.3%）やアメリカ（47.0%），韓国（41.9%）等と大きな数値の開きはみられなかった．

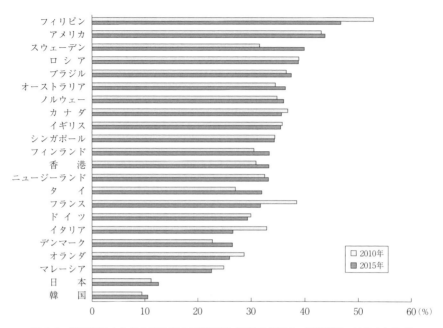

図 1-1　管理職に占める女性比率の国際比較（労働政策研究・研修機構，2017 より作成）

女性の就業率も 64.7% となっており，これは 34 カ国中 16 位だった（加盟国平均は 57.4%）．2017 年の値も同じく 34 カ国中 16 位の 67.5% となり，国際的な順位においては変化はあまりない．ただし女性就業率の絶対値は 2013 年から 2017 年までの 4 年間でもおよそ 3% 上昇しており，少しずつ，女性の就業は増えつつあると考えられる．

企業の管理職に占める女性比率　ただし，日本では主婦のパート労働が一般的なことから，従業員全体に占める女性比率（あるいは女性の就業率）は，日本の性役割分業の強さを適切に反映する指標ではないとも考えられる．そこで取り上げられやすいもう一つの指標が，企業の管理職に占める女性比率である（大沢，2015；麓，2015）．労働政策研究・研修機構（2017）では，2005 年・2010 年・2015 年それぞれについて，管理職に占める女性比率の国際比較を行っている（図 1-1）．同書に掲載された各国の数値を比較すると，日本は韓国と並んで非常に割合が低い（2010 年は 11.1%，2015 年は 12.5%）．たしかに 5 年の間で数

値に改善はみられるが，微々たるものであり，未だ他国と比べると女性の昇進・昇格は少ないものと考えられる．

「M字カーブ」の存在と「解消」　その他に女性就業率に関して取り上げられることの多い現象として，「M字カーブ」の存在が挙げられる．日本においては，女性の年齢階級別労働力率（15歳以上の就業者に占める女性就業者数の比率）を折れ線グラフにして示すと，20歳代後半から30歳代にかけて，比率が急に落ち込むことが知られている（例えば，大沢，2015; 労働政策研究・研修機構，2015）．このM字カーブは諸外国では見られないか，あるいはカーブの変化が緩やかであり，日本の労働問題の象徴として語られることも多い（例えば，リクルートHCソリューショングループ，2008; 内閣府男女共同参画局，2013）．この背景には，女性が結婚・出産後に退職し，子育てを含む家事労働に集中，子育てがひと段落ついた頃にパート労働者として労働市場に復帰するという就労パターンが存在している．ただし，このM字カーブは2018年には日本でもほぼ解消されたという報道がある．日本経済新聞の2018年2月23日朝刊によれば，30代の働く女性が過去に比べると増加し，「M字カーブほぼ解消」としている．この点からも，ここ数年の単位で日本の働く女性を取り巻く状況は変わりつつあることが指摘できる．

「ジェンダー・ギャップ指数」の低順位　この他に，国際的に報告されるジェンダー・ギャップに関する指数が取り上げられることもある．代表的なものが，世界経済フォーラム（WEF）が発表する「ジェンダー・ギャップ指数」（gender gap index）である．この指数は，社会における女性の地位の高さを「経済」「教育」「政治」「健康」の四つの項目において評価しており，日本は総合順位で145カ国中101位（2015年発表）にとどまっている（World Economic Forum, 2015）．その理由として，特に政治と経済における女性の社会進出に関する評価が低いことが挙げられる．例えば経済の指標においては，男女の間の賃金格差や，女性の就業率，女性の管理職比率等が計算基準として用いられており，先述の企業における各種女性比率の低さ等を反映したものであると解釈できる．

社会文化の国際比較1：Hofstede調査およびGLOBE調査　これまでに述べた代表的な指標は，いずれも女性の比率に関するものだった．つまり，あくまでも「女性が働いているか，働いていないか」という性役割分業の「事実」

を指し示すものであり，必ずしも性役割分業の「文化的な側面」を示すものではない．一方で，日本における性役割分業の強さを，文化的な側面から指摘する研究も存在する．それが，Hofstede, Hofstede, & Mincov（2010 岩井・岩井訳 2013）や，House, Hanges, Javiden, Dorfman, & Gupta（2004）による社会文化の国際比較調査に基づく指摘である．Hofstede et al.（2010 岩井・岩井訳 2013）は社会レベルの文化について国際比較調査を実施し，複数の文化次元をみいだした．その中でも性役割分業に関わるのが「男性性」(masculinity) の次元である．これは，社会における男女の性役割分業等の強さを示すが，この男性性のスコアにおいて，日本は国際的に2番目の高さとなっている．1位はスロバキア，アメリカは19位，スウェーデンは76位であった（Hofstede et al., 2010 岩井・岩井訳 2013）．スウェーデンに代表される北欧諸国は先述の女性就業率等の他の指標においても男女の平等の程度が高いことから，この社会文化のスコアは社会的な認識に照らして整合的だと考えられる．また，House et al.（2004）によって分析されたGLOBE調査においても，先のHofstede et al.（2010）の結果ほどではないが，性平等性（gender egalitarianism）の文化の順位が62カ国中41位と，中位〜低位に位置している．これらの結果から，日本は国際的にみた場合に，女性の就労状況や賃金格差等にとどまらず，社会文化の側面においても性役割分業の文化が一定以上に強いものと予想できる．

　社会文化の国際比較2：世界価値観調査　また，世界規模で行われた価値観調査である「世界価値観調査」（world value survey）でも日本における性役割分業の文化の強さが指摘されている．同調査の結果を報告した前田（2016）によると，例えば「仕事が少ない場合，男性の方が女性よりも先に仕事につけるようにすべきだ」に対する賛成意見の割合は30%であり，調査対象の全57カ国中で25番目と中位に位置していた．ただし上位を占める諸国は欧米先進国であり，日本はロシア，韓国，タイといった国々に近い順位だとされる．また「女性が自立するためには仕事をもつことが最善の方法である」に対する賛成意見の割合は49.5%で，57カ国中の39番目だったとされる．この他にも様々な質問とそれに対する考察が行われているが，総じて日本の性役割分業に関する意識は国際的に中位に位置していると解釈できる．この結果はHofstede調査ほど極端に日本の性役割分業の強さを指摘するものではないが，先進国と比

較して課題が残るという点は指摘できるだろう．

日本の企業組織の高い同質性を前提としたマネジメント

前項の数値情報をまとめた場合のおおまかな結論として，働く女性の数こそ増えているが，一方で他国と比べると，特に管理職に占める女性の割合が低くとどまっているほか，社会文化のレベルでも中程度から高程度の性役割分業が存在することを示唆する結果が得られている．では，日本における性役割分業の強さは，どのような社会制度や組織制度に下支えされているのだろうか[2]．ここでは代表的な問題として，日本の企業組織における高い同質性を前提としたマネジメントの存在について述べる．

第一に，「総合職」「一般職」といったコース別の雇用管理制度が挙げられる．伝統的な日本企業では，高度な業務に従事する正社員は総合職社員として，事務作業に従事する正社員は一般職[3]社員として，コース別に人事管理がなされることが多い．総合職社員は，異動や転勤を含む勤務を受け入れる一方で，「幹部候補」として多様な業務内容に従事することを求められる．対して，一般職社員の多くは，異動や転勤等があまり生じない一方で，補助的業務を中心に担う[4]．このコース別管理制度において重要な点が，歴史的に総合職社員に

---

[2] ただし「下支え」という表現は厳密には適切ではない可能性がある．各種社会制度と社会の文化は相互作用を起こしながら維持されるという指摘は，社会心理学の，特に文化の研究においてなされている（例えば，池田・唐沢・工藤・村本，2010; 北山，1998; Markus & Kitayama, 1991）．そのため，「制度が文化を下支えする」のではなく，「文化が制度を下支えする」という側面が同時に存在することも事実である．しかし，ここでは議論の簡略化のため，社会制度や組織制度といった制度的環境が，社会文化の維持に寄与しているという影響の方向に絞って，日本社会の状況について整理する．

[3] 「事務職」等の別の名称も存在し，業種や企業によって異なっている．

[4] 例外的なケースとして，一般職（事務職）社員がいわば「事務のプロフェッショナル」という形で，事実上高度業務に従事するケースはあると言われる．海老原（2012）における営業事務の例を挙げれば，①顧客からの電話（商品の発注）を取り，②担当営業に内容を伝えることまでが，最低限度の役割であるが，それでは「できる事務」には不十分であるとされる．そして「できる事務」ならば，そこで担当営業に代わって在庫の確認や，納期の確認，（在庫がない場合）代用品の候補を挙げる，顧客に代用品のメリット・デメリットを伝えて判断を仰ぐ，等の事実上の営業活動にも従事することがあると例示している．このように，一般職社員が，公的に要求される職責を超える働きをするケースも多いと考えられる．

は男性が就き，一般職社員には女性が就いてきたということである．これは「女性は結婚を機に退職するものである」という前提のもとで，補助的業務を女性が担うという形態として維持されてきたと考えられる．こうした男性と女性の人事管理上の区別が，企業組織における性役割分業の固定化に寄与してきたとされる（例えば，海老原，2012; 大沢，2015; 大内，2010）．

　第二に，企業におけるワークライフバランス（仕事と私生活の両立やバランス）を度外視した働き方の問題がある．そもそも日本企業は，諸外国と比較して労働時間が相対的に長い（例えば，山本・黒田，2014）．これは，就業規則で定められている基本的な労働時間に加えて，残業の時間が非常に長いことに由来する．そのため，総合職社員にとっては仕事と私生活を両立すること，特に育児や介護といったライフイベントを迎えた際の両立に大きな困難を抱えることが問題視されている（佐藤・武石，2014）．さらに，全国各地・世界各地への転勤を伴う異動が一般的であるという問題も挙げられる．これも居住地の安定や定住という観点からいえば，ワークライフバランスを妨げるマネジメント方法である．例えば，夫・妻がいずれも異なる企業の総合職社員として東京に勤務していた場合に，男性がアメリカ転勤を命じられたとする．夫婦が同居することを前提とするならば，夫または妻のどちらかが会社を退職または休職せざるを得ない．こうした状況においては，往々にして社会的な性役割分業規範の影響を受けてか，女性が退職を選ぶことが多く，結果として性役割分業（男性は仕事，女性は家事）の固定化につながっている．近年ではこうした転勤というマネジメント手法の問題も，労働時間の問題に加えて社会的に注目されつつある（例えば，佐藤，2007）．代表的には，佐藤・武石（2017）の研究で「転勤」が取り上げられており，転勤の効果の有無や，転勤に伴う各種満足度，転勤を企業が求める意図などについて分析を行っている．さらには転勤によって生活に影響が出るリスクを低減し，ワークライフバランスを重視する従業員のニーズに対応するために，「地域限定正社員」という働き方も取り入れられつつある（例えば，高橋，2013）．地域限定正社員とは，正社員としての処遇を受ける一方で，自分が希望する勤務地に基本的に勤務し続け，原則として転勤を伴わない働き方をする正社員である．株式会社ファーストリテイリングの展開する「ユニクロ」に代表される小売業で採用されている「地域正社員」の制度や，東京海上日動火

災保険株式会社に代表される保険業において採用されている「地域型」総合職等が，これに該当する．

上記二つの人材マネジメントの方法，すなわち，「女性＝一般職＝補助的業務」というコース別管理の存在や，総合職社員に全人格的な会社への関与を求める残業・転勤に代表される制度や慣行の存在は，日本では広く一般的だった．こうした人材マネジメントの仕組みと日本の性役割分業の強さの間には，一定の相互作用が生じていることが想定できる．すなわち，日本企業が全人格的な会社への関与を求めることが，家事労働を女性に集約させることにつながり，また家事労働を女性が優先的に担っているからこそこうした人材マネジメントの仕組みが存続できたと考えられる[5]．

1.2 政府による近年の女性活躍推進の動き

しかし昨今，国際的な男女同権の運動を受けて，日本においても男女の同権化が進みつつある．古くは男女共同参画社会基本法や男女雇用機会均等法等が定められていたが，2016年現在ではこれらに加えて，「女性活躍推進」という標語のもと，政府による男女同権化が進んでいる．ここでは代表的な動きをいくつか取り上げ，社会的な「女性活躍推進」の広がりについて整理する．

「2030」の設定 「2030」(にいまるさんまる) とは，政府による「女性活躍推進」の標語の一つであり，「2020年までに，指導的地位に女性が占める割合を少なくとも30％程度にする」という目標を意味している[6]．この標語に代表される女性の就業・登用促進は従来からも続いてきたが，2012年の第二次安倍晋三内閣の発足後，特に盛んになっている．元々この「2030」は，社会のあらゆる組織における指導的地位の30％を女性が占めることを目指すものだったが，後述の法律化等と合わせて，特に企業に対して目標達成を求める動きが加速している．この目標は，「女性活躍推進」の評価基準を，指導的な役割に占める女性の比率という，いわば「人数を増やす」ことに置いている点を示すも

[5) 例えば川口 (2008) は，こうした人材マネジメントの仕組みと男女の間での賃金格差や性役割分業の関係について，ゲーム理論を応用して論じている．
6) 「2030」と呼ばれる目標に関する詳細な議論については，髙崎・佐藤 (2014) などを参照されたい．

のとして重要であると考えられる[7]．

女性活躍推進法の施行　加えて，上記目標と連動する形で2016年には「女性活躍推進法」が施行された．この法律はおおまかに言えば，民間企業に女性の採用および登用を求め，またそれに向けた行動計画の策定を求めるものである．具体的には，従業員数が300名を超える企業に対して，次のような行動を求めている．まず，自社の女性の「活躍状況」の把握と課題分析である．ここには指標として「採用者に占める女性比率」「勤続年数の男女差」「労働時間の状況」「管理職に占める女性比率」を加えるよう，求められている．またこの課題分析に伴う行動計画の作成も求められている（都道府県労働局への届出や，外部への公表が必要）．ここでも，企業に対する評価は主に「女性就労者の数を増やすこと」によって行われており，政府方針における「女性活躍推進」は，第一義的には女性就労者の人数を増やすことに置かれていると解釈することもできる．

公共調達を通じた「女性活躍推進」　さらに近年では「女性活躍推進」に積極的な企業に対して，公共調達を通じて優先的な配慮を行うという動きも加速している．読売新聞2016年1月25日朝刊によれば，公共工事の請負事業者を決定する際，「技術力」や「工事実績」「価格」等の直接的に事業内容に関わる評価項目に加えて，「女性」や「ワークライフバランス」に関する評価項目が追加されると報道されている．この方針はすなわち，公共工事に関わる建設事業者に対して，女性の採用・登用に関する経済的インセンティブを与えることを意味している．元々こうした評価項目の追加は，男女共同参画に関係する調査研究の入札等に限られていたが，その動きが公共工事の入札にまで広がったことから，今後「女性活躍推進」の政府施策は広がりをみせていくものと思われる．

---

7) ただし，この数値のみなおしが進んでいることも事実である．例えば，内閣府による「第4次男女共同参画基本計画」では，国家公務員の「本省課室長相当職」に占める女性の割合の数値目標を，2020（平成32）年度末までに7%と，30%よりも大幅に引き下げている（内閣府男女共同参画局，2015）．同計画では，民間企業の「課長相当職」に占める女性の割合も15%と，国家公務員ほどではないものの30%という数値よりは引き下げており，こうした動きが広がる可能性がある．また，30%という数値を達成することの難しさに関する，学術研究者からの指摘も複数存在する（佐藤，2015, 高崎・佐藤，2014）．

「ダイバーシティ経営企業100選」や「なでしこ銘柄」を通じた表彰　この他にも,「女性活躍推進」のための政府の取り組みが行われている.ここでは一例として,経済産業省による「ダイバーシティ経営企業100選」と「なでしこ銘柄」の取り組みについて紹介する.「ダイバーシティ経営企業100選」とは,「ダイバーシティ経営[8]」に取り組む企業を表彰する仕組みであり,「ダイバーシティ推進を経営成果に結び付けている企業の先進的な取り組み事例と経営戦略上の意義を広く経営者層に浸透させるため」(経済産業省, 2014, p. 1) に作られたものである.ただし,この表彰は必ずしも「女性活躍推進」に限定されたものではなく,障害者雇用等の,様々な特性に関するダイバーシティについての表彰の取り組みである.そして「なでしこ銘柄」とは,経済産業省が東京証券取引所と共同で選定する企業の銘柄であり,「女性活躍推進」において優れた企業の企業価値向上のための取り組みとして行われている.

　以上のように,社会的にもダイバーシティ,特に性別ダイバーシティを高めることを求める気運が高まりつつあり,政府による施策等で後押しが進んでいるといえる.しかし,それに伴って,以下のような新しい疑問や課題が企業関係者の間で生じていることも事実である.

① ダイバーシティはどのようにすれば高められるのか【ダイバーシティ推進施策】
② ダイバーシティを高めることにそもそもどのような意義や効果があるのか【ダイバーシティの経営効果】
③ ダイバーシティを有効に機能させるためには何が必要なのか【ダイバーシティ・マネジメント】

　これらの疑問の大半は,本来は実証的にそれなりの解決が可能なものである.しかし日本における研究蓄積には偏りがみられ,それゆえにこれらの問題が取り残されてきてしまっている.続く1.3節では,この日本における研究蓄積の

---

[8]「ダイバーシティ経営」の定義はあまり明確になっていない.経済産業省 (2014) による入選企業の事例集の中でも,非常に多岐にわたる取り組みが挙げられている.これは,施策の手法という側面(「どのような施策を行うか」)に加えて,対象という側面(「誰に向けた施策か」)においても多岐にわたっており,「ダイバーシティ経営」として非常に広い概念を想定しているものと考えられる.

偏りという問題について議論する．

1.3 日本の「ダイバーシティ研究」の蓄積と課題

日本の研究蓄積の現状

2018年現在までに，日本で行われてきた「ダイバーシティの研究」と呼ばれるものには，大きく分けて以下の二つの研究群があるように思われる．

一つめが女性の就労やキャリア観，ジェンダー差といったジェンダーにまつわる問題の観点からの議論である（例えば，川口，2008；経済産業省，2012；中野，2014；武石，2014；矢島，2014）．例えば経済産業省（2012）の報告書では，ダイバーシティ推進の効果として「社員のモティベーションや満足度が向上」(p. 23) とする一方で，関連する事例として掲載されているものには女性従業員のモチベーションに限定した事例が目立っている．言い換えれば，この研究の射程はあくまでも女性従業員への影響にとどまっており，男性に関する議論や，職場への影響，企業への影響に関する議論は触れられないことも多い．これは，ダイバーシティの元々の意味が「多様な人が一緒にいること」を指し，ダイバーシティが影響を与える対象は女性だけにすぎず，男性を含む職場全体に影響を及ぼしうることを考慮すると，やや不十分な議論であるようにも感じられる．たしかに日本におけるダイバーシティ，特に性別ダイバーシティの問題の当事者として女性に着目する研究に大きな意義があることは間違いがないが，女性だけに限らない，職場全体への影響も併せて議論をする必要があると考えられる．

二つめがワークライフバランス推進の観点からの研究である（例えば，佐藤・武石，2014, 2017；山本，2014）．これらの研究の前提にはダイバーシティ・マネジメントを特に働き方に関する問題として捉え，多様な人材が「活躍」するためにはワークライフバランスを整えることこそが肝要であるという了解が存在する．佐藤・武石（2014）や山本（2014）は，ワークライフバランスをめぐる組織の諸問題や，ワークライフバランス達成を支援する組織制度がもたらす経営効果について，定量データを用いた実証研究を含めて論じている．これらの研究では，概してワークライフバランス達成を支援する組織制度が，企業業績や従業員のモチベーションを押し上げる効果を持っており，同制度の重要性が示

唆されている.ただし,これらは厳密にいえばワークライフバランスに関する研究であり,ダイバーシティを変数として扱うものではないことから,産業・組織心理学領域で扱われている「ダイバーシティの研究」と同義なものかどうかは判断が難しい.

近年はこれらに加えて,本書の課題と共通する「ダイバーシティの影響」に着目する研究やレポートも増えつつある.ただし,これらも実証的な根拠は弱く,ケース分析などの限られた定性的な根拠に基づくものであることが多い.例えば,経済産業省(2014)の「ダイバーシティ経営企業100選」選定企業の事例集においても,「ダイバーシティ推進による経営効果」という項目が,各選定企業の事例の中に設けられている.また,経済産業省(2012)において報告されている内容の中でも,ダイバーシティ推進の持つ経営効果として「プロダクトイノベーション」(製品の改良),「プロセスイノベーション」(製品・サービス提供方法の改良),「外的評価の向上」「職場内の効果」「企業の社会的責任(CSR)に関する外的評価の向上」という五つの項目が挙げられている.しかし,これらの論拠は特定企業におけるヒアリングに基づくものにとどまっているか,因果関係や,関係の背後にある理論ないしエビデンスが不明瞭なものが多い.近年では統計分析に基づく性別ダイバーシティの影響に関する研究も増えつつあるものの(例えば,乾・中室・枝村・小沢,2014;園田・坂田・黒川,2002;谷口,2014;山本,2014),第2章で述べるように,海外においてはメタ分析を含む多数の研究蓄積が不十分ながらも行われており(例えば,Guillaume, Dawson, Woods, Sacramento, & West, 2013; Joshi & Roh, 2009; Schneid, Isidor, Li, & Kabst, 2015; van Knippenberg & Schippers, 2007; Williams & O'Reilly, 1998),それと比べると,量や幅は未だ不十分である.

日本の「ダイバーシティ研究」の課題と,答えられてこなかった疑問

ここで,改めて1.2節で挙げたダイバーシティに関する「代表的な疑問」をみてみたい.これらの疑問のうち,日本の研究蓄積はどこまで答えられており,どこから答えられていないのだろうか.

① ダイバーシティはどのようにすれば高められるのか【ダイバーシティ推進施策】

② ダイバーシティを高めることにそもそもどのような意義や効果があるのか【ダイバーシティの経営効果】
③ ダイバーシティを有効に機能させるためには何が必要なのか【ダイバーシティ・マネジメント】

まず，①のダイバーシティ推進施策は，間接的にではあるが，女性の就労に関する研究や，ワークライフバランス研究によって答えが出されている．すなわち，女性のモチベーションを向上させる施策を打つか，またはワークライフバランスを整える施策を打つことが，女性従業員の増加というダイバーシティ向上をもたらすことが予想される．

また，②の疑問も部分的には答えが出つつある．山本（2014）などが性別ダイバーシティの高低が企業業績に及ぼす影響を定量的に検討しているように，知見は蓄積されつつある．ただし，まだ一貫した結論は導かれていないなど，①の疑問に比べれば未解決の点は多い．

さらに，答えがほとんど出ていない疑問が③である．この疑問は，言い換えれば，ダイバーシティが各種変数に与える影響と，その調整要因に関する問いである．したがってこれも本来は実証的にある程度まで答えが出るはずなのだが，それに答えるダイバーシティ・マネジメントの研究の数は日本では限られている．

本書で指摘したい日本の研究の課題も，まさにこの③に答える研究の不足にある．詳しくは後述するが，海外における研究潮流は②の論点を超えて，次第に③の論点に移りつつある．そこには「ダイバーシティの主効果仮説の破綻」という必然的な理由があるのだが，残念ながら，日本の「ダイバーシティの研究」にはこうした知見は活かされていない．これは研究上の空隙であるとともに，実務上の要請に応えられていない点で社会的に大きな課題であるとも言えるだろう．そこで本書では，実証研究からこの③の疑問に答えることを目指す．

第2章 「ダイバーシティ」とは何か——その定義と分析

本章では第1章の課題を受けて，海外においてこれまでに行われてきた「ダイバーシティ」の研究についてレビューを行う．中でも，ダイバーシティとはそもそも何か，そしてどのような分析方法がありうるのかについて検討する．

さしあたって，2.1 節ではまずダイバーシティの定義について述べる．ダイバーシティと一口にいっても，その内容は様々である．例えば，性別のように目にみえる特性もあれば，価値観のように目にはみえない特性もありうる．こうしたダイバーシティの内容については，類型化にいくつかの学術的な提案が存在しており，それらについて整理したい．

また，併せてダイバーシティの議論をわかりやすくするための代表的な三つの論点を整理する．それが「分析単位」「類型化・種類」「影響対象」の3点である．これを押さえることで，「今，何について議論をしているのか？」について見解の相違なく，ダイバーシティについて論理的な議論が可能になる．各々が何を意味しているのか，またどのように整理可能かについてまとめる．

2.2 節から 2.3 節にかけては，本題であるダイバーシティの各種影響に関するレビューを行う．先行研究では，様々な理論的な仮説を交えて「ダイバーシティの影響が正か負か」が議論されてきた．その代表的な三つの仮説を 2.2 節で述べたい．一方，これらのいわば「ダイバーシティの主効果」を検討する仮説は，実は近年の実証研究ではあまり支持されず，したがって「破綻した」と結論付けられることも多い．そこで，2.3 節では主効果に関する仮説を精緻化する方針として近年挙げられる，調整効果をめぐる仮説の蓄積や意義について述べる．

なお，本書で扱うのはあくまでも性別のダイバーシティである．しかし本章ではそれに話を絞ることなく，ダイバーシティ全般の影響，中でもデモグラフィック特性のダイバーシティの影響について過去の議論を整理したい．これは，先行研究において性別ダイバーシティは数あるデモグラフィック特性のダイバ

ーシティの一つとして扱われることが多く,性別固有の議論が行われることは限られているためである.そのため,本章の内容は,性別ダイバーシティという各論に関する実証研究に援用可能な,いわば総論としてのダイバーシティの議論を押さえる位置付けになるだろう.

2.1 「ダイバーシティ」の定義——分析単位・類型化・影響対象

ダイバーシティの基本的な定義と類似概念との区別

「ダイバーシティ」(diversity) とは,狭義には特定の集団や組織の中における種々の属性の分散を指す概念である(Roberson, 2006).すなわち,その集団や組織の中にどの程度多様な人がいるか,いないかを指すものである.基本的に多くの研究がこの定義に準拠しているが(例えば,Gonzalez & DeNisi, 2009; Joshi & Roh, 2009; Schneid, et al., 2015; Nishii, 2013; 谷口, 2014; Timmerman, 2000; van Dick, van Knippenberg, Hägale, Guillaume, & Brodbeck, 2008; 山本,2014),注意すべき点が一つ存在する.それが近年日本企業でも取り上げられることの多い「インクルージョン」(包摂性:inclusion) との区別である.これらの概念は往々にして混同されがちであるが,学術的には明確に区別されるべきものである.

インクルージョンとは,字義通り,多様な構成員を公平ないし平等に,なおかつ職務上の役割だけでなく性格などの人格を評価して組織に包摂することを指す概念である.言い換えれば,いかなる属性や考え方を持つ構成員にも「組織の一員」としての価値を認め,排除していないという「処遇の状態」を指す.元々はダイバーシティに関する実践的な取り組みの中で登場した概念で,定義も明確でなかったが,近年わずかながら産業・組織心理学の領域でも研究が進みつつある(Ferdman & Deane, 2014; Roberson, Ryan, & Ragins, 2017).中でも信頼性のある定義の一つが,Roberson (2006) による研究に基づくものである.Roberson (2006) は,ダイバーシティとインクルージョンの概念の区別を行うことを目指して,両概念の定義に関する自由記述結果の分類による定性的研究や,因子分析も併用した実証研究を行った.この研究では,ダイバーシティは特定の集団や組織における種々の属性のばらつき,つまり数的に容易に定義可能な「割合」を指していた.それに対して,インクルージョンはそれらの多様な人材が意思決定等に平等に参加することができることや,ダイバーシティの

効果が最大化されるように適切にマネジメントが行われているかどうかという，半ば定性的な「処遇」を指していた．

インクルージョンは，ダイバーシティの効果の発揮に際して必要不可欠な，いわば「両輪」であるとされる（例えば，Ferdman, 2014）．すなわち，この主張に則れば，インクルージョンを欠いたダイバーシティはネガティブな影響を生じかねず，経営上の意味を持たない．実践上も両者は両輪として扱われることが多く，ダイバーシティ推進のための標語として"Diversity & Inclusion"を掲げる企業もある（西村，2008）．当初は外資系企業を中心に導入が進んでいたが（例えば，日本ヒューレット・パッカード株式会社[9]やグーグル株式会社[10]），2016年現在では日本企業でもこの考え方の導入が進んでいる（例えば，野村證券株式会社[11]，全日本空輸株式会社[12]）．また学術研究としても，ダイバーシティとインクルージョンが密接に関わることを示す定量研究も登場しつつある（Nishii, 2013; Roberson, 2006）．

本書における筆者の立場もこれらの先行研究と同じもので，ダイバーシティとインクルージョンを明確に区別する立場を取る．つまり，ダイバーシティという概念は単純に特定の集団・組織内での属性の分散として，定量的かつ一義的に定義できるものとする．そして，その多様な人材がどのように扱われているかという論点に関しては，組織風土などを含むインクルージョンの概念に含まれるものとする．

以上のようにダイバーシティを多様な属性の分散として定義した場合に，研究上整理が必要な要因が主に三つある．それが①分析単位，②類型化，③影響対象であり，各々以下の内容に対応している．

① 分析単位：組織のどの階層・レイヤーのダイバーシティを扱うか？
② 類型化：何の属性のダイバーシティを扱うか？　またどのような類型があるか？

---

[9] http://h50146.www5.hp.com/info/company/abouthp/diversity/diversity.html（2016年2月27日参照）．
[10] http://careerhack.en-japan.com/report/detail/210（2016年2月27日参照）．
[11] www.nomuraholdings.com/jp/csr/employee/di.html（2016年2月27日参照）．
[12] https://www.ana.co.jp/ana-info/ana/diversity/（2016年2月27日参照）．

③ 影響対象：何に対する影響を検討するか？

類似の整理方法は，2017年に海外研究によっても提案されており（Roberson et al., 2017），的を射た整理の仕方であると考えられる．次項より，それぞれについてRoberson et al., (2017) による主張も踏まえつつ整理する．

ダイバーシティの議論で整理が必要な要因①：分析単位

代表的な分析単位をまとめたものが図2-1である．ここでは，企業組織を簡便化のために階層構造（ピラミッド構造）と見立てて，各種分析単位を整理している．

企業のダイバーシティ 一般的な言い方をすれば，従業員および役員[13]に占める多様な構成員の割合を指すものである．従業員に占める女性の割合の向上は，「女性活躍推進」の動きの中でも重要な動きの一つである．2015年に成立し，2016年に施行された女性活躍推進法の中で該当する項目としても，「採用者に占める女性比率」などに象徴的に取り上げられている．学術的にも，主に経済学者による研究で企業のダイバーシティが用いられることが多い（例えば，Hellerstein, Neumark, & Troske, 2002; Kawaguchi, 2007; 児玉・小滝・高橋, 2005; 山本, 2014）．

取締役会，企業役員のダイバーシティ 企業・組織の取締役会など，トップマネジメントチームに占める多様な構成員の割合を指すものである．企業活動や組織活動の方針を決定する権限を持つものは，多くの場合トップマネジメントチームであることから，このチームのダイバーシティは，企業の利益や投資などに影響する可能性がある．特に経営学に基づく研究で多くみられる区分である（例えば，Adams & Ferreira, 2009; 乾ほか, 2014）．

管理職のダイバーシティ 管理職に占める多様な構成員の割合を示すものである．企業単位のダイバーシティと同様に女性活躍推進法の中で重視されている項目である．近年の日本の研究で特に重視されているダイバーシティの分析

---

13) 一般的に会社法上の役員は従業員に含まれないために，「企業のダイバーシティ」を「従業員のダイバーシティ」と読み換えるのは適切ではない．ただし本書では，すべてのダイバーシティの表記を「従業員および役員のダイバーシティ」と表記することの煩雑さを考慮し，便宜上のものとして，「従業員」の中に役員も含めて議論を行う．

第 2 章 「ダイバーシティ」とは何か

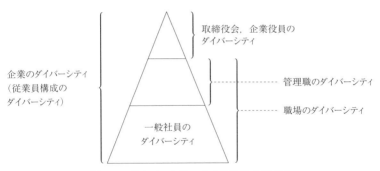

図 2-1　ダイバーシティの分析単位の模式図

単位の一つであり，主に経済学者による分析として，複数の研究が実施されている（例えば，経済産業省，2012; Siegel・児玉，2011; 山本，2014）．

職場のダイバーシティ　最後の分析単位が，職場（workplace）やチームに占める多様な構成員の割合である．職場という言葉には，非常に多義的な意味がありうるが，本書では職場を「責任・目標・方針を共有し，仕事を達成する中で実質的な相互作用を行っている課・部・支店などの集団」（中原，2010, p. 10）を指すものと定義する．したがって，ある企業では「課」が職場にあたり，またある企業では「部」が職場にあたるといったことがありうる．この分析単位を扱ったダイバーシティの研究も多数存在する（例えば，Chung, Liao, Jackson, Subramony, Colakoglu, & Jiang, 2015; Gonzalez & DeNisi, 2009; Jehn, Northcraft, & Neale, 1999; Joshi & Roh, 2009; Nishii, 2013; Schneid et al., 2015）．職場はコミュニケーションの基本単位であり，グループダイナミクスに関連する諸概念（例えば，コミュニケーション，凝集性，協調，インクルージョン）と最も整合的な単位である．そのため，特に社会心理学や産業・組織心理学に根ざした視点で，職場のダイバーシティを用いた研究が行われることが多い．

以上のように，ダイバーシティの分析単位一つを取っても，少なくとも四つの分析単位が存在する．そして，研究者の研究領域や研究関心，そしてどのような要因（例えば，企業業績，企業のイノベーション，職務満足）への影響を考えたいかによって，これらが使い分けられてきたと言える．しかし，一方でこうした分析単位の煩雑さが，ダイバーシティの影響研究の成果を複雑なものとし，理解を難しくしてきた一因でもあるだろう．

ダイバーシティの議論で整理が必要な要因②：類型化

　第二の論点がダイバーシティの種類や類型化である．一般的にはダイバーシティが性別，年齢，人種・民族・文化的背景の分散のみを指すものであると誤解されがちだというが（谷口，2008），厳密にはあらゆる属性の分散を指す概念であり，属性の中身については中立的である．どのような属性が扱われるのかについては，洋の東西を問わず議論がなされてきており，一定の研究蓄積や類型化が存在する．ここではその代表的な分類を二つ示す（表2-1)[14]．

　表層か深層か　代表的な定義の一つめが，表層のダイバーシティ（surface-level diversity）と深層のダイバーシティ（deep-level diversity）を区別するものである（Lambert & Bell, 2013; 谷口，2008）．表層のダイバーシティとは，性別や年齢，人種・民族・文化的背景，あるいは体の大きさなどの目にみえる特性の分散を指す．一方の深層のダイバーシティとは，態度や価値観，信念などの目にみえない特性の分散を指す．深層のダイバーシティはコミュニケーションの深まりにつれて顕在化する一方で，表層のダイバーシティは目にみえる特性であるために，すぐに顕在化するとされている．これらの効果の違いを定量的に示した研究も，数こそ非常に少ないものの存在しており，例えば成立から時間の経過した集団では深層のダイバーシティの方が強い影響力を持つとされる（Harrison, Price, & Bell, 1998; Harrison, Price, Gavin, & Florey, 2002）．

　デモグラフィック特性か職務関連特性か　代表的な定義の二つめが，デモグラフィック特性に関するダイバーシティと，職務に直接関係する特性のダイバーシティを区別するものである（Joshi & Roh, 2009; van Knippenberg, Homan, & van Ginkel, 2013; van Knippenberg & Schippers, 2007）．デモグラフィック特性のダイバーシティとは，年齢や性別，人種・民族など，仕事の内容と関係の薄い，目に見える特性の分散を指すものである．一方の職務関連特性のダイバーシティとは，教育，職務内容（職種），勤続年数などの仕事の内容に関係の深い特性の分散を指す．前者は，集団のコンフリクトやネガティブな態度を予測する社会的カテゴリ化と関連付けられることが多く，後者は，情報資源の多様化に

---

14) なお，ここで触れるダイバーシティの種類のほかに，複数種類のダイバーシティを組み合わせたフォールトラインと呼ばれる概念も存在する．詳細については本章末の補足1を参照されたい．

表2-1 ダイバーシティの代表的な類型化の一覧

分類方法	分類	代表的な特性
表層か深層か	a）表層 b）深層	性別, 年齢, 人種・文化的背景 価値観, 態度, 信念
デモグラフィック特性か 職務関連特性か	a）デモグラフィック特性 b）職務関連特性	性別, 人種・文化的背景 職務内容, 勤続年数

伴うポジティブな影響と関連付けられることが多い（Joshi & Roh, 2009）．なお，これら二つのダイバーシティには，研究によって様々な呼び名が存在し，順番に，relations-oriented diversity / task-related diversity と呼ぶ研究（Joshi & Roh, 2009）や，demographic attributes / job-related attributes と呼ぶ研究（van Knippenberg & Schippers, 2007; van Knippenberg et al., 2013）などがある．

ダイバーシティの議論で整理が必要な要因③：影響対象

ダイバーシティについて議論する中で重要な三つめの点が，ダイバーシティの何に対する影響を検討するか，いわば従属変数・目的変数の整理である．

業績（企業業績としての利益や労働生産性，および職場の業績） 代表的な影響対象の一つめが，様々な企業業績への影響である．つまり「企業のダイバーシティが高まると，企業の利益につながるのか？」というリサーチクエスチョンを追求する立場である．ここでの企業業績には多様なものが含まれており，総資産経常利益率（ROA, 利益率とも）を用いる研究や（児玉ほか, 2005; Siegel・児玉, 2011; 山本, 2014），企業の労働生産性（例えば，労働時間あたり利益，従業員1名あたり利益など）を用いる研究がある（経済産業省, 2012）．これらは主として経済学的な視点に則ったアプローチに基づく．こうした企業業績への影響の他に，職場単位での業績に着目する研究も挙げられる．Joshi & Roh（2009）やSchneid et al.（2015）では，チーム単位の業績（performance）を影響対象に挙げてメタ分析を実施している．ただし，例えばJoshi & Roh（2009）のメタ分析では，売上や生産性，財政指標，生産物の量や質など，多種多様な指標を含めてチーム業績を定義している．この研究にみられるように，業績指標としては，個々の研究者や調査対象企業に応じて多様な変数が過去に分析で用いられてきた．

企業のイノベーションや独創性　影響対象として考えられるものの二つめが，企業のイノベーション活動や独創性である．日本企業においても多様な人材の包摂が企業のイノベーションにつながると想定されることが多い（経済産業省，2012, 2014）．先行研究で言えば，企業の研究開発投資を扱った乾ほか（2014）や，経営企画担当者による主観的な回答を通じて得た独創性の指標への回答を扱った谷口（2014）などがこれに該当する．

従業員の種々の心理指標　最後に考えられる影響対象が，従業員や職場の種々の心理指標である．定量的な分析を行った近年の研究に限っても，表2-2のような多彩な指標が挙げられる．

これらはいずれも職場の中での心理・社会的な影響対象を扱うものであり，ダイバーシティがこうした要因への影響を通じて，最終的に従業員の離職や企業業績および企業の生産性に対して影響を与えると考えられる（詳細は次節にて論じる）．この要因は特に社会心理学者や組織心理学者の研究対象となることが多い（van Knippenberg, De Dreu, & Homan, 2004; Williams & O'Reilly, 1998）．

このように，ダイバーシティの代表的な影響対象を取り上げても，そこには多様な研究関心が存在する．さらに言えば，これらの要因各々について，影響の説明に用いられる理論が異なっていることも往々にしてあり，それらが相互に入り組んでいる構造となっている．こうした点もダイバーシティに関する研究の理解や進展を困難にしているものと筆者は考えている．

2.2 ダイバーシティの主効果研究と「三つの理論」

主効果研究の概要

以上のダイバーシティの定義に基づいて，過去にダイバーシティの影響の説明に使われてきた理論群と，関連する実証研究の帰結についてレビューを行う．本節で登場する理論群は，目的変数に応じておおまかに整理可能である（図2-2）．各理論の詳細については後述するが，様々な理論が目的変数に応じて使い分けられてきたということのみ，先に言及しておきたい．

なお，各目的変数間の関係性については，先行研究では特に議論が定まっていない．ここでは，心理指標（例えば，職場のコンフリクト）がイノベーションや職場業績に影響するという van Knippenberg *et al.*（2004）のCEM仮説を仮

第2章 「ダイバーシティ」とは何か

表2-2 ダイバーシティの研究で用いられる従属変数・目的変数の例

従属変数・目的変数	研究例
職場のコンフリクト，対人的な攻撃性	Drach-Zahavy & Trogen（2013） Nishii（2013）
組織コミットメント	Buttner *et al.*（2012） Gonzalez & DeNisi（2009） Jehn *et al.*（1998） McKay, *et al.*（2007） 園田ほか（2002）
集団アイデンティティ	van Dick *et al.*（2008） van Knippenberg *et al.*（2007） Kearney & Gebert（2009）
職務満足	Ellison & Mullin（2014） Nishii（2013）
組織市民行動，職場内の協調	Chung *et al.*（2015） Ellison & Mullin（2014） Schneid *et al.*（2015）
離職意図	Buttner *et al.*（2012） Gonzalez & DeNisi（2009） Kaplan *et al.*（2011） McKay *et al.*（2007）

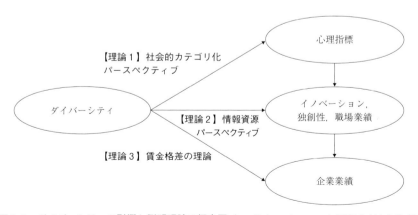

図2-2 ダイバーシティの影響と説明理論の概念図（van Knippenberg *et al.*, 2004 などより作成）

に援用し,図2-2に影響関係を加えた.また,心理指標および職場業績や独創性が最終的に影響する対象として企業業績を想定し,これも独自に図に加えた.

ダイバーシティの影響を説明する理論①:社会的カテゴリ化パースペクティブ

ダイバーシティの影響を論じる際に,特に社会心理学や産業・組織心理学の研究領域において頻繁に用いられる説明理論が「社会的カテゴリ化パースペクティブ」(social categorization perspective) と呼ばれる枠組みである (van Knippenberg & Schippers, 2007; van Knippenberg et al., 2013; Williams & O'Reilly, 1998).これは社会的アイデンティティ理論 (social identity theory) や自己カテゴリ化理論 (self-categorization theory),そして類似性がもたらす魅力 (similarity attraction) に基づく考え方である (Ferguson & Porter, 2013; Tajfel & Turner, 1986; van Knippenberg & Schippers, 2007; van Knippenberg et al., 2004; Williams & O'Reilly, 1998).

社会的アイデンティティ理論によれば,人は他者や集団,事物をカテゴリに基づいて認識および区別しており,お互いに似ているもの同士を同じグループとして認知する.特にこれが「人」を中心とする社会集団に対して用いられる場合に,これを社会的カテゴリ化 (social categorization) と呼ぶ (Ferguson & Porter, 2013).社会的カテゴリ化は,特定の社会状況において顕在化している様々な特性(例えば,年齢や性別,人種・民族)によってなされる.人はそうしてみいだされたカテゴリに自己をも同一視し,「我々」("we","us":内集団)と「他者」("they","them":外集団)という線引きを,意識的ないし非意識的に行っている (Ferguson & Porter, 2013; Hogg & Terry, 2000).

この理論は集団のダイバーシティが持つ「異質性」という点と非常に密接に結びついている.集団のダイバーシティが高い場合,集団には異質なカテゴリに属する構成員が多数包含されていることから(例えば,10名の集団に男性が5名と女性が5名の場合,男性が9名と女性が1名の場合よりもダイバーシティが高い),同一の集団内の中に内集団と外集団の区別が生じ,複数のサブグループが成立しうる.性別を例に取れば,一つの職場に男性集団と女性集団というサブグループが顕在化し,男性からすれば,男性という内集団と,女性という外集団の二つの集団が成立する(女性にとってはその逆).これは,集団を同質な構成員

で形成していれば生じえなかった集団現象である．こうしたサブグループの顕在化（サブカテゴリ化）は，複数の経路で，集団に対する悪影響をもたらしうる．

　第一に，ダイバーシティの向上に伴うサブカテゴリ化は，集団のまとまり（凝集性）を低下させるとともに，個人と集団の心理的な結びつきの低下に作用しうる．これは例えば構成員による集団アイデンティティや組織コミットメントの低下，あるいは離職意図の向上という形で顕在化する（Williams & O'Reilly, 1998）．このほかにも，集団のダイバーシティの向上が，葛藤の増加を通じて職務満足を低下させるというパスを実証した研究も存在している（Nishii, 2013）．

　第二に，サブカテゴリ化が生じた際には，人は内集団の方を外集団よりも一般に信頼し，一方で外集団に対してはネガティブな感情を抱きやすいとされる（Ferguson & Porter, 2013）．この仮定から導かれる集団のダイバーシティ向上の影響としては，集団間バイアスの増加や，同質的な集団と比較した場合の構成員間の相互信頼の低下，あるいは攻撃行動の増加などがある．

　以上のように，社会的カテゴリ化パースペクティブに基づく予測は，「集団のダイバーシティの向上は，構成員の心理指標に対してネガティブな影響をもたらしうる」となる．また，この観点は基本的に目的変数を構成員の心理指標に設定しているものの，間接的に集団のパフォーマンスも低下させうるという指摘も存在する（例えば，van Knippenberg *et al.*, 2004）．こうした研究では，集団内での葛藤の増加やコミュニケーションの齟齬が，プロセス・ロスを生じ，結果として集団のパフォーマンスを低下させると考えられている（谷口，2014; van Knippenberg *et al.*, 2004）．

ダイバーシティの影響を説明する理論②：情報資源パースペクティブ

　ダイバーシティの影響について論じる中で多く用いられる二つめの説明理論が，「情報資源パースペクティブ」（informational resource perspective）である[15]

---

15) この説明理論に対しては，異なる呼び方が用いられることもある．例えば「情報・意思決定」（information / decision making）という呼び方や（Williams & O'Reilly, 1998），「相互作用パースペクティブ」（interactionist perspective）という呼び方が用いられることがある（Phillips, Duguid, Thomus-Hunt, & Uparna, 2013）．ただし，これらの意味する内容は概ね同様のものであるため，本書では情報資源パースペクティブという呼び方に統一する．

(van Knippenberg & Schippers, 2007; van Knippenberg *et al.*, 2013; Williams & O'Reilly, 1998)．

　この理論では，ダイバーシティは課題の達成に関連する豊富な情報の源と解釈される．異質性の高い構成員同士から形成された集団は，同質性の高い構成員同士から形成された集団と比較して豊富な情報を保有しており，結果として複雑な問題解決に有利に取り組む余地がある．このことから，情報資源パースペクティブに基づけば，ダイバーシティの向上は特に集団のパフォーマンスに対してポジティブな影響を持つと考えられる（Joshi & Roh, 2009; van Knippenberg *et al.*, 2004）．

　この予測は，社会心理学の知識がなくとも素朴に理解がしやすいことから，ダイバーシティの種々の影響に関する社会的な言説においても同様の指摘が多くみられる．例えば経済産業省（2014）による，企業における性別ダイバーシティ向上を扱った事例集の中では，ダイバーシティが「価値創造」に関わるものであり，女性の視点を活かすことが企業の業績向上に大きく寄与しうるものであるという展望が述べられている．ただし情報資源パースペクティブに基づく予測には，いくつかの限界も存在する．第一に，この説明理論に基づく海外の研究でも，往々にしてダイバーシティが「諸刃の剣」（double-edged sword）であるとの議論がなされる（例えば，van Knippenberg *et al.*, 2013）．すなわち，ダイバーシティがもたらしうる豊富な情報と高いパフォーマンスは，社会的カテゴリ化パースペクティブが予測する集団葛藤の増加などのダイバーシティの負の側面を否定するものではなく，むしろ共起しうるものであるとされる．そしてこの事実と関連する点だが，第二の限界として，情報資源パースペクティブは従業員の心理指標に対する影響を予測するものではないことが挙げられる．例えば，van Knippenberg *et al.*（2004）では，情報資源の多様化は，あくまでも集団のパフォーマンスに作用するものであり，従業員の心理指標には作用し得ないものとするモデルが立てられている．

　以上のような限界こそあるものの，情報資源パースペクティブは「ダイバーシティの正の影響」を予測するものであると言え，社会的カテゴリ化パースペクティブに代表される「ダイバーシティの負の影響」を予測する理論と対置される理論として，多くのダイバーシティ研究で取り上げられてきた歴史が存在

する.

ダイバーシティの影響を説明する理論③：賃金格差に基づくアプローチ

ダイバーシティの影響に関する三つめの説明理論が，男女の賃金格差に基づくアプローチである．Becker（1971）は議論の前段として，労働市場では女性に対する差別・偏見が存在しており，したがって賃金が同じ能力の男性よりも低く抑えられているという仮定を置いている．これは言い換えれば，企業が女性に対する差別・偏見さえ持たずに女性を雇用すれば，同じ能力の男性を雇う場合と比べて人件費が抑制でき，したがって企業業績にもコスト抑制を通じたよい影響がもたらされることを意味する（山本，2014）．

この説明は賃金を重要な指標とみなす経済学者を中心に用いられることが多く，主に女性やマイノリティの雇用による経営効果の議論で引用され（例えば，Kawaguchi, 2007; 山本，2014），「女性が増えるほど〇〇である」という分析が行われる．この点において，「ダイバーシティが高まる（男女が等数に近づく）ほど〇〇である」という分析方法を取る先述の２理論とは方向性が異なっている．ただし，一般にダイバーシティ向上はマイノリティの雇用増加と同一視されることが多いことから，ここではダイバーシティの影響に関する説明理論の一つとして述べた．

なお，賃金格差の観点からのアプローチは筆者の知識の限りでは経済学に特徴的な考え方のようにも思われ，産業・組織心理学における「ダイバーシティの研究」の中で目にすることはほとんどない．主要なレビュー研究（例えば，van Knippenberg & Schippers, 2007）でもこのアプローチには言及がされておらず，社会的カテゴリ化パースペクティブと情報資源パースペクティブの二つの理論的仮説の説明のみがなされている．以上を踏まえて，本書では賃金格差のアプローチに対してこれ以上の検討は差し控えることとし，以後，その他の二つのアプローチに絞った議論を行いたい．

2.3 ダイバーシティの主効果研究の「破綻」と調整効果の検討

主効果研究の限界と「破綻」

これまでにダイバーシティの主効果に関する三つの理論について述べた．特

に，社会的カテゴリ化パースペクティブと情報資源パースペクティブによってダイバーシティの主効果を説明する試みは，産業・組織心理学の系譜に位置付けられる先行研究でも幅広くなされてきた．しかし，実のところ，これらの主効果に関する仮説はこれまでにあまり支持されず，「破綻した」と結論付けられることすらある．

例えばダイバーシティの種々の影響について「過去 40 年の蓄積のレビュー」(a review of 40 years of research) を行った Williams & O'Reilly (1998) では，一部のダイバーシティ（年齢や人種・民族など）は総じてネガティブな影響を持つものの，概ねダイバーシティ向上の影響はダイバーシティの種類やコンテクストによって異なりうると結論付けている．

同じくレビュー研究である van Knippenberg & Schippers (2007) では，ダイバーシティ向上の主効果は，ポジティブであることもあればネガティブなこともあり，また統計的に有意な影響がみられないこともあるというように，影響が異なる研究間で一定でないことを指摘している．これを踏まえて，同論文中では「主効果に関するアプローチの破綻を宣言し，ダイバーシティの影響を説明するために，より複雑で，調整変数を考慮したモデルについて議論を行う時が来ているようにも思われる」とも述べられている（van Knippenberg & Schippers, 2007, pp. 518-519）．

同じくチームのダイバーシティがパフォーマンスに及ぼす影響に関するレビューと，それに加えて 39 の先行研究のメタ分析を行った Joshi & Roh (2009) では次のように述べられている．「私たちのレビューによれば，過去の研究において，種々のダイバーシティに関する属性の主効果の 60% は統計的に有意ではなかったと報告されている．残る研究の中では，主効果の 20% は正の効果が統計的に有意であり，20% は負の効果が統計的に有意であった」(Joshi & Roh, 2009, p. 601)．

このように，ダイバーシティの主効果は研究によって正負が混在しており，明確な関係性をみいだすことが難しい．こうした背景を踏まえて，van Knippenberg & Schippers (2007) や Joshi & Roh (2009) は，ダイバーシティの主効果を検討するモデルの説明力に懐疑的な姿勢を示している．これらの研究にみられるように，海外の研究蓄積からはダイバーシティの主効果は一貫してお

第2章 「ダイバーシティ」とは何か

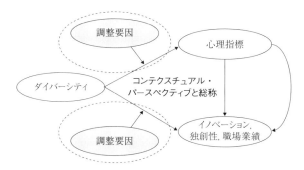

図2-3 主効果に関するアプローチとコンテクスチュアル・パースペクティブの関連

らず，したがって社会的カテゴリ化パースペクティブと情報資源パースペクティブも，当初のシンプルな予測だけでは十分に機能しないことが示されている．

研究の精緻化枠組みとしての「コンテクスチュアル・パースペクティブ」

以上の一貫しない結果を踏まえて，ダイバーシティに関する研究群では理論と予測を精緻化するために，様々な試みが行われている．例えば，ダイバーシティの種類の違いに着目する研究（例えば，Joshi & Roh, 2009; Williams & O'Reilly, 1998）や，各種調査・実験が行われた集団や組織のコンテクストに着目する研究である（Joshi & Roh, 2009; Schneid et al., 2015; van Knippenberg & Schippers, 2007; van Knippenberg et al., 2013）．中でも近年試みが進みつつあり，また本書で取り上げたい取り組みが，ダイバーシティの影響を調整するコンテクストに着目するアプローチである．これは総じて，コンテクスチュアル・パースペクティブ（contextual perspective）と表現される（Joshi & Roh, 2013）．

この研究アプローチは元々，先述のダイバーシティの主効果研究の不成功をきっかけに始まった．つまり，ダイバーシティ向上がもたらす影響が組織によって異なる背景には，その主効果を左右する何らかの要因があると仮定し，その調整要因こそを明らかにしようという着想に至った研究の例である．このアプローチは，先述の三つのアプローチに代わる「新しい理論」を打ち立てるものではなく，むしろ各研究アプローチを調整要因の観点から精緻化することに力点が置かれている（図2-3）．したがって，ここに位置付けられる研究は目的変数に応じて先述の三つのアプローチのどれかに依拠した上で，具体的な調整

表 2-3　調整要因の整理

調整要因	研究例
職務特性	Jehn et al.（1999） Joshi & Roh（2009） Sargent & Sue-Chan（2001） Timmerman（2000）
リーダーシップ	Kearney & Gevert（2009） Suzuki & Takemura（2016）
社会文化	Schneid et al.（2015）
ダイバーシティ信念	van Knippenberg et al.（2007） van Dick et al.（2008）
ダイバーシティ風土	Gonzalez & DeNisi（2009） Nishii（2013）

要因の効果を検討するという流れを取る．調整要因の具体例として以下が挙げられる（表2-3）．

職務特性の調整効果　まず一つ目の調整要因が，集団の特性や職務特性である．これは，分析単位となる集団が担っている仕事やタスクの性質によって，ダイバーシティがもたらす影響が異なりうるという視点である．例えば，集団内の相互依存性の高さや集団存続年数の長さ（例えば，短期間のみ存続するプロジェクトチームに近い性質を持つかどうか）が調整要因として機能するという研究や（Joshi & Roh, 2009），仕事の相互依存性（task interdependence）や仕事の複雑性（task complexity）の調整効果を指摘する研究（Jehn et al., 1999; Timmerman, 2000），集団の凝集性の調整効果を指摘する研究（Sargent & Sue-Chan, 2001）などが挙げられる．個々の研究で一貫しない結果がみられることもあるものの，概ね集団の斉一性や協調の必要性が高まる場合に，ダイバーシティの効果が低下する傾向がみられている（相互依存性の向上，凝集性の向上，存続期間の長期化など）．

リーダーシップの調整効果　リーダーシップの特徴もダイバーシティの影響を調整する要因として研究されることがある．例えば，Kearney & Gebert（2009）は変革型リーダーシップ（transformational leadership）の調整効果を検討している．具体的には，年齢のダイバーシティ，国籍のダイバーシティ，教育経験のダイバーシティと変革型リーダーシップの間に，集団のパフォーマンスを目的

変数とした場合の正の交互作用がみられている．つまり，変革型リーダーシップが強い場合に限って，各種ダイバーシティがパフォーマンスに対して正の影響を及ぼしていた．

社会文化の調整効果　ダイバーシティの影響は文化圏によって異なりうること自体は，理論的には複数の研究で指摘されている．Offermann & Basford (2014) は，多くのダイバーシティに関する施策はアメリカの企業や社会を中心に形成されてきたものであるとしており，そこから得られた知見はあくまでもアメリカの社会制度や文化，慣習のもとで機能するものであると指摘している．加えて，Gelfand, Nishii, Raver, & Schneider (2005) は，組織における偏見 (discrimination) の研究の中で，ダイバーシティをめぐる組織文化や組織体制などの特徴は，あくまでもさらに上位の構造である社会構造に規定されうるものであると指摘している．例えば，アメリカにおいて平等を重んじる組織制度が重視されているのは，アメリカの社会制度が人種間平等に対して厳格だからではないかとされている．こうした理論的な指摘に加えて，Schneid *et al.* (2015) は文化圏によって性別ダイバーシティの影響が異なることをメタ分析を通じて実証した．具体的には，GLOBE 調査（House *et al.* (2004) による社会文化とリーダーシップの国際比較調査）の各国のスコアを用い，集団主義的な文化圏や性平等性の低い文化圏では性別ダイバーシティの効果が低下しやすいことを実証している[16]．

ダイバーシティ信念の調整効果　従業員の「信念」が調整要因となるという研究も近年複数報告されている．それがダイバーシティ信念（diversity belief）という概念であり，集団が機能する上でダイバーシティに重要な価値があるという信念を意味する（van Knippenberg *et al.*, 2007）．より踏み込んで言えば，これは「ダイバーシティが集団に『利益』をもたらす」という信念の強さを指していると言い換えることもできる．集団の構成員がこの信念を持っている場合には，集団のダイバーシティ向上がサブカテゴリ化をもたらしたとしても，そ

16）なお，Schneid *et al.* (2015) においてメタ分析に用いられたデータの中には，日本のデータは含まれていない．したがって，この論文において得られた結果が日本に同様にあてはまるかどうかは，集団主義や性平等性という共通の文化軸上での比較こそ可能であるものの，確たることは言えないと考えられる．

れが「サブカテゴリがあるからこそ利益がもたらされる」と肯定的に解釈されることとなる．したがって，サブカテゴリ化がもたらす悪影響が緩和されるか，あるいは好ましい影響すらもたらしうると考えられている．いくつかの実証研究ではこの予測が実際に支持されている．例えば，van Knippenberg *et al.* (2007) においては，研究1ではオランダのビジネススクール学生（全員が働いていた）を対象とした調査を通じて，集団アイデンティティに対する，職場の性別ダイバーシティとダイバーシティ信念の正の交互作用を確認している．すなわち，回答者のダイバーシティ信念が高い場合には性別ダイバーシティが集団アイデンティティを促し，低い場合には抑制するという結果である．この結果は研究2の実験や，異なる論文においても実証されている（van Dick *et al.*, 2008; van Knippenberg *et al.*, 2007）．

ダイバーシティ風土の調整効果　これらの要因のほかに近年検討が進みつつある調整要因が，組織風土，中でもダイバーシティ風土（diversity climate）である．ダイバーシティ風土とは，ダイバーシティに関する組織施策などの状況について，従業員の間で共有される知覚（shared perception）を指すものである．包含される概念の範囲は広く，組織におけるダイバーシティの推進や偏見の抑制に関連する公的な側面（formal：組織制度やポリシー），および非公式の側面（informal：価値を与えられているかどうかや，包摂されているか等）が含まれる（例えば，Gelfand *et al.*, 2005; Gonzalez & DeNisi, 2009; Kossek & Zonnia, 1993; Mor Barak, Cherin, & Berkman, 1998）．当初ダイバーシティ風土は，それ自体が偏見を抑制したり，離職を抑制したりする効果を持つものと考えられてきた（例えば，Boehm, Dwertmann, Kunze, Michaelis, Parks, & McDonald, 2014; Kaplan, Wiley, & Maertz, 2011; McKay, Avery, & Morris, 2008）．しかし，近年はこうした「主効果」の仮説に加えて，ダイバーシティの影響に対する調整要因としても機能するという仮説が検討されている．例えば，Gonzalez & DeNisi (2009) は，ダイバーシティ風土が醸成されていると認知されている場合には，性別ダイバーシティが離職意図に与える影響が緩和されることや，性別ダイバーシティと人種・民族のダイバーシティが企業業績に与える影響が好転することを実証している．また，Nishii (2013) は，多様な属性の個人を組織に包摂する風土（climate for inclusion）と性別ダイバーシティの間に，集団葛藤に対する負の調整効果や，職務満足に対す

る正の調整効果を確認している[17]．これは Gonzalez & DeNisi (2009) と同様に，ダイバーシティ風土の調整効果を指摘するものである．こうしたダイバーシティ風土の調整効果に関する実証研究は，まだその数こそ少ないが，今後の研究が期待されている（van Knippenberg et al., 2013）．

コンテクスチュアル・パースペクティブの二つの限界

ただしコンテクスチュアル・パースペクティブにもまた，その歴史の浅さゆえに二つの大きな限界が存在する．一つめが非欧米圏で実施された研究の少なさと通文化的な妥当性の問題，二つめが理論的貢献を十分に果たせていない点である．

まず一つめの限界だが，コンテクストの影響を考慮した研究の大半は欧米文化圏で実施されたものである．ダイバーシティを取り巻く状況は文化圏ごとに異なっていることから，この限界は非欧米文化圏においてダイバーシティの問題を考えるにあたって大きな課題となるだろう．特に日本は，第1章で触れたように，他国，特に欧米諸国と比べてジェンダー・ギャップや性役割分業が根強く，それが雇用慣行や企業・社会の文化にまで幅広く残っているといわれる．多くの欧米文化圏の先行研究では暗黙のうちに性役割分業は好ましくないと仮定されているが，日本では企業も従業員も長年性役割分業に慣れ親しんでいることから，この仮定は妥当ではないかもしれない．本書のように日本のダイバ

---

17) なお，Nishii (2013) ではダイバーシティ風土と包摂性の風土の間に概念上の区別を置いている．しかし，捉え方によっては包摂性の風土をダイバーシティ風土の下位概念と考えることも可能である．その理由は大きく三つに分けられる．第一に，ダイバーシティ風土の定義には，多くの場合社会的包摂 (social inclusion) が含まれており（例えば，Kossek & Zonia, 1993; McKay et al., 2007; Mor Barak et al., 1998; Chung et al., 2015)，Nishii (2013) が提唱する包摂性の風土を区別する理由がないことである．第二に，ダイバーシティ風土の測定尺度によっては，そもそも社会的包摂がその下位概念として含まれており (Chung et al., 2015; Herdman, McMillan-Capehart, 2010; Mor Barak et al., 1998)，Nishii (2013) の尺度とは質問項目の文言の上での違いしかみられないためである．第三に，Nishii (2013) の研究において用いられた包摂性の風土の尺度項目も，多くが過去のダイバーシティ風土研究で用いられた項目を参考に作成されているためである．以上の三つの理由から，本書では，Nishii (2013) の測定した組織風土はダイバーシティ風土の下位分類として定義可能であると捉えるものとする．

ーシティ・マネジメントについて考えることを主目的とする研究では，こうした文化間の違いを考慮した上で，日本で実証研究を行った後に，改めて議論を進めるべきであろう．

　二つめの限界は理論的貢献にある．つまり，社会的カテゴリ化パースペクティブおよび情報資源パースペクティブに対するフィードバックが明確でなく，なぜこれらの仮説が「破綻」したのか，それをどう改善するのかまで踏み込めていない．その理由はおそらく二つである．第一に，コンテクスチュアル・パースペクティブを取る研究の多くは，個別のコンテクストの調整効果を検討することを主目的としており，理論の精緻化は副次的な目的となっている．第二に，学術研究の慣行として一つの論文では一つまたは二つ程度の実証研究しか行われないことが多いために，単独の論文から言えることはごくわずかに限られてしまう．以上の理由からか，コンテクスチュアル・パースペクティブに立つ研究は，あるコンテクストが調整効果を持つことを示すにとどまるものが大半で，理論的貢献が不十分であると言える．

補足1　フォールトラインについて

　ダイバーシティに関する理論の精緻化の方法としては，コンテクストないし調整要因を考慮する以外にも，ダイバーシティの測定方法を精緻化するというものもありうる．その代表的なものが「フォールトライン」（faultline）と呼ばれる概念を用いる方法である．

　フォールトラインとは，一つの集団が複数の属性によってサブグループに分割される様相を示す概念であり（Lau & Murnighan, 1998; 内藤，2014），おおまかに言えばどの程度各種ダイバーシティが共変しているかを指す概念である．内藤（2014）の例で言えば，「白人2名，アジア人2名，全員職種はセールス」というグループよりも，「白人かつプラントマネジャー2名，黒人かつ事務職2名」のグループの方が複数のダイバーシティによってサブグループ化が顕著に生じており，分断が進んでいると解釈される．

　一つの属性の集団内分散を用いるよりも，複合的な分散を扱うことによって，ダイバーシティをより深く理解することができるのは間違いがないだろう．例えば，日本において性別ダイバーシティに関連して問題になりがちなのは「女性従業員が少ない」ことであるが，「女性・総合職の従業員が少ない」という問題も無視できない．これはまさにフォールトラインに関する問題であり，フォールトライン指標を用いて分析を行うことも有効かもしれない．

　ただし，フォールトラインの指標を用いることの限界もいくつか存在する．

　第一に，フォールトラインを考慮することでダイバーシティ研究に一貫した結果がみられるようになるかといえば，その可能性は低い．内藤（2014）のレビューによれば，フォールトラインの影響にも正負両面の議論が存在すると指摘されている．また Chung *et al.*（2015）も結局のところフォールトラインと組織風土を併用した分析を行っている．

　第二に，フォールトラインは複雑な指標ゆえに，一つの属性の集団内分散よりも意味が掴みにくくなってしまう．フォールトラインは言ってみれば「サブグループ化の強さ」を示すものであり，「何かの属性が多様なこと」を示すダイバーシティとは異なるために，実践的な含意が導きにくい．

　以上のような利点と限界があるために，筆者の考えとしてはフォールトラインもまた「万能の指標」ではなく，あくまでも数ある重要な選択肢の一つにすぎないものと考えている．

補足2　社会的寛容性研究との「矛盾」

　社会心理学の研究の中でも，本書のテーマであるダイバーシティに近しいテーマを扱うものに，社会的寛容性に関する研究がある．

　社会的寛容性とは，身近な他者が自らとは異なる考え方や価値観を持つ場合に，それをどこまで許容できるかという概念である（小林・池田，2008）．そして同研究によれば，この社会的寛容性の主要な規定要因に，異質な他者との接触があるとされる．

　この社会的寛容性に関する知見は，「異質な他者との接触」とほぼ同義の概念であるダイバーシティの，正の効果を予測するものであると言い換えることもできる．しかし，この立場は社会的カテゴリ化パースペクティブから導かれる予測と矛盾する．この点について，筆者の解釈を述べたい．

　筆者はこの「矛盾」が生じている背景には，両者が想定する「関係性のあり方」の違いがあると考えている．

　まず，社会的寛容性研究で典型的な「異質な他者との接触」の測定方法を挙げたい．小林・池田（2008）では，「自分と世代の違う人と知り合いになることができる」などの「知り合いであるかどうか」を重視した測定が行われている．JGSS（日本版総合的社会調査：Japanese General Social Surveys）-2008 のデータを分析した大岡（2011）では，職業威信スコアに基づく多様な職業従事者が「知人」にいるかどうかを聞いている．したがって，社会的寛容性研究で想定される「異質な他者との接触」とは，あくまでも「知り合いが多様かどうか」を指していると解釈できる．

　対してダイバーシティ研究は，集団のダイバーシティは「自分と密に仕事をともにする相手が多様かどうか」を扱っている．つまり社会的寛容性の研究は異質な他者との比較的軽い関わり方を想定しているのに対して，ダイバーシティ研究は密な関わり方を想定しており，この関係性のあり方の違いが，予測の「矛盾」を生んでいると予測できる．

　この解釈に基づけば，両研究群の「矛盾」は深刻なものではないかもしれない．社会的寛容性研究の立場から言えば，「弱い紐帯」に限らず「強い紐帯」の中の「異質な他者との接触」を扱うことで，ダイバーシティ研究，中でも社会的カテゴリ化パースペクティブの予測に近い結果が得られる可能性は高いものと考えられる．

第3章 性別ダイバーシティに適した組織とは

　本章では，本書が日本の「ダイバーシティの研究」として何を目指すのかについて述べる．本書は先行研究のどのような課題を解決し，どのような応用的意義を担うものになるのか．また，実証研究を行う中での仮説はどのようなものであり，それはどのような論理に基づくものなのか．こうした点について議論を行う．

　3.1節では総合的な目的と，「性別」「性別ダイバーシティ」の本書なりの扱い方について述べるとともに，本書の研究の目的および意義について整理したい．具体的には本書では，第2章で触れたコンテクスチュアル・パースペクティブの立場に立ち，職務特性とダイバーシティ風土という異なる二つの組織のマクロ要因の調整効果を検討する．3.2節と3.3節では，これらの要因に関して本書が設けた仮説と，その理論的根拠を述べる．

　最後に3.4節では，本書の研究のゴールと，関連する社会的な立場について述べる．本書が「女性活躍推進」「ダイバーシティ推進」という社会運動に対してどのような立場を取るのか，本書の目指す「ゴール」は何なのかについて触れたい．

3.1 本書の目的と「性別」「性別ダイバーシティ」の扱い方

本書のリサーチクエスチョン
　本書の研究は，以下のリサーチクエスチョン（研究課題）のもと進む．そしてこの中には四つの要点が含まれる．

> **日本で職場の性別ダイバーシティの心理的影響を好転させるには，組織環境に関するどのような要因が必要か？**

　①**日本での研究である**　日本に所在地を置く企業を対象にした実証研究である．第1章・第2章で述べた通り，過去にダイバーシティの影響を検討した実証研究の大半は海外で行われたもので，文化的背景の異なる日本にそのまま援

用可能だとは考えがたい．そのため本書では，ダイバーシティに関する先行研究の枠組みは踏襲しつつも，随所で日本の文化的背景を考慮した研究を行う．これを通じて，海外の理論や結果の輸入にとどまらず，「日本のダイバーシティ・マネジメント」に資する研究を目指す．

②**職場の性別ダイバーシティの研究である**　第2章では，ダイバーシティの研究を行うにあたっては，ダイバーシティの分析単位と種類を定義することが重要だと指摘した．本書で検討するダイバーシティは，職場を分析単位とした，主に性別ダイバーシティである．これは日本において性別ダイバーシティが重要な論点となっていることと，後述③の心理的影響との整合性が最も高いのが，職場を分析単位としたダイバーシティとなるためである．なお，一部の研究では価値観のダイバーシティも並行して研究に用いる．

③**心理的影響の研究である**　第2章では，②の二つの要因に加えて，影響対象となる変数を定めることの重要性も指摘した．本書では，数ある要因の中でも心理指標を目的変数に用いる．したがって，社会的カテゴリ化パースペクティブとコンテクストを組み合わせたアプローチをとり，情報資源パースペクティブや賃金格差に基づくアプローチについては考慮しないものとする．具体的な変数としては，情緒的コミットメントを中心に，離職意図やワークモチベーション，対人的ストレスなどを幅広く取り扱うが，詳細については第4章で変数を定義する．

④**調整要因の研究である**　性別ダイバーシティの主効果に関する研究ではなく，性別ダイバーシティの影響に介在するコンテクストの効果の研究である．すなわち，本書の研究は第2章で触れたコンテクスチュアル・パースペクティブに基づく．ここでは数あるコンテクストに関する要因の中でも，職務特性と組織風土の二つの要因を扱う．これらの要因はいずれも組織環境（個々の働く人の心理や事情を超えた組織レベルの要因）に関する，いわばマクロ要因であり，それがこの二つの要因を選んだ理由である．対置される主な要因として，リーダーシップやダイバーシティ信念などの個人差に関するミクロ要因が挙げられる．筆者は今の日本の社会情勢を鑑みると，ミクロ要因を検討することにはダイバーシティに関する問題を矮小化してしまうリスクが伴うと考えている．例えば，ある種のリーダーシップが性別ダイバーシティの正の心理的影響を強め

第3章 性別ダイバーシティに適した組織とは

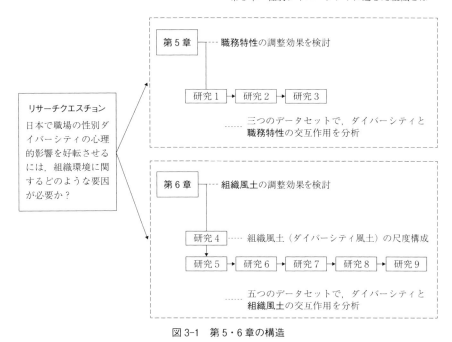

図3-1　第5・6章の構造

るという結果が得られたと仮定する．この場合にありがちな解釈が「職場や企業の性別ダイバーシティが向上しないのは上司が邪魔をしているからだ」「上司の啓蒙活動を進めればそれだけで問題が解決する」という，個人の責任に問題のすべてを帰属してしまう考え方である．たしかにこうした側面もあることには筆者も同意するが，一方で，問題のすべてが個人の意識にあるとは考えがたい．むしろ性別ダイバーシティは職場レベル，または組織レベルの問題であり，組織現象として捉えられることを忘れてはいけないだろう．

　以上のリサーチクエスチョンを検討するための本書の実証編の構造が，図3-1である．本書の実証編は二つの章から構成され，第5章で職務特性の調整効果を，第6章で組織風土の調整効果を扱う．この二つの章はいずれも上記リサーチクエスチョンに対応してはいるが，連続的なものではなく，共通の目的を異なる角度から検討する二つの独立の研究である．したがって各章において，それぞれの研究結果に対する考察を設ける．

理論的な目的

続いて本書で行う研究の目的および意義について述べるが，まず理論的な目的は次のものである．

調整要因の検討を通じて，主効果の素朴な予測を超えた，社会的カテゴリ化パースペクティブの精緻化を目指す．

コンテクスチュアル・パースペクティブに基づく先行研究の課題として，得られた結果が，あるコンテクストが調整効果を持つ以上のことを言えていないことが挙げられる．つまり，先行研究は主効果に関する素朴な予測をどのように改善するかはっきりしてこなかった．本書では，ただコンテクストの調整効果を検討するだけでなく，それを通じて主効果の予測，中でも社会的カテゴリ化パースペクティブをどのように改善できるかにまで踏み込んでいきたい．

社会的カテゴリ化パースペクティブでは，ダイバーシティがサブカテゴリ化を通じて職場成員の心理に影響するという想定がなされている．本書では，この影響プロセスのうち，職務特性の調整効果の検討（第5章）を通じて「サブカテゴリ化」の問題を，組織風土の調整効果の検討（第6章）を通じて「ダイバーシティ」の問題をそれぞれ精査し，理論的な改善を目指す．

職務特性研究を通じた改善 社会的カテゴリ化パースペクティブの元々の予測に基づけば，「男女半々の場合に職場が最もサブカテゴリ化する」という仮説が導かれる．しかし筆者はこの素朴な仮説に懐疑的であり，サブカテゴリ化が顕著になる条件とその理由をさらに検討する必要があると考えている．そしてその鍵となるのが，職務特性に表れる職場の斉一性への圧力にあると考えた．詳細は3.2節で後述するが，ダイバーシティに伴う心理的悪影響は，集団が遂行するタスクが斉一性を要求するものである場合に顕著になるのではないかと予想される．こうした集団の性質を踏まえることで，ダイバーシティとサブカテゴリ化の関係をより正確に捉えることを目指す．

組織風土研究を通じた改善 海外で行われたダイバーシティ風土に関する先行研究では，インクルージョン，すなわち多様なメンバーを平等に扱い，個性を尊重することの重要性が主張されてきた（Gonzalez & DeNisi, 2009; Nishii, 2013）．しかしこれは果たしてあらゆる企業で同じなのだろうか．日本は性別ダイバーシティの観点では世界的に発展途上にあり，したがって性別ダイバーシティを

取り巻く状況も企業によって異なっている．例えば，男女の昇進格差が小さく「平等に働くこと」がマネジメント層と働く人々の両方によって是とされる企業もあれば，男女の昇進格差が大きいとともに女性の働くモチベーションも低く，「分業しながら働くこと」が是とされる企業もある．両社では性別ダイバーシティの最大値にあたる「男女半々」の持つ意味も大きく変わるだろう．筆者はこうした性別ダイバーシティを取り巻く状況次第で，有効な組織風土の種類も異なると考えた．

　以上の通り，本書は二つの調整要因の研究を通じて，異なる角度から社会的カテゴリ化パースペクティブを改善し，ダイバーシティという概念について一層深く理解することを目指す．

応用的・実践的な目的

本書の応用的・実践的な目的は以下の通りである．

日本で今後高まる職場の性別ダイバーシティに対して，どのような要因を整備すれば，心理的な好影響をもたらすことができるかを探る．

第1章でも触れたが，2018年現在，日本では企業内および職場の性別ダイバーシティが高まるとともに，主に政府による推進施策によって，それをさらに継続するよう求める動きが加速している．しかし，職場の性別ダイバーシティが高まるにつれて，「思ったよりもポジティブな効果や恩恵が得られない．やはりダイバーシティは経営に役立たないのではないか」という声や，インクルージョンを抜きにしたダイバーシティ向上によるトラブル（「やはりダイバーシティはトラブルのもとだった」という声）も増えかねない．こうした望まれない未来を避けるためには，ダイバーシティに適した新たなマネジメント，つまりダイバーシティ・マネジメントを体系的に実施することが重要になるだろう．

　ここで必然的に生じる疑問が，第1章でも触れた「ダイバーシティを有効に機能させるためには何が必要なのか？」という問いである．本書のリサーチクエスチョンは，応用的にはこのダイバーシティ・マネジメントに関する問いに対応している．本書で実証的に検討する課題は，「どのようなコンテクストのもとでは性別ダイバーシティの心理的影響が好転するか？」というものである．仮にここでXというコンテクストが有効だと実証されれば，企業は性別ダイバ

ーシティが高まった職場にXというコンテクストを備えればよい，という結論が導かれる．したがって本書の検討内容は，有効なダイバーシティ・マネジメントを模索する中で重要な意義を持つと言えるだろう．

特に，第6章の組織風土に関する研究では，結果の企業差についても言及していく．これは応用的観点から言えば，ダイバーシティ・マネジメントとして各社の事情にあった結論を導くことを意図している．このことによって，他社や他国で成功した事例をそのまま日本にあてはめて，その結果失敗してしまう，という不幸な事例を減らすことができると考えている．

本書の「性別」「性別ダイバーシティ」の扱い方

本節の最後に，本書の「性別」および「性別ダイバーシティ」に関する立場について述べておきたい．本書では企業によって「性別」や「性別ダイバーシティ」の持つ社会的な意味が異なるという仮定を置いて議論を進める．この点において，本書で扱う両概念は，純粋に生物学的な概念ではなく，むしろ社会的に意味を付与され，様々な要因と混ざり合った概念である．詳細は後述するが，例えば外資系企業では「女性であること」は仕事上大きな意味を持たず，むしろ「女性であること」を強調されることは男女どちらにとっても違和感があるかもしれない．対して伝統的な日本企業では「女性であること」は，平均的にみて仕事上の役割が異なることを意味しており，過度に男女平等を強調するよりも，女性への配慮やケアを行うことの方が自然かもしれない．これらの二つの企業では「女性であること」，または「男女半々で職場を構成すること」の意味は大きく異なりうる．本書では，こうした意味の違いも含めて，「性別」「性別ダイバーシティ」およびその影響として定義する．

したがって，本書から導かれる性別ダイバーシティに関する知見は，純粋に生物学的な「性別」について論じるものではなく，背後に様々な社会的な背景を背負った上での「性別」について論じるものであることに注意が必要である．本書では，この点を踏まえて，慎重に議論を行いたい．

3.2 性別ダイバーシティに適した職務特性とは[18]

背　　景

本書の一つめの研究課題は，職務特性に着目したダイバーシティ・マネジメントである．日本企業が画一的な職場構成の中で長年培ってきた職務設計が，性別ダイバーシティとどのような相互作用を持つのかについて検討を行う．中でも本書では，日本企業に典型的であると指摘されることが多く，また日本企業において重要な意味を持つ，二つの職務特性（「仕事の相互依存性」と「役割の曖昧性」）を中心に実証的検討を行う[19]．これらの特性は，組織における高い画一性（低いダイバーシティ）を前提として設計された職務特性であり，斉一性圧力の源泉として機能しうる．そのため，性別ダイバーシティの向上に伴ってサブグループが顕在化した職場に斉一性を要求することで，かえってサブグループ間の葛藤を増加させることが予測される．以下ではこの仮説の詳細について，先行研究を引きつつ，議論を行う．

日本企業に特徴的な職務特性——仕事の相互依存性と役割の曖昧性

集団や個人が担う仕事の特性と，その集団のダイバーシティの影響は密接に関係している（例えば，Jehn et al., 1999; Timmerman, 2000）が，本項ではまず日本の企業において特徴的だとされ，重要な意味を持つと指摘される二つの職務特性について述べる．

着目する一つめの職務特性が，「仕事の相互依存性」(task interdependency) の高さである．仕事の相互依存性とは，構成員個々人の職務内容に一定の重複が存在し，結果として周囲と関わり合わなければ仕事が進まないような性質のことを指す（Kiggundu, 1981; 鈴木, 2013）．外国の企業と比較した場合に，日本の

---

[18] 本節の職務特性に関するレビューの一部は，正木・村本（2018）に初出のものを改稿して執筆された．
[19] ここで取り上げるのは，国際比較調査ではなく，日本企業のみを対象とした実証研究である．そのため分析上は，仕事の相互依存性・役割の曖昧性の得点が各企業においてデフォルトで高くなっていることを仮定しつつ，その中での両職務特性の分散の大きさが持つ意味や効果について検討を行う．

企業では従業員の職務範囲が明確に定められておらず，したがって職場の人々が互いに密な調整を行いながら仕事を遂行することが求められやすい（濱口, 2013；間，1963）．これは，日本企業の特徴である「総合職」という職務内容を限定しない雇用形態や，職務記述書（job description）を充実させることが少ないという点に顕著に表れている．例えば，濱口（2013）は日本企業における仕事の特徴として，自分の仕事と他人の仕事が明確に区別されておらず，したがって業務が個人ではなく，職場全体に帰属されていることが多いと指摘している．そして，こうした状況を端的に象徴する言葉として「社員の辞書に『それは私の仕事ではない』という言葉はない」（濱口，2013, p. 93）と表現している．

　仕事の相互依存性は様々な肯定的影響を持つことが，日本企業の職場を対象とした先行研究で指摘されてきた．例えば，鈴木・麓（2009）は家電メーカーの従業員を対象としたアンケート調査を実施し，仕事の相互依存性の向上が，メンタリング行動（職場の他のメンバーの学習を支援する行動）を促すことを指摘している．この結果について同研究では，仕事が相互に依存していることが，必要なときに相互に協力を行うことを促し，またコミュニケーションを促した結果であると考察している．また，仕事の相互依存性が課題・文脈的パフォーマンスを促すことも実証されている（池田・古川，2015）．さらに，組織市民行動（organizational citizenship behavior）や，職場の中での助け合いを促す等の効果も指摘されている（例えば，Pearce & Gregersen, 1991; Smith, Organ, & Near, 1983; 鈴木，2013）．このように，仕事の相互依存性は，概して日本企業の中で従業員に対して肯定的な影響を及ぼすと考えられてきた．

　本書で扱う二つめの日本企業に典型的な職務特性が，役割の曖昧性である．役割の曖昧性とは，個々の従業員が仕事上担うべき役割がはっきりと定まっておらず，むしろ臨機応変な行動が求められる特性を指す[20]（鈴木・麓，2009）．これも仕事の相互依存性と同様に，「日本的な職場の特徴」として挙げられるこ

---

20) ただしこの特徴は，海外の職務特性研究の歴史の中では職務特性の一つとしては扱われてこなかった（Morgeson & Humphrey, 2006）．しかし，こと日本における研究においては，いわゆる「日本的経営」に関する議論と整合的であることや，実務家の経験則に照らして納得感があることなどに由来し，鈴木・麓（2009）などでは職務特性の一つとして扱われることがある．そこで本書でもこれに準じて役割の曖昧性を職務特性の一つとして定義した．

とがある．つまり，役割が曖昧であるからこそ，職場の中で相互に密接に結び付いた働き方をする必要があり，翻って密接に結び付いた働き方をしているからこそ，お互いに職務を融通するために個々人の役割分担が曖昧となる（濱口，2013；間，1963；石田，1985；鈴木・麓，2009）．鈴木・麓（2009）は，日本企業では職務内容が曖昧かつ相互に乗り合っているからこそ，職場の構成員同士での助け合いが生じやすく，自発的・弾力的な補完行動が生じうると仮説を立てている．

役割の曖昧性も，仕事の相互依存性と同様に，職務記述書が明確でないことや，新卒定期採用において「どのような仕事でも担う人材」が好んで雇用されるといった，日本企業の特徴と密接に結び付いている．ただし，役割の曖昧性は仕事の相互依存性とは違い，従業員に対して望ましくない影響をもたらす可能性も指摘されている．役割の曖昧性の影響を検討した研究は必ずしも多くはないが，例えば，鈴木・麓（2009）は役割の曖昧性がメンタリング行動を抑制することを示している．この点から言えば，役割の曖昧性は，仕事の相互依存性と相補的に成立してきた日本企業の伝統的な職務特性ではあるものの，必ずしも単独で有効な特徴ではなかったとも言える[21]．

仕事の相互依存性と役割の曖昧性はどちらも斉一性圧力として機能するか

本書のテーマである性別ダイバーシティの機能や影響に照らしたときに注意すべき点が，これらの要因はいずれも日本の企業や社会の高い画一性と相まって成立してきたものであるという点である．仕事が相互に乗り合っており，なおかつ個々人が果たす職責が明確に定まっていない状況下では，職場の構成員にはいわば「阿吽の呼吸」，すなわち暗黙裡の協調を実現することが求められる．暗黙裡の協調が達成されるからこそ，こうした職務特性は初めて有効に機

21）このほかに，鈴木・麓（2009）における役割の曖昧性の測定手法の課題も存在しうる．同研究で用いられた質問項目は，「私は，何が自分のやるべき仕事なのかはっきりしない」などであり，役割の定義というよりも，ほかならぬ自分自身が役割および責任を把握できているかどうかという，回答者個人の主観的な問題を扱っていると解釈することも可能に思われる．そのため，役割の曖昧性の負の効果が確認されたのは，質問項目に問題があるためであるという解釈も成立しうる．

能するものであると言い換えることもできるだろう.

以上の特徴を踏まえると,両要因はともに社会心理学における「斉一性圧力」(pressures toward uniformity) を高める要因として機能しうると考えられる.斉一性圧力とは,集団の構成員に対して,意見や行動の一致を促すような圧力を指す概念である (Festinger, 1950). Festinger (1950) は,この斉一性圧力を高める要因の一つとして,集団が取り組む課題の特性を挙げており,課題達成にあたって斉一性が有利に働く,あるいは不可欠である場合に,集団における斉一性圧力も高まると指摘している.

本書では,仕事の相互依存性と役割の曖昧性は,特に日本において強い斉一性圧力の源泉として機能するのではないかと考えた.これら二つの職務特性には,前述の通り,職場の構成員間での密接な関わり合いや柔軟な連携を促し,またそうした関わり合いとともに仕事が成立するという特徴が指摘されている (鈴木・麓, 2009). 逆に言えば,そうした関わり合いが築けない集団は「劣っている」とみなされるか,実際にパフォーマンスが劣るがゆえに淘汰されかねない.この点で言えば,これらの職務特性は,Festinger (1950) が指摘したところの,集団が課題を達成するにあたって斉一性が不可欠な集団特性にあたり,したがって集団の斉一性圧力として機能しうると考えられる.

本書の仮説——二つの職務特性と性別ダイバーシティの関係

仕事の相互依存性と役割の曖昧性という二つの職務特性が斉一性圧力を促す要因として機能すると仮定した上で,本書ではこれらが性別ダイバーシティ向上がもたらす心理的影響と負の交互作用を持つと想定した.

斉一性圧力には,一般に集団を一つに結び付ける機能が存在するが,これはあくまでも「緩やかに結びついた内集団」(loosely knit ingroups) を強く結び付けるものであり,集団内で社会的地位 (social status) の格差がある状況や,サブグループが複数生じている状況においてはその限りではないとされる (Brewer, 1999; Nishii, 2013). ダイバーシティが高く,したがってサブグループが複数生じている集団では,半ば強制的に相互に協力しなければいけない状況下に置かれることで,ネガティブな影響も生じうる.例えば,サブグループ間の信頼の欠如が際立ってしまったり,コミュニケーションの阻害に伴うプロセス・ロス

が生じたりすることで,集団間の葛藤を強めてしまう可能性がある.

　第3章で述べた社会的カテゴリ化パースペクティブに基づけば,職場の性別ダイバーシティが高まることで,男性・女性というサブカテゴリが顕在化し,サブグループが形成されるか,少なくとも単一性別で構成される職場ほどの凝集性を持つことができないことが予想できる(例えば,Chatman, 2010).すなわち,客観的には同じ仕事を担う職場という単一の集団ではあるものの,サブグループに分裂しているという点では,主観的には複数の集団で構成されていると考えることもできる.この状況下において,相互依存性の高い仕事や曖昧な役割をこなすことを通じて斉一性圧力が高まった場合には,Brewer (1999) の仮説に基づけば,かえって両性のサブグループ間の葛藤が強まり,したがって性別ダイバーシティの持つ心理的影響が低下(望ましくない方向に変化)しうると本書では予測した.

　この予測は,集団のパフォーマンスを目的変数とした Joshi & Roh (2009) や Timmerman (2000) の実証研究の結果とも一貫する.Joshi & Roh (2009) は 39 の先行研究から抽出した 8757 のチームのデータに対してメタ分析を実施し,仕事の相互依存性が高まると,デモグラフィック特性(性別や年齢,人種の個人属性)のダイバーシティがチームのパフォーマンスに及ぼす影響がかえって低下することを実証している.この研究では,チームごとの相互依存性が 1〜3 点で評価されている.相互依存性の低いチームには,個人単位の業績が重視される営業チーム等が含まれる.このように評価された相互依存性の程度(高・中・低)ごとにデモグラフィック特性のダイバーシティの効果を分析した結果,相互依存性が低いチームではダイバーシティが正の効果を持っていたが,相互依存性が中程度のチームではダイバーシティが負の効果を持ち,相互依存性が高いチームでも統計的に有意ではないが負の効果を持っていた.同論文の著者らはこの調整効果について,相互依存性が低い場合には,「似ていない他者」とともに働かなければいけない場合に生じるフラストレーションが低下したのではないかと考察している.

　Timmerman (2000) は異なるスポーツチームにおけるダイバーシティの影響を検証することによって,相互依存性の調整効果を論じている.この研究では 1082 のプロ野球チームと 871 のプロバスケットボールチームのデータを分析し,

年齢および人種のダイバーシティとチームのパフォーマンスの関係を分析した．その結果，野球チームではダイバーシティの効果が統計的に有意でなかったのに対して，バスケットボールチームでは年齢および人種のいずれについてもダイバーシティの負の効果が有意であった．こうした結果について，著者は，野球チームではチームの密な連携がさほど求められない一方で，バスケットボールチームには密な連携やチームプレーが求められるという課題の特徴の違いが，ダイバーシティの効果の差を生み出したと指摘している．

こうした海外の研究蓄積に基づきつつ，本書では以下の二つの仮説を設定した．

> 仮説1：仕事の相互依存性と性別ダイバーシティの間には，負の交互作用があるだろう．すなわち，性別ダイバーシティが心理指標に対して与える影響は，仕事の相互依存性が高いと低下するだろう．
>
> 仮説2：役割の曖昧性と性別ダイバーシティの間には，負の交互作用があるだろう．すなわち，性別ダイバーシティが心理指標に対して与える影響は，役割の曖昧性が高いと低下するだろう．

この仮説を通じた本書のオリジナリティは以下の2点である．

第一に，両職務特性が重要な意味を持つ日本において検討を行う点である．本書全体を貫く課題意識だが，特に欧米文化圏とは異なる文化的背景を持つ日本企業においていかなる結果が得られるかを改めて検討すること自体に，まず大きな意味があるだろう．

第二に，斉一性圧力という共通の観点から，仕事の相互依存性と役割の曖昧性の二つの特性の調整効果を検討する点である．先行研究ではこれまで，仕事の相互依存性の効果を検討することそれ自体が目的化してきており，背後に存在する斉一性圧力は必ずしも注目されてこなかった．これに対して本書では，斉一性圧力という観点から二つの職務特性が同様の効果を持つのかどうか，従来の仮説を拡張して検討を行った．もし両変数が同様の調整効果を持っていれば，その背後に斉一性圧力という共通要因が存在し，性別ダイバーシティと密接に関わっていることの証左になるだろう．対してどちらか一方のみの効果がみられるのであれば，それはその要因に固有の効果であることになるだろう．

3.3 性別ダイバーシティに適した組織風土とは[22]

背　景

　第6章では，性別ダイバーシティの心理的影響を調整する要因として，組織風土（organizational climate）に着目する．海外における近年のダイバーシティ研究では，ダイバーシティの影響が好転する組織として，「ダイバーシティを受容する組織風土が醸成されている組織」を挙げている．この予測は実証的にも支持されつつある（Gonzalez & DeNisi, 2009; Nishii, 2013）が，まだ研究蓄積が不十分な点がある．中でも本書で着目するのが，組織風土の種類による効果差の可能性である．

　先行研究では，ダイバーシティに関連する風土は往々にして一因子の概念として検討されてきた．つまり，語弊を恐れずに言えば，ダイバーシティに関連する風土は「1種類」しかないという仮定のもとで研究が行われてきた．しかし現実には，ダイバーシティ風土は1種類ではなく，その下位因子によって，調整効果が異なる可能性がある．さらに言えば，どのような下位因子が有効であるかが，各企業において性別ダイバーシティを取り巻く状況によって変化しうると考えた．例えば，アメリカの企業のように平等性が重視される場合にはインクルージョンの風土が有効かもしれないが，伝統的に性役割分業が「普通」であった企業では，むしろ性役割分業の風土を保つことが両性の性役割意識に合致し，結果として性別ダイバーシティの効果を好転させやすいかもしれない．本書ではこうした可能性について，企業ごとに異なる「ダイバーシティを取り巻く状況」（例えば，ダイバーシティ・レート，モチベーションの性差）に着目して検討を行いたい．

組織風土とダイバーシティ風土の定義

　組織風土とは，組織のポリシーや諸施策に対する従業員の知覚や，どのような行動が組織において期待されているかという規範構造に関する知覚，そして

---

[22] 本節の組織風土に関するレビューの一部は，正木・村本（2017）に初出のものを改稿して執筆された．

それらが従業員間で共有されたもののことを指す概念である (Gelfand *et al.*, 2005; 北居, 2014; Schneider, Ehrhart, & Macey, 2013; Schneider & Reichers, 1983). よりシンプルに言い換えれば, 組織風土は「『自分の組織は○○だ』という主観的な環境」と, その主観的な環境認識が従業員間で一致して形成された対象物を指す概念である. なお, 客観的な環境 (例えば, 組織施策や人事評価制度の有無) と組織風土の間には密接な関係が想定されるものの, あくまでも組織風土はその客観的な環境が主観的にどのように知覚されているかに焦点化されている.

組織風土について議論をするにあたって, 特に本書の文脈で重要な点が心理的風土との区別である[23]. 組織風土の定義では主観的な組織環境が「共有されている」こと, つまり回答の一致が重要となる. したがって, 実証分析でも組織風土に関する調査項目への個人の回答を平均化するなど, 「共有性」に配慮した処理を行う必要がある (例えば, Chen, Liu, & Portnoy, 2012; Chung *et al.*, 2015; Gonzalez & DeNisi, 2009). 対して心理的風土とは, そのベースとなる個々人の回答を指す概念である (van Knippenberg *et al.*, 2013). 心理的風土はあくまでも個々人の回答値にとどまることから, 組織単位で共有された組織風土とは厳密には異なる概念である.

ただし, 実証研究を行うにあたって組織風土を正確に把握することは困難であることから[24], 実際には心理的風土を「組織風土をラフに把握する手段」として, いわば代理指標として捉えることもある (例えば, van Knippenberg *et al.*, 2013). この場合には, 個々人の主観的な認識値にとどまる限界に留意しつつも, 心理的風土の分析を通じて得られた結果を用いて組織風土に関する考察が導かれる. 本書もこうした先行研究の流れに倣い, 可能な限りはマルチレベル分析を用いて組織風土の把握を試みる一方, 調査設計の制約上それが不可能な場合

---

23) このほかに組織風土と組織文化 (organizational culture) の区別を重視する研究もある (例えば, 北居, 2014). この点については章末の「補足」に詳述した.
24) 例えば「職場ごとの組織風土」を把握するためには, 職場ごとに多数の従業員の回答を得て, さらに分析のためには調査対象となる職場の数を十分に確保する必要がある. そのために大規模かつ慎重な調査設計が必要となり, 企業の調査協力を得にくい日本では, 調査実施自体が非常に困難になりがちである.

は，心理的風土に基づく近似的な検討を行うこととした[25]．

　組織風土の中でも，本書で中心的に扱うものが「ダイバーシティ風土」(diversity climate) である．先行研究での定義を整理したものが表3-1である．なお，ダイバーシティ風土に関するレビュー研究としては，Dwertmann, Nishii, & van Knippenberg (2016) などもあり，本書に近い分析を行っている．

　おおまかにいえば，ダイバーシティ風土とは，多様な構成員間の公平または平等，あるいは組織への包摂に関する組織風土である (Gelfand et al., 2005; Kossek & Zonia, 1993; Mor Barak et al., 1998)．「ダイバーシティに関する組織風土」と換言することも可能だろう．この基本的な定義は表3-1の先行研究でも概ね一致している．

　ただし，先行研究において「ダイバーシティ」として想定される種類には，いくらかの違いがみられる．例えば初期の研究は，アメリカ社会の歴史的背景を踏まえてのものか，性別と人種に焦点化した定義を用いている (Kossek & Zonia, 1993; Mor Barak et al., 1998)．しかし，その後の研究では，ダイバーシティの種類に制約を設けない定義が広く用いられている (例えば，Chen et al., 2012; Chung et al., 2015; Gelfand et al., 2005; McKay, Avery, & Morris, 2009; McKay et al., 2007; Pugh, Dietz, Brief, & Wiley, 2008)．こうした変遷にも表れているように，近年の研究におけるダイバーシティ風土の本質はあくまでも，対象を問わずあらゆる点で多様な構成員が，どのように組織から処遇されているかに関する組織風土を指す．本書においても，ダイバーシティ風土は性別や人種に限定的なものではなく，その時々において社会で重視されている様々な公平ないし平等，組織への包摂などに関する多様な風土概念を内包するものであると定義する．

---

25) 組織風土と心理的風土がまったく違う効果を持つ可能性については，懐疑的な研究もある．例えば，組織においてリスクを安心して取ることができるという認識や風土を指す「心理的安全性」(psychological safety) についても，組織風土と心理的風土のように，分析を個人単位で行うか集団単位で行うかという問題がつきまとう．しかし，Frazier, Fainshmidt, Klinger, Pezeshkan, & Vracheva (2017) は，心理的安全性に関するメタ分析から，分析を個人と集団のどちらの単位で行った研究も，得られた結果に大差はなかったと結論付けている．

表 3-1　ダイバーシティ風土を用いた研究例

著者	出版年	掲載誌・書籍名	ダイバーシティ風土の定義	測定方法
Kossek & Zonia	1993	Journal of Organizational Behavior	ダイバーシティ風土は、雇用者のダイバーシティ促進への努力に対する認識という抽象的な要素と、同じ職場でこれにより潜在的に利益を受けるであろう人（白人女性や少数民族の男女など）に対する態度という具体的な要素の、二つの側面を含む (p. 63)。	独自の20項目
Mor Barak et al.	1998	Journal of Applied Behavioral Science	Kossek & Zonia (1993) に準拠。	独自の16項目
Gelfand et al.	2005	Discrimination at work: The psychological and organizational bases.（書籍）	ダイバーシティ風土を、ダイバーシティを促進および維持し、差別を排除することが組織の優先事項であると明示的・暗黙的に伝える指針や実践、手続きに対する従業員の共通認識と定義する (p. 104)。	実証研究ではない
McKay et al.	2007	Personnel Psychology	雇用者が公平な人事施策や実践を支持していることと、マイノリティの従業員が職場環境に統合（integrated）されていることに対する、従業員の知覚 (p. 36)。	独自の9項目 (Mor Barak et al., 1998に類似との記述)
McKay et al.	2008	Personnel Psychology	企業が公平な人事施策を支持し、組織において少数を占める従業員も社会的に統合している程度を指す (p. 352)。	独自の4項目(McCay et al., 2007の9項目から抜粋、修正)
Pugh et al.	2008	Journal of Applied Psychology	Gelfand et al. (2005) に準拠。	独自の4項目
Gonzalez & DeNisi	2009	Journal of Organizational Behavior	組織によるダイバーシティ関連の公的構造の特徴や、インフォーマルな価値観に対する、組織のメンバーの認識が積み重なったもの。組織がすべての社会集団に対して公平であるかどうかに対する人々の考えが、ダイバーシティ風土の中心的な構成要素である (pp. 24-25)。	Mor Barak et al. (1998) の10項目
McKay et al.	2009	Personnel Psychology	Mor Barak et al. (1998) に準拠。	McKay et al. (2008) の4項目
Herdman & McMillan-Capehart	2010	Journal of Business Psychology	Gonzalez & DeNisi (2009) に準拠。	独自の3項目
Kaplan et al.	2011	Human Resource Management	Mor Barak et al. (1998) に準拠。	独自の5項目（1因子）
Lauring & Selmer	2011	European Management Review	McKay et al. (2009) に準拠。	Harzing & Feely (2008), Hobman, Bodia, & Gallois, (2004) をもとに作成した10項目、4因子
Buttner et al.	2012	Journal of Business Ethics	ダイバーシティ風土の下位次元には、従業員に占めるダイバーシティ、意思決定において多様なインプットが重んじられる程度、従業員がエスニシティに関係なく採用または登用される程度、従業員にエスニシティに関係なく公平なフィードバックが与えられる程度、そしてスキルと能力に応じて仕事が割り当てられることが含まれる (pp. 248-249)。	Mor Barak et al. (1998) の10項目

著　者	出版年	掲載誌・書籍名	ダイバーシティ風土の定義	測定方法
Hofhuis et al.	2012	Journal of Applied Social Psychology	広義には，ダイバーシティ風土は，組織風土によって文化的背景が異なる従業員の存在が容易になっている程度と，ダイバーシティをポジティブな資産と考えている程度を指している（p. 969）．	Luijiters et al. (2008) の尺度（Openness と Appreciation）を別個に測定，分析上は1因子
Chen et al.	2012	Journal of Applied Psychology	McKay et al. (2008) に準拠．	Roberson (2006) の15項目
Drach-Zahavy & Trogen	2013	Journal of Occupational Health Psychology	Gelfand et al. (2005) に準拠．	McKay et al. (2008) の9項目
Boehm et al.	2014	Human Resource Management	Gonzalez & DeNisi (2009) に準拠．	Parks et al. (2008) の7項目
Chung et al.	2015	Academy of Management Journal	ダイバーシティ風土は，ある特定の単位における従業員の共有認知のことを指しており，具体的には人々がその背景によらず公平に扱われており，職場環境に統合されていることに対する共有認知を意味している（p. 1496）．	独自の8項目

ダイバーシティ風土の調整効果と先行研究の課題

2000年代後半頃から，調整要因としてのダイバーシティ風土の効果に着目する研究が始まった（Chung et al., 2015; Drach-Zahavy & Trogen, 2013; Gonzalez & DeNisi, 2009; Nishii, 2013; van Knippenberg et al., 2013）．

例えば Nishii（2013）は，インクルージョンの風土が，性別ダイバーシティが関係性コンフリクトに与える影響を調整することを実証した．具体的には，インクルージョンの風土が弱い場合には性別ダイバーシティの向上によってコンフリクトが強まるが，風土が強い場合にはむしろ性別ダイバーシティの向上がコンフリクトを弱めるという結果が得られた．この背景にある理由として，Nishii（2013）は多様な構成員を包摂する組織風土が存在する場合には，サブカテゴリ化によって生じるコンフリクトが，集団目的を達成するための肯定的なものと捉えられることにあると考察している．

また Chung et al.（2015）は，性別ダイバーシティに関連する指標としてフォールトライン（第2章補足1参照）を用いて，Nishii（2013）と似た結果を得た．この研究の目的変数は忠誠的行動（loyal behavior）であり，ダイバーシティ風土がフォールトラインの強さの影響を調整していた．具体的には，ダイバーシティ風土が好意的な場合には両者の間に関係はみられないが，ダイバーシティ風土が否定的な場合にはフォールトラインが高まると忠誠的行動が弱まってい

た．Chung et al. (2015) はこの結果について，ダイバーシティ風土がサブカテゴリ化の生起自体を抑制し，結果としてダイバーシティ向上のネガティブな影響を緩和しうると考察している．

　本書でもこれらの研究の着想を一部踏襲しつつ，ダイバーシティ風土の調整効果の研究を試みる．ただし，先行研究には少なくとも三つの課題が残されている．ダイバーシティ風土の下位因子間の効果差を検討していない点と，日本の文化的背景を考慮した研究がない点，そして結果がどこまで一般化しうるのかが不明な点である．

　課題1：下位因子間に効果差はないのか？　ダイバーシティ風土の調整効果を扱った先行研究はいずれも，その効果を下位因子ごとに検討することはなく，ダイバーシティ風土を1因子から構成される概念として扱っている．たしかにこれらの研究では証拠なくこうした主張をするのではなく，一定の統計的な基準を主張の根拠として挙げている．具体的には，元々1因子を仮定した質問項目を用いた上で，信頼性係数（Croncachの α 係数）が一定程度の高さを持つことを根拠とする研究（Chung et al., 2015; Drach-Zahavy & Trogen, 2013），二次因子分析（second order factor analysis）を根拠とする研究（Nishii, 2013），複数の下位因子から成る質問項目を用いるものの，違いを度外視して1因子とした場合に十分な高さの信頼性係数が得られたことを根拠とする研究（Gonzalez & DeNisi, 2009）が挙げられる．これらの研究は，いずれも統計的な根拠に依拠していることから，研究手続き上の問題があるとは言えない．ただし，もしもダイバーシティ風土の下位因子間で効果差を想定する場合には，1因子の統合された変数を用いるのではなく，あえて複数因子を想定して分析を行う意義がある[26]．実際に，ダイバーシティ風土の主効果について下位因子間の効果差を定量的に

---

[26] 類似の指摘は，異なる概念に関する研究でなされることもある．例えば，Parker & Collins (2010) は，プロアクティブ行動（proactive behavior）の尺度構成の研究を実施し，11の因子と三つの二次因子を抽出している．分析の中で二次因子に縮約した場合にも情報量が過度に低下しないことを示しているが，その上でなお，11の個別の因子を用いる場合の利点にも言及している．二次因子を用いた場合の利点としては，調査対象者の回答負荷を下げることができることを挙げ，「倹約な」（parsimonious）方法であると述べている．対して個別の下位因子を用いる場合の利点としては，「きめ細かい行動」（fine-granted behavior）を測定することができることを挙げている．

検討した研究がある（Buttner *et al.*, 2012）ほか，効果差の可能性について理論的な観点から論じた研究もみられる（Dwertmann *et al.*, 2016; Pitinsky, 2010）．Pitinsky（2010）は，ダイバーシティに関係する論点として「ネガティブな集団間態度を抑制すること」と「ポジティブな集団間態度を促進すること」は異なる意味を持ちうるとしている．これをダイバーシティ風土に関する議論に援用すれば，組織への包摂に代表される積極的な風土醸成と，性役割分業の解消に代表される否定的な風土の解消には，異なる意味があると仮定することも可能だろう．類似の指摘はDwertmann *et al.*（2016）のレビュー研究にもみられ，この研究でもダイバーシティ風土を，差別解消と，ダイバーシティによるシナジーの観点で分けて考えるべきだとされている．こうした議論より，本研究ではダイバーシティ風土の下位因子間での調整効果の違いや，どのような企業でどの下位因子が調整効果を持つのかなどについても，さらなる定量的な検討が必要であると考えた．

課題2：日本の社会的背景を踏まえた下位因子は想定できないか？ Gelfand *et al.*（2005）は，アメリカにおいてダイバーシティに関連して実施される各種施策は，差別を強く抑止するアメリカの法制度や社会規範の影響を強く受けていると指摘している．ダイバーシティ風土の構成概念として平等や包摂が重視されている背景には，そうした価値観を社会的にも推し進めてきたアメリカの社会的背景が強く反映されているものと考えられる．対して，日本はアメリカと比べると圧倒的に画一的な組織構成や社会構成であることは間違いがなく，また社会情勢のあり方（例えば，性役割分業の根深さと「女性活躍推進」の政策的推進）も異なっている．したがってアメリカを中心にみいだされたダイバーシティ風土の下位因子が日本においても有効である保障はなく，むしろ日本の文化的背景や社会情勢に見合った下位因子を探索する方が妥当であろう．

課題3：結果はあらゆる企業に同様にあてはまるか？ 第1章で述べた通り，日本では性役割分業が根強いなどの理由から性別ダイバーシティは未だ発展途上にあり，企業間で性別ダイバーシティを取り巻く状況やその発展段階が大きく異なっていることが予想される．最も典型的な例を挙げれば，外資系企業では男女が等しく働くことが「あたりまえ」になっている一方で，歴史のある大手日本企業では男女が分業しながら働くことが「あたりまえ」になっているこ

とが多い．先行研究を援用すれば，どちらの企業でも，平等やインクルージョンに関する風土醸成が性別ダイバーシティの正の心理的影響を強めるという仮説が成り立つ．しかし，それを支持する十分な知見は存在せず，また性別ダイバーシティに関する発展段階の違いを無視している点で，妥当な予測であるようには考えがたい．むしろ各企業において性別ダイバーシティを取り巻く状況によって，ダイバーシティ風土の調整効果の様相は異なると仮定する方が自然ではないかと筆者は考える．

本書の仮説（概要）──ダイバーシティ風土と性別ダイバーシティの関係
以上の先行研究の課題を踏まえて，本書で取り組む実証研究の中身について述べたい．ここではおおまかに以下の仮説を設けて，課題の克服を目指す．

仮説1：ダイバーシティ風土と性別ダイバーシティの間には，正の交互作用があるだろう．すなわち，性別ダイバーシティに好意的な風土が醸成されているほど，性別ダイバーシティが心理指標に対して与える影響は好転するだろう．

仮説2：上記交互作用を持つダイバーシティ風土の下位因子は，企業における機会平等の達成度によって異なるだろう．

日本におけるダイバーシティ風土の下位因子の仮説
続いて，本書で重要な位置を占めるダイバーシティ風土の下位因子と，その効果差の仮説について述べたい．本書はアメリカを中心に実施された先行研究を考慮しつつも，日本の社会的背景を加味した上で，以下の五つの下位因子を想定した．これらは昨今の「女性活躍推進」をめぐる日本の政策課題を反映して導出したものである[27]（図3-2）．

ダイバーシティ風土1：インクルージョン（包摂性）に関する風土　まず想定したのが，インクルージョン（包摂性）に関する風土（例えば，Mor Barak *et al.*, 1998; Nishii, 2013），すなわち，あらゆる属性の従業員に平等に機会を提供し，意思決定に関与することを可能にするという側面である．過去のダイバーシティ

27）本項の内容は正木（2017），および正木・村本（2017）を基に再構成したものである．

第 3 章　性別ダイバーシティに適した組織とは

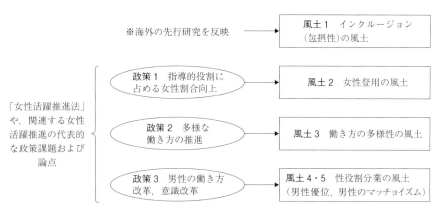

図 3-2　本書で想定した五つのダイバーシティ風土の下位因子

風土研究ではこの側面が中心的に扱われている（例えば，Ferdman, 2014; Nishii, 2013）．海外の研究結果との理論的な関連を比較するためにも，本書でも先行研究の蓄積を踏襲し，これをダイバーシティ風土の一側面として検討する．

ダイバーシティ風土 2：女性登用に関する風土　ここからは，日本の社会情勢に鑑みて本書で独自に追加したダイバーシティ風土の側面について述べる[28]．まず，女性を積極的に支援・登用する組織風土が存在するかどうか，という次元である．日本企業では女性は「雇われこそすれ，昇進はできない」といわれることも多く，女性が管理職に昇進できるかどうか，という女性の登用の有無がダイバーシティ向上に関する論点として挙がることが多い（海老原，2012）．また，政策的にも「女性活躍推進法」という法律名に表れるような重要な要素である．これはともすれば逆差別（女性への優先的な配慮，機会の提供）につながる可能性を持つものの，日本企業におけるダイバーシティ風土を考えるにあたっては，欠かせない側面であると考えられる．

ダイバーシティ風土 3：多様な働き方に関する風土　日本企業におけるダイバーシティ向上の取り組みに関しては，特に政府方針により，個々人の事情に

---

28) 厳密には正木（2017）とほぼ同時期に執筆された荒木・正木・松下・伊達（2017）においても近しいダイバーシティ風土の分類が用いられている．ただし，両研究ともに筆者が調査設計に主体的に関与したものであり，また同論文の基となる調査データを用いた再分析結果も本書第 6 章に含まれている旨ここに注記したい．

合った多様な働き方の実現が重視されている（経済産業省，2014）．経済産業省 (2014) によれば，「画一的，硬直的な『新卒採用，男性正社員，長期継続雇用モデル』を前提にすると，それ以外の人材の活躍の機会が制限」(p. 11) されるといい，多様な働き方を実現することが求められている．またここでは，関連する組織制度（例えば，フレックスタイム勤務制度）を策定するだけでは，人間関係上の懸念などから利用されないこともあるため，それを利用しやすい風土づくりも含めて議論がなされている．こうした背景を踏まえて，本書では日本におけるダイバーシティ風土の一側面として，多様な働き方に関する風土を取り入れた．

ダイバーシティ風土 4：性役割分業に関する風土（男性優位） Hofstede et al., (2010 岩井・岩井訳 2013) の研究では，日本は他国に比して男性性（masculinity）の文化あるいは風土が強いとされる．同研究の質問内容の表現が適切なものかについては議論の余地もあるが，男性性には，性役割分業の強さも内包されており，日本の文化的特徴であると指摘できる．この性役割分業の捉え方として，本書では二つの側面を想定した．一つめが男性が優位に置かれる形での分業の風土である（男性優位）．すなわち，重要な仕事・役割を優先的に男性が担い，女性には権力を与えないという分業関係であり，女性が家事労働を担うという古典的な性役割分業の形態に近い．

ダイバーシティ風土 5：性役割分業に関する風土（男性のマッチョイズム） 性役割分業に関わるもう一つの側面が，男性に負担を集中させ，男性に対して肉体的・社会的なたくましさを求めるような分業の風土である（本書では男性のマッチョイズムと略称する）．厚生労働省による 2014（平成 26）年度の雇用均等基本調査では，育児休暇を取得可能な従業員に占める実際に取得した従業員の割合（育児休暇取得率）は，女性は 86.6% に対して，男性は 2.3% であった．この数値からも，男女の間には社会的に求められる役割の相違があると推察され，また現代日本の男性には「一家の大黒柱」として職業生活で高い目標を実現することが規範として強く求められがちだという指摘も存在する（田中，2009, 2015）．そこで本書では，こうした性役割分業の風土を男性優位の風土とは区別しうるものと考えた．

本書では，以上の五つのダイバーシティ風土の下位因子を想定し，企業の置

かれた状況によって，どのダイバーシティ風土醸成が性別ダイバーシティの心理的影響を好転させるかが異なると仮定した．

下位因子間の効果差の可能性——企業の女性割合に着目した議論

続いて，どのように企業を分類し，ダイバーシティ風土の効果差を議論するのかについて述べたい．本書では企業を分類するためのフレームとして，男女の機会平等の程度の企業差を用いた．具体的には「管理職[29]に占める女性（男性）割合」と「職場に占める女性（男性）割合の企業平均」の二つ，そして両者を割り算した平等性の得点（対角線）を重視した（図3-3）．二つの変数は企業ごとに一意に定まるため，企業はこのグラフのどこかに必ずプロットされるが，その位置によって男女の平等性は異なる．大まかに言って，多くの企業は以下の二つのいずれかのタイプに分類しうる．

　タイプ1（グラフの右下）：管理職に占める女性（男性）割合は低いが，従業員に占める女性（男性）割合は半々に近い．したがって男女の機会不平等が生じている．

　タイプ2（グラフの対角線上）：管理職に占める女性（男性）割合と，従業員に占める女性（男性）割合が等しい．したがって男女の機会平等が達成されている．

まずタイプ1の企業，つまり「職場に占める女性割合」こそ高いが「女性の管理職割合」は低く，「男性が指導的役割を担う」「女性が補助的役割を担う」という性役割分業が強い場合を取り上げる．このような企業では，女性のモチベーションや情緒的コミットメントが男性と比べて低いことが予想される．(a) 女性のモチベーションが低いために女性の登用が生じにくく機会不平等が生じている，あるいは，(b) 機会不平等下で働く中で女性のモチベーションが低下した，という両方向の因果関係が考えられるが，いずれにせよ実態として男女が「異なる意識」を持っていると言い換えられる．

対してタイプ2の企業，つまり「職場に占める女性割合」と「女性の管理職割合」が概ね等しい場合を取り上げる．このような企業では，男女のモチベー

---

[29] 基本的に課長級以上を指す．

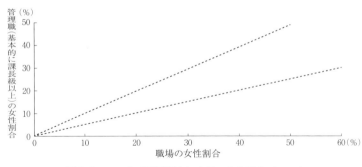

図 3-3 二つの「性別割合」を用いた企業のプロット
対角線は上から順番に、Y/X の値が 1, 1/2 に対応している.

ションや情緒的コミットメントの性差は小さく，男女がどちらも働くこと・昇進することを同様に肯定的に捉えていることが予想できる．そして男女が「平等な意識」を持っているからこそ機会平等が実現できているか，機会平等の存在が「平等な意識」を醸成していると考えられる．

以上の「違い」を踏まえて本書では，「機会平等の程度」とその背後にある「意識が平等か，異質か」という二つの要因によって，望ましいダイバーシティ風土も異なると仮定した．

機会平等が果たされていない企業では「男女の異質さ」に着目した風土が有効　タイプ1の企業では，男女が「異質なもの」であると両性ともに認識していることから，両性の「差」や「違い」に着目したダイバーシティ風土醸成が，ダイバーシティの心理的影響を好転させると考えた[30]．具体的には，②女性に

---

30) この点はダイバーシティに関する先行研究で言えば，「多文化主義」(multiculturalism) に近い発想である．Ratten & Ambady (2013) のレビュー研究によれば，ダイバーシティに関する主要な価値観（英語でいえば diversity ideology）には二つのものがあるとされる．一つめが多文化主義であり，これはエスニック・グループをはじめとする各種集団が持つ文化的背景の違い（例えば，男性らしさ・女性らしさ，アジア人らしさ・欧米人らしさ）を前提としつつ，それを受け入れ，尊重するというアプローチである．対する考え方が「カラーブラインドネス」(colorblindness) であり，これは人々をユニークな個人とみなして，所属集団の文化的背景を無視して平等に扱うアプローチである．近年では，このアプローチを性別に応用し，前者を gender-awareness，後者を gender-blindness と呼ぶ研究もみられる (Martin & Phillips, 2017)．

集中的に研修を実施し登用するような「女性登用の風土」がある場合，③働き方を区別する「働き方の多様性の風土」がある場合，そして④⑤性役割分業に関する「男性優位の風土」「男性のマッチョイズムの風土」がある場合に，両性の円滑な協働が実現され，性別ダイバーシティの心理的影響が好転すると仮定した．その一方で，男女を等しく処遇し，平等な関与を求めることは，かえって既存の強い性差や性役割分業の存在と競合し，両性の協働を難しくする，すなわち，①「インクルージョンの風土」は負の調整効果を持ち，性別ダイバーシティの心理的影響を低下させると仮定した．

機会平等が果たされている企業では「男女の等しさ」に着目した風土が有効　対してタイプ2の企業では，タイプ1の企業と反対の結果が得られると考えた[31]．つまり，元々両性が「等しいもの」と考えて働く従業員が多いことから，両性に平等な関与を求めるような①「インクルージョンの風土」が正の調整効果を持ち，性別ダイバーシティの心理的影響を好転させると仮定した．他方，男女を「違うもの」と捉えて扱いに違いを設けるような風土は，かえって両性の協働を難しくする，つまり，②女性を優先登用する「女性登用の風土」，④⑤性役割分業の維持に関する「男性優位の風土」「男性のマッチョイズムの風土」は，それぞれ性別ダイバーシティの心理的影響を低下させると仮定した．

以上の仮説を整理したものが表3-2である．

3.4 本書のゴールと社会的な立場

最後に本書のゴールと，社会的な立場の取り方について述べておきたい．本書のテーマは「女性活躍推進」の社会運動と密接に関連しているが，一方で筆者はこの運動に対して慎重な立場を保ちたい．

筆者の考えでは，「女性活躍推進」の目標は指導的役割に就く女性を増やすこと，または継続して就労する女性を増やすことにある．そしてそれは政府が重視している「指導的役割に占める女性の割合」という指標にも反映されている．対して本書の主たるゴールは次の通りであり，各種女性割合の増加ではない．

---

31) この点は注30) にあるカラーブラインドネスの発想に近い．

表 3-2 ダイバーシティ風土の効果差に関する仮説

		機会平等・意識の平等さが低い企業	機会平等・意識の平等さが高い企業
特徴		・従業員の男女比は平等 ・昇進に性差がある ・モチベーションや情緒的コミットメントの性差が強い	・昇進が平等に近い ・モチベーションや情緒的コミットメントの性差が弱い
調整効果の仮説	①インクルージョン(包摂性)	−	＋
	②女性登用	＋	−
	③働き方の多様性	＋	−
	④性役割分業(男性優位)	＋	−
	⑤性役割分業(男性のマッチョイズム)	＋	−

各行の「＋」「−」は,ダイバーシティ風土と性別ダイバーシティの交互作用の係数に関する仮説を示す.「＋」の場合には当該風土が強いほど性別ダイバーシティの心理的影響が好転することを,「−」の場合には風土が弱いほど好転することを意味している.

　本書で目指す組織の最良の状態は「多様な人が協調しながら,ともに意欲的に働くことができている状態」である.これを各企業が自社に合った形で作り上げるための示唆を得ることを研究の目的とする.

　本書の目的は「女性管理職を増やす施策を考えること」ではなく,「多様な人が意欲的に協働することができる環境を作る」ことである.3.3節や3.4節で仮定したとおり,社会には多様な就労ニーズや男女の協働の形がある.例えば,男性社員と比べて女性社員は仕事よりも私生活を重視している企業もあれば(この点は逆でもかまわない),男性社員と女性社員が等しく仕事に意欲的な企業もあるだろう.「女性活躍推進」の運動からすれば,前者の企業は「改善・変革すべきもの」と捉えられがちで,制度改革や意識改革を通じて「男女が等しく昇進を目指す会社」を作るべきだと捉えられる.しかし筆者は,少なくとも短期的には,各社がその現状にみあった組織作りを進めればよいと考えている.その方が当該企業で働く男女にとって幸福であり,また昇進に限られない意欲的でバランスの取れた働き方が実現できるだろう.

このように，本書は「女性活躍推進」という社会運動に対して，あくまでも慎重な立場を取り，目標はダイバーシティ・レート（従業員や管理職の男女比率）の変化に置くのではなく，従業員の意欲的な働き方とそれを示す心理指標（例えば，情緒的コミットメント，対人的ストレス）の改善に目標を置くこととする．その目標を達成した先で，女性を含む多様な人が働き続ける環境が「結果として」ついてくるものと，筆者は考えている．

補足3　組織風土と組織文化の違いに関する議論

　特に経営学の系譜に位置する研究では，組織風土（organizational *climate*）と組織文化（organizational *culture*）の違いが重視されることがある．

　組織文化とは，組織において共有される価値観や，事象に対する共通の理解，そして信念や物事に対する期待のパターンを指す概念である（Gelfand *et al.*, 2005; Schneider *et al.*, 2013）．そしてこれは多くの場合暗黙裡に共有されており，組織の構成員の認知や行動のベースになる基本的仮定を構築するものだと言われることがある．例えば組織文化に関する代表的研究である Schein（2004）は，組織文化の階層構造を三つに分解している．それが「人工物」(artifacts)，「共有される信念や価値」(espoused beliefs and values)，「基本的仮定」(basic assumption) である．これは表層から深層へという順番を持つピラミッド構造になっている．この議論によれば，まず組織における目にみえる人工物（組織構造や手続き，評価制度等）の中には，組織における明示的な規範や期待が反映されていると考えられる．そしてこの明示的な規範や期待の背後には，人や空間，時間等に関する暗黙裡の仮定が存在していると考えられる．こうした階層構造が仮定されることから，組織文化は「深層にあるものが表層に反映されている」という特徴が似ているとして，氷山にたとえられることも多い（例えば，Daft, 2001 高木訳 2002）．

　また，組織文化は往々にして組織において継承されていくものであり，構成員のアイデンティティや社会化に強く関係するものであると考えられることも多い．こうした議論の中では，組織文化は組織において「どのように立ち居振舞うべきか」という一種の規範として，組織がどのように成長してきたかに関する企業の「神話」やストーリーを伴いながら伝達や継承されるものでもあるとされる（Schein, 2004; Schneider *et al.*, 2013）．

　この組織文化と組織風土の異同は，両概念を扱う研究において度々論争を巻き起こす問題である．これら二つの概念の間には，いくつかの違いが指摘される一方で，それらの違いが分析手法の精緻化などを通じて克服されつつもある．

　まず一つめの違いとして，歴史的に用いられてきた研究手法の違いがある．組織風土研究は多くが組織構成員に対するアンケート調査の定量分析によって研究され，組織文化研究は定性的なケース分析によって研究されることが多かったとされる（北居，2014; Schneider *et al.*, 2013）．

　二つめの違いとして，組織風土は組織文化の一つの表出形態（manifestation）に

とどまり，組織文化は個人の認知やその共有物を超えた「組織の持つ特性」であると指摘されることもある (Gelfand *et al.*, 2005; 北居, 2014)．こうした違いを踏まえて，例えば北居（2014）では，組織風土の測定項目としては，組織環境を「私が，どのように知覚するか」が適切であるのに対して，組織文化の測定項目としては「われわれの組織では，どうなるのか」を問うべきであると論じている．

さらに三つめの違いとして，二つめの違いとやや矛盾する指摘ではあるが，組織文化はアンケートへの自己回答によって測定可能なものにとどまらず，その背後にある個人の潜在的な意識や認知を含むものであると指摘されることもある（北居, 2014; Schein, 2004）．先述のSchein（2004）による整理にみられるとおり，組織文化の定義には多くの場合，共有された価値観や規範の「背後にある仮定」が含まれることが多い．しかし，こうした潜在的な意識や認知はアンケート調査への自己回答による測定が困難であるとされる．そしてこうした違いをもとに，組織文化と組織風土の違いが論じられることがある．

ただし，こうした違いこそ指摘されるものの，組織風土と組織文化を事実上同じものとして扱う研究も多く存在しており，本研究でもその立場を踏襲している．

その最大の理由が，両概念の研究手法が精緻化され，類似点が多くなりつつあることである．例えばHofstede *et al.*（2010 岩井・岩井訳 2013）の調査や，House *et al.*（2004）の調査は，組織文化という概念を用いた定量研究であり，先述の「組織文化は測定できない」という指摘（三つめの「違い」）と部分的に矛盾する．

また，マルチレベル分析の発展によって，組織文化と組織風土の違いを主張する際に重要視される「共有性」の分析も，比較的容易になってきた（二つめの「違い」）．こうした両概念の歩み寄りに関して，例えば北居（2014）は，組織風土と組織文化の異同について論じる中で「とくに定量的研究における両概念の重複ははなはだしい」(p. 24) と言及しており，両概念は非常に近しいものであるとみなしている．

また，二つめの違いとして指摘された「調査項目の指示内容の違い」についても，必ずしも基準にあてはまらない研究がみられる．例えば，インクルージョンの組織風土を研究したNishii（2013）の調査項目には，「私の職場では，従業員は果たしている役割だけでなく，どのような人物であるかも尊重されている (Employee of this unit are valued for who they are as people, not just for the jobs that they fulfill)」という項目が含まれている．この項目を北居（2014）の二つの分類にあてはめると，どのように解釈できるだろうか．まず個人の認知である点を重視すれば組織風土の項目であると考えることができる．しかし「われわれの組織では，どうなるのか」

という，自分という認知主体を超えた組織状況に対する認知であると考えることもできる．

したがって「調査項目の指示内容」という観点によって組織風土と組織文化を区別することは，反例が容易に発見されてしまうために，常に有効な基準だとは考えがたい．

こうした背景を踏まえて，組織風土と組織文化を事実上同義のものとみなされることもある．例えば，坂田・岩永・横山（2006）は組織風土に対する個人の認知の分散がきわめて小さい場合には，組織風土と組織文化はきわめて類似する概念であると指摘している．また Schneider *et al.*（2013）においても，組織風土と組織文化は統合に向けて進む概念であると言及がされている．したがって，特にアンケート調査に基づく定量分析を基軸とした研究を行う場合には，組織風土と組織文化をほとんど同義のものとみなすことには大きな支障はないものと考えられる．

補足4　ダイバーシティ風土研究の歴史的展開

　ダイバーシティ風土がダイバーシティの心理的影響の調整要因として扱われ始めたのは，筆者の知識の限りではごく最近のことである．しかし，その他の文脈では，数こそ少ないとはいえ，ダイバーシティ風土の研究は歴史的に蓄積されてきている．ここではダイバーシティ風土の定義の項で挙げた論文を例に，その歴史を整理する（この点は Dwertmann *et al.*, 2016 にも詳述されている）．

初期——ダイバーシティ風土の規定因
　まずダイバーシティ風土に関する初期の研究は，ダイバーシティ風土の類型化と，性差やデモグラフィック変数などの広義の「規定因」の研究から始まったと考えている．様々な研究論文で初期のダイバーシティ風土研究として引用されることの多い Kossek & Zonia（1993）と Mor Barak *et al.*（1998）が，その例として挙げられる．前者の研究は，アメリカの公立大学を対象とした調査に基づいてダイバーシティ風土に関する尺度構成を行うとともに，性別や人種，組織のダイバーシティ比率などとの関係性について定量的な議論を行った研究である．後者の Mor Barak *et al.*（1998）もこれと類似するアプローチの研究であり，アメリカの電機企業を対象とした調査データからダイバーシティ風土に関する尺度構成を実施し，回答者の性別や人種，そしてその交互作用による風土認知の差について議論している．Mor Barak *et al.*（1998）の尺度は，組織風土と個人の価値観が混在しているという問題こそあるものの，ダイバーシティ風土に関する近年の研究でも用いられることの多い尺度である．

　この研究潮流は近年にまで続くものであり，例えば Pugh *et al.*（2008）は，ダイバーシティ風土の規定因として組織のダイバーシティ比率と組織の所在地のダイバーシティ比率，そしてその交互作用の影響を定量的に分析している．これらの研究例に代表されるように，ダイバーシティ風土に関する研究は当初，ダイバーシティ風土を誰が，どのように認知しているかに着目した研究が多かったと考えられる．

展開——ダイバーシティ風土の主効果
　この研究に続く研究アプローチとしては，ダイバーシティ風土の主効果に着目する研究群が挙げられる．つまり，ダイバーシティ風土の醸成，またはその認知が，一般的に組織や従業員にどのようなパフォーマンス上あるいは心理的な影響を及ぼ

すかを定量的に検討するアプローチである．例えば McKay *et al.*（2007）では，アメリカの小売業に勤務するマネジャーを対象とした調査から，ダイバーシティ風土が組織コミットメントおよび離職意図に与える影響を人種や性別ごとに検討している．McKay *et al.*（2008）も同様のアプローチではあるが，アメリカの小売業企業を対象とした分析で，ダイバーシティと性別・人種の交互作用が業績に与える影響を検討している．このほかにも，アメリカの不動産企業の営業職を対象とした調査を用いて業績に対するダイバーシティ風土と CQ（cultural intelligence）の交互作用が及ぼす影響を検討した Chen *et al.*（2012）や，アメリカの会社員を対象とした調査からダイバーシティ風土が離職意図に与える影響を検討した Kaplan *et al.*（2011）などが研究例として挙げられる．

こうした研究蓄積から得られた成果として，ダイバーシティ風土は概ね組織に対して好ましい影響を及ぼすものと考えられる．具体的には，上述の各研究などから，ダイバーシティ風土が醸成されているか，そのように認知されると，組織コミットメントの向上や離職意図の低下，そして個人業績の向上がみられるという結果が得られている．

以上のように，数こそ少ないとはいえ，ダイバーシティ風土に関する研究は一定数行われてきたといえる．ただしこれらの展開の中で，いわゆる「ダイバーシティ風土の定番尺度」は未だ確立されていない．

強いて挙げるならば Mor Barak *et al.*（1998）の尺度がダイバーシティ風土研究の中で使われることが多いものの，Chen *et al.*（2012）では Roberson（2006）の尺度を用いているほか，McKay *et al.*（2007, 2008）は文言こそ Mor Barak *et al.*（1998）の尺度に似ているものの，自作の項目を用いている．このほかにも Chung *et al.*（2015）も自作の項目を用いているほか，Nishii（2013）は Mor Barak *et al.*（1998）の尺度を引用しつつも自作の項目を加えている．こうした測定方法のばらつきは，ダイバーシティ風土の定義が幅広い下位因子を含みうることに由来するように思われる．

第4章 実証研究の方法——企業間の比較と共通点・相違点

本章では本書の実証研究の方法と，使用データの特徴を整理する．

まず分析内容をモデルで表したものが，図4-1である．4.1節ではこれらの主要な変数の操作定義を行う．

続く4.2節では，調査データの概要と，各調査データが対応している企業が置かれた状況を整理する．第3章3.3節で述べた「管理職の女性割合」と「職場に占める女性割合」の指標に基づいて各社をグラフ上にプロットするとともに，従属変数である情緒的コミットメントの性差に言及する．

4.1 研究方法——定量調査に基づく企業間比較

本書では研究方法として，定量調査に基づくケース分析を行った．具体的には，いくつかの象徴的な特徴を持つ企業において行ったアンケート調査と，そのデータに対する統計分析を行った．この方法の持つ特徴とそれを用いた理由について，いくつかの観点から述べたい．

アンケート調査に基づく定量分析である

日本でダイバーシティ・マネジメントを論じる主張には定性的な研究・ケーススタディをもとにしたものが多い[32]．こうした企業事例の収集については既に優れた書籍（例えば，麓，2015; 石塚，2016）もあり，十分に参考になるが，定量的な根拠を欠くために「仮説の裏づけが得られた」と強く主張することは難しいと考える．また，特に本書で取り上げるような，組織のマネジメントと人の心理というマクロ・マイクロ両面を同時に扱う研究の場合，特定個人（例

[32) ワーク・ライフ・バランスに関する研究（例えば，佐藤・武石，2014, 2017）や，経済学的な観点からの研究（例えば，山本，2014）には，定量的手法を用いた研究も存在するが，ことダイバーシティの心理的影響や，職務特性・組織風土などについて論じた研究となると，途端に定性的な研究がほとんどになるというのが，筆者の文献レビューからの結論である．

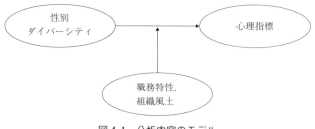

図 4-1　分析内容のモデル

えば，人事部マネジャー，女性一般従業員）の声だけに依存するインタビュー研究や，外在的な情報（例えば，企業施策，経営業績などの目にみえやすい経営情報）だけで研究を行うことは困難である．そこで本書では，前述のような定性的な情報を可能な限り用いることはもちろんだが，企業従業員へのアンケート調査に基づいて，定量的に仮説の支持・不支持を検討することを目指した．このことによって，単一企業の中でも従業員全体を対象とした現象としてダイバーシティ・マネジメントを捉え，その影響について定量的に議論することを試みた．

性別にかかわらずすべての従業員を対象とした調査・分析である

また，本書の研究では性別によらずすべての企業従業員を対象として研究を行った．ダイバーシティに関連する研究の中には，最初から研究対象を女性に限定し，「女性のキャリア意識」や「女性の活躍を促すリーダーシップ」の研究を行うものも多い．しかし，本書で意図した性別ダイバーシティの研究は，いわば「男女の協働」の研究であり，「女性が働きやすい環境」の研究ではない．そのため，男女を分けて調査・分析を行うことはせずに，組織全体に対してどのような心理的影響がみられるのかを検討した．

特徴的な企業を複数扱った広義のケース分析である

ただし，本書で行った研究はランダムサンプリングに基づく郵送調査などではなく，大半が単一ないし複数の特定企業の従業員を対象とした研究である．また，調査対象となった企業の数も，特徴こそ相互に異なるが9社と限られている．この点において本書は，特定の企業のケースを扱ったものにすぎず，広

義の「ケース分析」にあたると考えている（この慎重な扱いは Chen et al., 2012 などとも共通している）．したがって，本書から得られた研究結果をすぐに社会全体に一般化することは困難である．むしろ，前章で述べたような仮説を典型的な特徴を持つ企業を抽出して精緻化する，いわば発展的な仮説生成的研究であると位置づけられる．

4.2 変数の測定方法と留意点

説明変数── Blau の指標を用いた職場の性別ダイバーシティの測定

本書では，職場の性別ダイバーシティの測定を，Blau の多様性指標（Blau's Index: Blau, 1977）を用いて行った．この指標は，集団ごとに各カテゴリの回答者の構成比率を算出し，それをもとに「集団がどの程度多様か」を指標化するものである．具体的には下記式によって計算される．

$$\mathrm{BI} = 1 - \sum_{i=0}^{n} P_i^2 \quad (P_i は第 i 番目のカテゴリの人口構成比)$$

本書で用いる性別は二つの属性から成るカテゴリであることから[33]，男女比率が 1:1 の場合に，この指標は最大値である 0.5 を取る．「男性が 70%」の集団と「女性が 70%」の集団は区別されない．

Blau 指標は，性別に限らず，ダイバーシティ研究では最も一般的な指標である（Harrison & Klein, 2007; Lambert & Bell, 2013; 谷口，2014）．類似する指標としてダイバーシティ研究では，Teachman のエントロピーに基づく指標（Lovelace, Shapiro, & Weingart, 2001）や，非類似性（dissimilarity）の指標が用いられることもある（Gonzalez & DeNisi, 2009）．ただし，いずれも集団内の回答者の構成比率をもとに算出され，集団単位では Blau 指標とほぼ同じ変換結果となる．

ダイバーシティの分析単位となる「職場」を指す組織単位は，調査対象企業によって異なっていた．いずれの企業でも担当者とのディスカッションを経て，コミュニケーションや仕事の基本単位として妥当なものを用いた．具体的には，「部」や「課」などの単位を用いた企業のほかに，「事業部」の単位を用いた企

---

[33] 厳密に言えば，LGBT などの観点を踏まえると男女という括り方が妥当かについては議論の余地もあるが，本書では関連する学術研究で主流となる 2 分類に準じた．

業もあった．この点において，厳密に言えば本書はすべての研究で同じ手法・同じ単位を用いたものではない．

なお，補足的な検討として，一部の実証研究では価値観のダイバーシティも分析に用いた．詳細は当該研究（研究9）に記すが，この変数の指標化には職場での当該指標の標準偏差を用いた．これは連続量のダイバーシティを指標化する方法として Harrison & Klein（2007）が提案した方法に基づいている．

目的変数——「会社へのコミットメント」としての情緒的コミットメントの測定

本書では，主たる目的変数として，情緒的コミットメント（affective commitment）を用いた．情緒的コミットメントは組織コミットメントの一種であり，構成員の組織に対する情緒的な愛着や，集団アイデンティティの強さを意味する（高木ほか，1997）．情緒的コミットメントは種々の組織行動や離職などを予測することが知られており（石田，1997；高木，2003），組織研究における重要な心理指標として用いられている．また，情緒的コミットメントは構成員の情緒的愛着を扱うことから，社会的カテゴリ化パースペクティブにおいて重視される集団アイデンティティとも関係が深く，理論的整合性も高いと考えられる．

測定には，高木・石田・益田（1997）の情緒的コミットメントの尺度と，それを企業ごとの事情により部分的に改変したものを用いた．これは日本で組織コミットメントの尺度構成を行った研究の一部であり，情緒的コミットメントは組織に対する単純な愛着である「愛着要素」と，集団アイデンティティを意味する「内在化要素」から構成される．ただし，測定にあたっては，「職場への情緒的コミットメント」ではなく「会社・組織への情緒的コミットメント」を用いた．これは日本においては「職場・仕事に属する」という就職意識よりも，「会社に属する」という「就社」意識の方が強く，また一般的であるという指摘に基づくものである[34]（例えば，濱口，2013）．

---

34) ただし，この仮定は2018年現在の日本企業では妥当だが，将来的にも妥当であるかは定かでない．日本では大卒3年以内離職率が約30％となっているほか，専門的にキャリアを形成することの重要性が主張されること，そして副業・兼業を許可する企業が増えつつあるなど，次第に「就社」よりも「就職」の意識が強まっている可能性がある．したがってこうした社会の変化が続いた場合には，情緒的コミットメントの測定も「職場への情緒的コミットメント」の方が妥当になることがあるかもしれない．

第 4 章　実証研究の方法

分析手法——マルチレベル分析実施の可否の判断基準とその理由

　本節の最後に，調査データに対する分析手法について述べたい．本書で行う研究では，特に調整変数となる職務特性と組織風土を「個人単位の概念」ではなく「職場単位の概念」として捉える意義があったことから，可能な限りマルチレベル分析を用いることを目指した．マルチレベル分析とは，階層的なデータに対する統計分析を行う際に用いられる分析手法を指すものである（清水，2014）．個人単位で収集されたデータの相関と集団単位で収集されたデータの相関は，理論上はまったく異なる数字になりうるために，両者を混同してしまうことは危険を伴う．この危険性を可能な限り取り除くために，マルチレベル分析では個人レベルの情報と集団レベルの情報を切り分けて分析することができる．一般に，組織や職場を対象とするデータではこの手法を行うことが望ましいとされる．

　本書でも，多くのデータは「集団レベルの特徴」を議論するために，極力マルチレベル分析を用いることを試みた．ただし，職務特性の分析を行う際には個人レベル・集団レベル両方の変数を，組織風土の分析を行う際には集団レベルの変数のみを，分析に用いた．これは，職務特性には個人レベル・集団レベルを独立に分析する意義がある一方（例えば，de Jonge, van Breukelen, Landerweerd, & Nijhuis, 1999），組織風土には両者を独立に分析する積極的な意義がみいだせなかったためである．第 3 章で述べたとおり，組織風土は本来職場での共有性を前提とする概念であり，この点において，個人レベルの測定（心理的風土）はその代理指標にすぎない．したがって，少なくとも本書の目的に照らせば，両レベルを分けて議論する必然性が薄く，集団レベルの組織風土が個人レベルの心理的風土の，いわば「上位互換」にあたるものと判断した．

　なお，マルチレベル分析の実施にあたっては，分析対象となる変数に職場を単位とした十分なまとまり（級内相関）があるかどうかを事前に検討する必要がある．その検討にあたって，本書では代表的な指標である ICC(1)，ICC(2)，デザインイフェクト（Design Effect: DE）の三つの指標を併用した．一つの指標に絞らずに三つの指標を併用した理由は，どの指標にも短所があり，相互に補い合う必要があるためである（清水，2014; 三沢・佐相・山口，2009; 保田・中原，2017）．以下では，それぞれの指標の特徴について簡単に述べる．

まず，ICC(1) は，当該変数の全体の分散のうち，どの程度の割合が集団の違いによって説明されるかを指す指標である．数値が大きいほど集団を単位としたまとまりがあると判断されるが，どの程度の大きさをもって十分な級内相関があると判断するのかについては，先行研究間で基準が一致していない．古典的な基準としては，James（1982）の研究に則って，0.12 以上とするものもあるが，他方でより現実的な基準として 0.05 以上が採用されることもある（Bleise, 2000; 保田・中原, 2017）．ダイバーシティ研究においても後者の基準が採用されることが多いことから（e.g., Chung et al., 2015; Nishii, 2013）本書では 0.05 以上を基準とした．

続いて，ICC(2) は，集団内の得点の信頼性を示す基準だとされる．これも ICC(1) と併用されることの多い指標だが，こちらの判断基準も一貫しておらず，0.50 以上を基準とする研究もあれば（例えば，鈴木, 2013），0.70 以上を基準とする研究もある（例えば，保田・中原, 2017）．さらに言えば，大きな欠点として，指標の計算方法に依存して，分析対象となるデータのサンプルサイズの大きさ次第で数値の大きさが左右されてしまうと言われている（保田・中原, 2017）．

最後に DE は集団内の人数の影響を考慮に入れた指標であり，k^* を集団の平均的な人数として，次の式によって算出される．この数値が 2 以上の場合にデータに階層性があると判断した方がよいとされる（清水, 2014）．

$$DE = 1 + (k^* - 1)\mathrm{ICC}$$

以上の議論を踏まえて，本書では最終的に清水（2014）の判断基準と，ダイバーシティ研究で一般的な判断基準を合わせて用いることとした．すなわち，① ICC(1) が 0.05 程度ある場合には級内相関があると判断する，しかしこの基準が満たされない場合にも，② DE が 2 程度ある場合には級内相関があると判断することとした．「複数の基準がクリアされる場合に級内相関があると判断する」という厳密性を求める研究もみられる（例えば，鈴木, 2013）が，本書では階層的な調査データを得る機会の希少性を考慮し，この判断基準を用いた．

第 4 章 実証研究の方法

表 4-1 調査データの概要

調査名	対象	配布方法	回答者数	回収率	実施時期
社会人ウェブ調査	100 名以上の規模の民間企業正社員，および公務員	株式会社マクロミルに調査を委託	618 名（男性 536 名）	−	2015 年 4 月
企業調査 A	サービス業 2 社	協力企業（リ・カレント株式会社，WisH 株式会社）を通じて配布・回収	253 名（男性 127 名）	−	2014 年 4〜5 月
企業調査 B	ハイテク産業のグローバル企業 1 社	同社の人事関連部署を通じて配布・回収	849 名（男性 651 名）	−	2015 年 1 月
企業調査 C	人材サービス業 1 社	同社の窓口となる担当者を通じて配布・回収	578 名（男性 302 名）	72%	2015 年 6 月
企業調査 D	小売業を中心とする企業グループ 4 社	同社のダイバーシティ推進関連組織を通じて配布・回収	994 名（男性 613 名）	46%	2016 年 4 月
企業調査 E	地方に本社を置く食品メーカー 1 社	同社の人事関連部署を通じて配布・回収	248 名（男性 225 名）	82%	2016 年 5 月

「社会人ウェブ調査」「企業調査 A」は事前に協力の得られた対象者に配布したため，また「企業調査 B」は調査の性質上回収率が非公開ないし不明だったため，回収率を「−」と記載した．

4.3 調査データの概要と各企業が置かれた状況

調査データの全体像

本書で用いた調査データは表 4-1 の六つである[35]．いずれの調査においても調査項目は類似しており，およそ共通の分析が可能である．「社会人ウェブ調査」のみウェブモニターを，その他は特定企業の従業員を対象とし，調査票を配布するか，回答を行うためのウェブページに誘導して調査を実施した．回答情報は各企業の人事施策の改善と学術研究にのみ用いる旨，回答者に提示するか，または各企業の人事部門などと契約を交わすなどした上で実施した．

---

35) 企業調査のデータ利用に関しては，研究倫理の観点から，調査の仲介企業または調査対象企業のいずれかに，許諾を得る交渉，および結果のフィードバックを並行して行っており，匿名を条件に学術利用の許可を得ていた．

表4-2 年齢・勤続年数・情緒的コミットメントの性差

調査名	年齢			勤続年数			愛着要素			内在化要素		
	男性	女性	性差	男性	女性	性差	男性	女性	性差	男性	女性	性差
社会人ウェブ調査	47.41	39.72	***	19.62	12.05	***	2.36	2.42	n.s.	2.23	2.16	n.s.
企業調査A	41.07	35.77	***	13.30	8.97	***	4.05	3.64	***	3.91	3.50	***
企業調査B	41.88	39.27	***	−	−	−	2.85	2.89	n.s.	2.69	2.48	**
企業調査C	28.72	27.47	**	3.66	2.71	**	3.15	3.01	*	2.86	2.57	***
企業調査D	38.84	34.32	***	11.04	7.90	***	2.73	2.72	n.s.	2.63	2.47	***
企業調査E	34.48	28.00	***	8.02	2.09	***	2.33	2.45	n.s.	2.50	2.41	n.s.

*p<.05, **p<.01, ***p<.001
情緒的コミットメントの質問項目は,文言がわずかに異なっていたり,質問項目数が異なっていたりするために,あくまでもおおまかな比較にとどまる.
企業調査Aのみ情緒的コミットメントの測定を5件法で行ったため,数値が大きくなっている.
企業調査Bには勤続年数の変数が存在しなかったため,性差の検討結果を記載していない.
企業調査Dでは年齢・勤続年数ともに,いくつかの階級として測定した(年齢は「20歳以上30歳未満」等の五つの選択肢から,勤続年数は「3年以上5年未満」等の九つの選択肢から回答した).平均年齢・平均勤続年数の算出にあたっては,各階級の中央値を代入し,全体および男女別の平均値を算出した.なお,両極にあたる選択肢(例えば,年齢における「20歳未満」および「50歳以上」)には,各々最大値・最小値を代入した(例えば,「20歳未満」には20歳を代入).

各調査データにおける性別ダイバーシティと性差の状況

各調査データにおける性別ダイバーシティと性差をめぐる状況について整理したものが表4-2である.まず,回答者の年齢と勤続年数には幅広く性差がみられたが,これは一般的な傾向であると判断できる.続いて,情緒的コミットメントの内在化要素(会社のために積極的に貢献しようと思うかどうかなど)については大半のデータで性差がみられ,男性の方が女性よりも高い得点だった.企業を対象とした調査では,「企業調査E」のみ性差がみられなかった.対して,同じく情緒的コミットメントの愛着要素(会社が好きかどうかなど)については,性差がみられた企業とそうでない企業がはっきりと分かれた.女性の得点が低かったのは「企業調査A」「企業調査C」で,「企業調査B」「企業調査D」「企業調査E」では性差がみられなかった.

続いて,各企業の「管理職の女性割合」と「職場の女性割合の企業平均」を算出したものが図4-2である.各企業の結果は,おおまかに三つの位置にプロットされた.

第 4 章　実証研究の方法

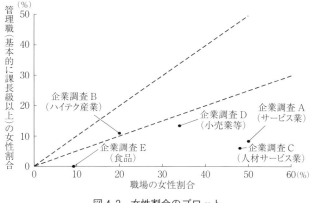

図 4-2　女性割合のプロット

「職場の女性割合」は，各調査データで得られた数値を企業ごとに平均化した．用いた指標は一貫しておらず，回答者の自己報告に依存する調査（企業調査A），正社員に占める女性割合のデータの提供を受けた調査（企業調査B・D），職場ごとに調査の回答者（正社員）の女性割合を算出した調査（企業調査C・E）が混在している．ただし各企業の担当者に確認したところ，概ね各企業における男女比率を正確に反映しているとの回答が得られた．
「管理職の女性割合」は，①企業調査A・C・D・Eでは，回答者における課長級以上に占める女性割合を算出した．②企業調査Bでは，職位が一般的な日本企業とは異なっていたため，同社より提供を受けた「管理職」のダミー変数を利用，該当者に占める女性割合を算出した．
グラフ中の破線は，「職場の女性割合」で「管理職の女性割合」を除した場合の比率が，上から順番に 1，1/2 となる線を示す．
社会人ウェブ調査の結果は省略した．これは同調査は多様な企業・公共団体に勤める人が回答しており，「自分の職場の女性割合」が「自社の女性割合」を近似しているとは言いがたいと考えたためである．

　まず，グラフの右下に位置したのが「企業調査A」と「企業調査C」である．これらの企業では女性が多く働いているものの昇進していなかった（第 3 章で述べた「タイプ 1」に近い）．そして，グラフの中で上から 2 番目の対角線上（Y÷X＝1/2）に位置したのが「企業調査B」と「企業調査D」である．これらの企業では働く女性の数こそ中程度なものの，その女性の 2 人に 1 人は昇進している計算が可能で，比較的機会平等の程度が高かった（相対的に，第 3 章で述べた「タイプ 2」に近い）．さらに，例外的な位置にプロットされたのが「企業調査E」で，この企業ではそもそも働いている女性の人数が限られていた．

　さてこのプロットの結果だが，前掲の情緒的コミットメントの性差の有無と対応しており，第 3 章で述べた理論的予測と合致していた．機会平等が比較的高い二つの企業（調査B・D）では，情緒的コミットメントの内在化要素にのみ性差がみられていた．対して機会平等の低い企業（調査A・C）では，愛着要素

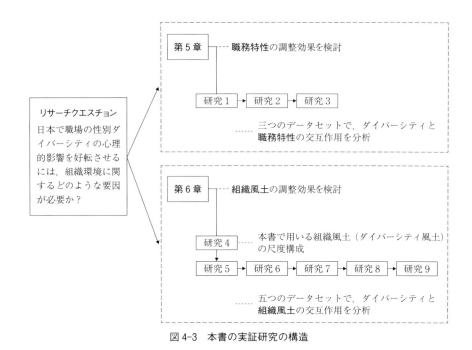

図 4-3　本書の実証研究の構造

にも性差がみられていた．なお，例外的に「企業調査 E」の企業では，情緒的コミットメントの性差がまったくみられなかった．

　内在化要素は，「会社と長期的かつ深い関係を築きたい」程度を意味しており，ライフイベントの変化と退職を悩む機会の多い女性は，仕事へのモチベーションの高低にかかわらず低得点になりがちな可能性がある．対して愛着要素は，「会社が好きかどうか」という単純な情緒的愛着を示しており，本来は性差の影響が及びにくいと推測される．後者にまで性差の影響が及んでいる企業では，就労意識に根深い性差が存在すると考えられる．これが機会平等の程度と共変していたことから，前掲の機会平等の程度は，ただ男女構成比率の問題にとどまらず，そこで働く男女の就労意識や分業のあり方の違いも象徴していることが推察される．

実証研究の構造と各章で用いたデータの対応関係

　本書で行う実証研究の構造を再掲すると，図 4-3 のようになる．

まず第5章では，研究1～3を通じて，職務特性の調整効果を検討する．続いて第6章では研究4～9を通じて，日本におけるダイバーシティ風土の尺度作成と，風土の調整効果を検討する．

　ただし，調査設計上の制約から，前掲のすべてのデータで，本書の検討課題である職務特性（第5章）・組織風土（第6章）の両方の分析を行うことはできなかった．そこで，どのデータでどちらの分析を行うことができたのかについても整理しておきたい．

　　第5章　……「企業調査A」「企業調査C」「企業調査E」
　　第6章　……「社会人ウェブ調査」「企業調査A」「企業調査B」「企業調査C」「企業調査D」

ここに示した通り，職務特性の調整効果を検討する第5章では，前掲図4-2で右下に位置した企業群と，左下に位置した企業しか分析対象にできていない．したがって，企業差に関する議論にまで積極的に踏み込むことはできなかった．

　対して組織風土の調整効果を検討する第6章では，前掲図4-2で右下に位置した企業群と，機会平等が高く対角線上により近い企業群の2群を分析できている．したがって，組織風土の分析では，第3章の仮説どおり，企業差にまで踏み込んだ議論を行いたい[36]．

---

36) ただし，本書では，「職場の女性割合」と「管理職の女性割合」を直接的に用いた実証分析は実施しなかった．分析可能な調査データは合わせて五つであり，企業組織を対象とした調査に限れば，データ数は四つだった（企業数は九つ）．さらに言えば，各調査で使用することのできた調査項目もわずかながら異なっている．もし上記二つの女性割合によって布置された結果によって，何らかの結果のあり方が異なると仮定するならば，組織を集団単位とするマルチレベル分析を実施することが望ましいだろう．しかし，マルチレベル分析，中でも本書で中心的に用いるHLM（Hierarchical Linear Model：階層線形モデル）では，頑健な分析結果を得るためには，集団単位で一定のサンプルサイズが必要であると指摘されることがある（例えば，Maas & Hox, 2005は50集団が必要と指摘している）．そのため，本書の研究で得られた五つではデータ数が頑健な分析には十分でないと判断し，各データを貫く総合的な考察については，定性的な分析を実施するにとどめた．

第5章 ダイバーシティと「日本的職務特性」の相性

　本章では，性別ダイバーシティの心理的影響に対する職務特性の調整効果の様相を検討する．仕事の相互依存性と役割の曖昧性という二つの「日本的な」職務特性が，性別ダイバーシティの心理的影響と負の交互作用を持つと仮定して，仮説の実証を行う．なお，検討を行う仮説を以下に再掲する．

　5.1節から5.3節では実証研究を行い，5.4節ではこれらの個別の実証研究を通じた総合考察を行う．

　　仮説1：仕事の相互依存性と性別ダイバーシティの間には，負の交互作用があるだろう．すなわち，性別ダイバーシティが心理指標に対して与える影響は，仕事の相互依存性が高いと低下するだろう．

　　仮説2：役割の曖昧性と性別ダイバーシティの間には，負の交互作用があるだろう．すなわち，性別ダイバーシティが心理指標に対して与える影響は，役割の曖昧性が高いと低下するだろう．

5.1 職務特性の効果の基本的分析（研究1）[37]

　本節では職務特性の調整効果に関して，2社の企業を対象とした企業調査から分析を試みた．分析は個人レベルの重回帰分析を用いており，以後の研究2・3の前段の基本的分析となる．

---

[37] なお，本書の研究1・2は正木・村本（2018）の内容に基づいている．ただし，同じデータを対象に分析を行った正木・村本（2018）とは，分析の内容に二つの違いがある．第一に，正木・村本（2018）では職位をカテゴリ変数として扱ったが，本書では連続変数として扱った．職位の適切な変数化の方法には議論の余地があるが，本書では正木（2017）の表現や，正木・村本（2017）に代表されるほかの諸研究との整合性を優先した．第二に，交互作用項に関して，正木・村本（2018）では職務特性の単純主効果を，本書では性別ダイバーシティの単純主効果を考察の対象とした．これは，前者が職務特性研究に対する貢献，後者が性別ダイバーシティ研究に対する貢献を意図した研究であることによる．ただし，両者は，同じ交互作用項の分析結果に依拠するものであり，単純主効果の検定を除いて分析方法にほとんど違いがないことから，同じ現象を違う側面から切り取ったものにすぎないと考えている．

使用したデータ

企業調査Aの調査データを用いた．この調査は日本のサービス業の企業2社の従業員を対象としたもので，協力の得られた253名（男性127名，女性117名，不明9名）を分析対象とした．以後の分析には，必要な変数に欠損の無い回答のみを用いた．なお，前掲図4-2にプロットした場合の位置は，機会平等の低い右下であった（タイプ1）．

主要な測定項目

①仕事の相互依存性　労働政策研究・研修機構（2013）において用いられた項目を修正した2項目を用いた．具体的には，「私の仕事は，他のメンバーとの折衝が必要な場合が多い」「私の仕事は社内外の調整や交渉に時間がかかる」の2項目を平均化した（$r=.40, p<.01$）．なお，回答は「まったくそうでない」から「まったくそのとおり」までの5件法で行った．

②役割の曖昧性　役割の曖昧性を測定する項目として，労働政策研究・研修機構（2013）において用いられた項目を修正した2項目を用いた．具体的には，「私の仕事の業務内容は明確にされている（逆転）」「私の仕事の遂行に必要な能力（知識・技術の要件）は明確である（逆転）」の2項目を平均化した（$r=.41, p<.01$）．回答方法は前述①と同様だった．

③職場の性別ダイバーシティ　「職場」の定義として「部や課などの，共通の目的のもとに日常的にコミュニケーションを取って職務を遂行する集団」を提示した上で，職場の男女比率について，男性・女性を足して10になるように自己回答を求めた．回答結果に基づき，男女比率をBlauの多様性指標に変換して分析に用いた（$M=.44, SD=.09$）．

④情緒的コミットメント　高木・石田・益田（1997）の組織コミットメント尺度より，愛着要素・内在化要素について因子負荷が高いもののうち，調査対象企業において用いることが自然であると判断された5項目を引用，表現を部分的に改変（例えば，主語として「私は」を追加）したものを用いた（項目1～3が愛着要素，4・5が内在化要素）．いずれの項目についても，「まったくそう思わない」から「とてもそう思う」までの5件法で回答を求めた．Cronbachのα係数を算出したところ，十分に高い値を示したため（$\alpha=.87$），単純加算後平均

して情緒的コミットメントの得点として用いた．

　項目1：「私は他の会社ではなく，この会社を選んで本当によかったと思う」

　項目2：「私はこの会社が気にいっている」

　項目3：「私は友人に，この会社がすばらしい働き場所だといえる」

　項目4：「この会社にとって重要なことは，私にとっても重要である」

　項目5：「私は，この会社の発展のためなら，人並み以上の努力をするつもりだ」

⑤デモグラフィック変数・統制変数　主要なデモグラフィック変数として，性別，年齢，勤続年数，職位（一般社員，係長・主任相当，課長相当，部長相当）を質問した．

　結　果

　主要調査項目の記述統計量と相関マトリクスについては，表5-1に示した．

職務特性と具体的な職種の対応関係　職務特性の質問項目と，客観的な職務特性が対応しているかどうか検証するために，職務特性を目的変数，職種（人事・総務管理，企画・調査・広報，営業，販売・サービス）を説明変数とした分散分析を行った．その結果，仕事の相互依存性については職種の効果が統計的に有意になる傾向にあったが（$F(3, 219) = 2.64, p<.10$），役割の曖昧性については効果は統計的に有意ではなかった（$F(3, 219) = .76, n.s.$）．仕事の相互依存性については，具体的には「企画・調査・広報」の業務の3.69点が最も高かったのに対して，「販売・サービス」の業務の3.25点が最低点だった．前者は職場として一つの目的を達成することが多いのに対して，後者は個人としての目標が比較的明確なことが多いことから，仕事の相互依存性は客観的な職種ともある程度対応していたと言える．

職務特性の調整効果に関する仮説検証　交互作用項を含む重回帰分析を行った結果が表5-2である．まず，職場の性別ダイバーシティの主効果は，統計的に有意ではなかった（$\beta = .08, n.s.$）．続いて職務特性の主効果については，仕事の相互依存性の主効果は統計的に有意でなかったが，役割の曖昧性の負の効果が有意傾向だった（$\beta = -.13, p<.10$）．すなわち，役割が明確なほど，直接的に情

表 5-1　記述統計量および相関係数

	M	SD	相関係数							
			1	2	3	4	5	6	7	8
1　情緒的コミットメント	3.80	0.67	−	0.07	-0.16	0.14	0.31	-0.14	0.00	0.13
2　仕事の相互依存性	3.36	0.83		−	0.15	0.00	0.24	0.18	0.24	0.22
3　役割の曖昧性	2.49	0.77			−	0.02	-0.08	-0.04	0.04	0.01
4　性別ダイバーシティ	0.44	0.09				−	0.02	-0.08	0.01	0.01
5　性別（男性＝1，女性＝0）	−	−					−	0.30	0.28	0.58
6　年齢	38.59	8.74						−	0.50	0.61
7　勤続年数	11.52	7.81							−	0.39
8　職位	1.85	0.95								−

表 5-2　情緒的コミットメントを従属変数とした重回帰分析の結果

	Model 1	Model 2
性別ダイバーシティ（X）	0.07	0.08
相互依存性	0.00	-0.02
役割曖昧性	-0.12 †	-0.13 †
性別（男性＝1，女性＝0）	0.37 ***	0.33 ***
年齢	-0.36 ***	-0.34 ***
勤続年数	0.04	0.03
職位	0.19 *	0.21 *
X × 相互依存性	−	-0.13 *
X × 役割曖昧性	−	-0.08
決定係数（R^2）	0.24 ***	0.27
調整済み決定係数	0.21	0.24
N	188	188
ΔR^2		0.03 *

すべての変数に標準化を施し，係数は標準化偏回帰係数 β を記載した．† $p<.10$, * $p<.05$, *** $p<.001$

緒的コミットメントも高まると言える．そして交互作用に関しては，交互作用項を含まない Model 1 に対して含む Model 2 の決定係数の増分が統計的に有意であり（$\Delta R^2 = .03$, $p<.05$），交互作用項を含む意義があると判断できた．交互作用項について，具体的には職場の性別ダイバーシティと仕事の相互依存性の交互作用が有意であり，負の交互作用を予測した本書の仮説 1 は支持された（$\beta =$

第5章　ダイバーシティと「日本的職務特性」の相性

–.13, $p<.05$)．しかし，役割の曖昧性との交互作用は統計的に有意ではなかった（$\beta = -.08$, n.s.）．

続いて，仕事の相互依存性と性別ダイバーシティの交互作用が統計的に有意になったため，仕事の相互依存性の値に±1SDの値を代入する手法による単純傾斜の検定を行った（図5-1）．その結果，仕事の相互依存性が高い場合には性別ダイバーシティの効果は統計的に有意でなかったのに対して（$\beta = -.03$, n.s.），仕事の相互依存性が低い場合には性別ダイバーシティが統計的に有意な正の効果を持っていた（$\beta = .13$, $p<.05$）．

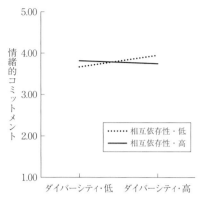

図5-1　仕事の相互依存性と性別ダイバーシティの交互作用
両要因に±1SD，その他の変数に平均値を代入した場合のシミュレーション結果を記載している．

考　察

企業調査Aのデータを用いた分析の結果，仮説1（仕事の相互依存性と性別ダイバーシティは，心理指標に対して負の交互作用を持つ）のみ，情緒的コミットメントに対するものとして支持された．このことから，仕事の相互依存性が低い職場に限って，性別ダイバーシティが高まることで心理的によい影響が得られることが示された．

対して，仮説2（役割の曖昧性と性別ダイバーシティは，心理指標に対して負の交互作用を持つ）は支持されなかった．そのため，研究1では役割の曖昧性は斉一性への圧力の規定因としては機能していなかったと言える．

なお研究1では，職務特性の主効果に関する結果が先行研究とは一部で異なっていた．鈴木・麓（2009）では，従業員のメンタリング行動に対して，仕事の相互依存性が正の主効果を持つことと，役割の曖昧性が負の主効果を持つことを確認していた．これに対して研究1では，役割の曖昧性の負の主効果は確認されたものの，仕事の相互依存性の正の主効果は確認されなかった．これは測定項目の違いに由来するものかもしれない．そこで研究2・3では，仕事の

相互依存性・役割の曖昧性のどちらについても鈴木・蘭（2009）と同じ測定項目を用い，再度同内容の仮説の検討を試みた．

5.2 人材サービス業の企業を対象とした仮説の再検討（研究2）[38]

本節では，研究1を踏まえて，職務特性の測定項目を変え，また異なる企業で調査・分析を行うことで，本書の仮説の頑健性を検討したい．分析にあたってはマルチレベル分析を試みたが，調査データの制約から，最終的には個人レベルの重回帰分析を用いた．

使用したデータ

企業調査Cの調査データを用いた．この調査は日本の人材サービス業の企業1社の従業員を対象としたもので，625名（男性301名，女性324名）の回答を分析対象とした．以後の分析には，そのうち，必要な変数に欠損の無い回答のみを用いた．なお，前掲図4-2にプロットした場合の位置は，機会平等の低い右下であった（タイプ1）．

回答は職場ごとにネストされていたことから，階層線形モデル（HLM: Hierarchical Linear Model）によるマルチレベル分析を試みた．職場の単位は，同社担当者と議論の上で，部門区分を採用した（一般的な部・課に相当）．この区分は，概ね職務内容（例えば，営業，制作，経理）やサービス内容，顧客地域（例えば，東京，関西）と対応しており，これらが複合的に組み合わさって職場が区分けされていた．なお，職場レベルの分析を行うため，鈴木（2013）に準じて一つの職場からの回答人数が5名を下回る回答は除外した．最終的に分析対象となった人数は一部項目に欠損のある回答も含むと578名となり，職場の数は46個になった．

主要な測定項目

①**仕事の相互依存性**　鈴木・蘭（2009）において用いられた，タスク相互依存性を測定する3項目を用いた（項目は，Kiggundu, 1981, 1983をもとに鈴木・蘭，

---

38) 注37）でも述べた通り，研究2は正木・村本（2018）に基づいている．

2009 が作成).具体的には「私の仕事は,チームのメンバーの進捗にたえず気を配らなければうまくすすまない」「仕事をすすめていく上では,チームのメンバーにたえず相談しなければならない」「私の仕事がうまくいかないと,チームのメンバーの仕事もうまくいかなくなる」の3項目であった.回答は「あてはまる」から「あてはまらない」までの4件法で行った(他の項目に関しても同様).分析に際しては,これらの項目群への回答を平均化して用いた ($a = .68$).

②**役割の曖昧性** 同じく,鈴木・麓 (2009) において用いられた3項目を用いた.具体的には「私は,何が自分のやるべき仕事なのかはっきりしない」「私は,自分の仕事上の責任が何かわかっている (逆転)」「私は,何が自分に期待されているのかがはっきりとわかっている (逆転)」の3項目であった.分析に際しては,これらを平均化して用いた ($a = .75$).

③**職場の性別ダイバーシティ** 所属する職場ごとに,回答者の男女構成比率を算出,職場の男女比率の代理指標として用いた.研究1同様,回答結果に基づき,男女比率を Blau の多様性指標 (Blau, 1977) に変換して分析に用いた ($M = .43$, $SD = .12$).

④**情緒的コミットメント** 高木ほか (1997) の組織コミットメント尺度より,愛着要素・内在化要素各々について因子負荷の高いものから順番に3項目ずつ,合計6項目を用いた.Cronbach の a 係数を算出したところ,十分に高い値を示したため (愛着要素の $a = .85$,内在化要素の $a = .77$),各々単純加算後平均して,愛着要素・内在化要素に関する情緒的コミットメントの得点として用いた[39].

⑤**デモグラフィック変数・統制変数** デモグラフィック変数として,性別,年齢,勤続年数,職位 (担当者クラス・係長クラス・課長クラス・部長クラスの4件法で回答) を用いた.

結　果

主要調査項目の記述統計量と相関マトリクスについては,表5-3に示した.

---

[39] 研究2の初出である正木・村本 (2018) では,愛着要素・内在化要素の区別を置かずに一つの変数として分析を行った.しかし,本書の文脈では愛着要素と内在化要素の区別が重要となる可能性があったため (第4章4.2節),両者を区別して再分析を行った.得られた結果に違いがみられた点については,後述の注43) を参照されたい.

表5-3 記述統計量および相関係数

	M	SD	\multicolumn{9}{c}{相関係数}
			1	2	3	4	5	6	7	8	9
1 愛着要素	3.08	0.68	―	0.63	0.14	-0.35	0.06	0.10	-0.02	0.09	0.19
2 内在化要素	2.71	0.70		―	0.21	-0.29	0.11	0.21	0.08	0.16	0.26
3 仕事の相互依存性	2.39	0.74			―	-0.03	-0.08	0.01	0.13	0.04	0.20
4 役割の曖昧性	1.74	0.63				―	0.00	-0.15	-0.16	-0.14	-0.17
5 性別ダイバーシティ	0.43	0.12					―	0.09	-0.25	-0.13	-0.06
6 性別（男性=1，女性=0）	―	―						―	0.13	0.12	0.29
7 年齢	28.06	4.84							―	0.58	0.40
8 勤続年数	3.17	4.04								―	0.41
9 職位	1.23	0.57									―

職務特性と具体的な職種の対応関係 職務特性の質問項目と客観的な職務特性が対応しているかどうか検証するために，職務特性を目的変数，職種[40]を説明変数とした分散分析を行った．その結果，仕事の相互依存性については職種の効果が統計的に有意であり（$F(15, 562) = 3.58$, $p<.001$），役割の曖昧性についても統計的に有意だった（$F(15, 562) = 2.72$, $p<.001$）．仕事の相互依存性が高い職種は「営業事務」（2.74点）や「事務」（2.60点），低い職種は「制作」（2.04点）などだった．役割の曖昧性が高い職種は「営業事務」（2.00点）や「事務」（1.89点），低い職種は「制作」（1.58点）だった．仕事の相互依存性が高い職種と役割の曖昧性が高い職種は概ね対応しており，質問項目の測定内容は，客観的な職種と一定の関係を持っているものと考えられる．

職務特性の調整効果に関する仮説検証 分析にあたって，各変数の級内相関を確認した結果が表5-4である[41][42]．第4章で述べた基準に照らすと，まず従属変数となる情緒的コミットメントの2要素は，ICC(1) と DE のどちらも基準に満たなかった．このことから，職場の違いによって情緒的コミットメントが決まる程度は大きくなく，したがってマルチレベル分析を行う必然性は弱い

---

40) 職種の区分は調査対象企業の社内区分を採用した．詳細な区分については企業秘密に該当するおそれがあるために，ここでは割愛する．
41) ICC(1)・ICC(2) の算出には，統計ソフトウェア R（ver. 3.1.0）およびそのパッケージである lmerTest および multilevel を用いた．
42) 級内相関係数の検定には統計ソフトウェアの HAD（ver. 15.00; 清水，2016）を用いた．

表5-4 級内相関の一覧

変数名	ICC(1)	ICC(2)	DE
愛着要素	0.02	0.23	1.31
内在化要素	0.03	0.31	1.47
仕事の相互依存性	0.07	0.47	1.69
役割の曖昧性	0.10	0.59	2.16

表5-5 情緒的コミットメントを従属変数とした重回帰分析の結果

	Model A1	Model A2	Model B1	Model B2
目的変数	愛着要素	愛着要素	内在化要素	内在化要素
性別ダイバーシティ（X）	0.05	0.07	0.12 **	0.14 ***
相互依存性	0.14 ***	0.14 ***	0.19 ***	0.19 ***
役割曖昧性	-0.35 ***	-0.36 ***	-0.24 ***	-0.24 ***
性別（男性＝1，女性＝0）	0.03	0.02	0.13 **	0.12 **
年齢	-0.19 ***	-0.19 ***	-0.08 †	-0.08 †
勤続年数	0.07	0.07	0.10 †	0.09 †
職位	0.16 **	0.17 ***	0.15 **	0.16 **
X×相互依存性	－	-0.08 †	－	-0.07 †
X×役割曖昧性	－	-0.07 †	－	-0.01
決定係数（R^2）	0.19 ***	0.20 ***	0.19 ***	0.20 ***
調整済み決定係数	0.18	0.19	0.18	0.19
N	548	548	548	548
ΔR^2	－	0.01 *	－	0.00

すべての変数に標準化を施し，係数は標準化偏回帰係数 β を記載した．†$p<.10$, *$p<.05$, ***$p<.001$

と判断し，個人レベルの重回帰分析を用いた．なお，仕事の相互依存性と役割の曖昧性の級内相関は基準に達していたため，仕事の特徴には職場ごとのまとまりが一定程度あるものと考えられる．

交互作用項を含む重回帰分析の結果が，表5-5である．

まず，職場の性別ダイバーシティの主効果は，内在化要素に対してのみ正の効果が統計的に有意であった（$β=.14, p<.001$）．加えて職務特性の主効果について述べる．まず仕事の相互依存性は，愛着要素・内在化要素に対して正の効果が統計的に有意だった（$β=.14, p<.001$; $β=.19, p<.001$）．続いて，役割の曖昧性は，愛着要素・内在化要素に対して負の効果がいずれも統計的に有意だった

($\beta = -.36, p<.001$; $\beta = -.24, p<.001$).

また，交互作用についても効果が統計的に有意または有意傾向の結果が複数みられた．まず，愛着要素を目的変数としたモデルは，交互作用項を含まない Model A1 に対して，含む Model A2 の決定係数の増分が統計的に有意だったことから，交互作用項を積極的に解釈する意義があると考えられるが（$\Delta R^2 = .01, p<.05$），内在化要素については，交互作用項を含まない Model B1 に対して，含む Model B2 の決定係数の増分が有意でないため，積極的な解釈は差し控えた（$\Delta R^2 = .005, n.s.$）．愛着要素に関連する交互作用項では，性別ダイバーシティと仕事の相互依存性の負の交互作用が有意傾向だったほか（$\beta = -.08, p<.10$），役割の曖昧性との負の交互作用も統計的に有意傾向だった（$\beta = -.07, p<.10$）．ただし役割の曖昧性に関する交互作用は，内在化要素を目的変数とした場合には統計的に有意でなかった[43]．また，内在化要素に関する交互作用項では，仕事の相互依存性に関する交互作用が有意傾向だったが（$\beta = -.07, p<.10$），役割の曖昧性については統計的に有意でなかった（$\beta = -.01, n.s.$）．

続いて，愛着要素を目的変数とした場合に二つの交互作用が統計的に有意になったため，両職務特性の値に ±1SD の値を代入する手法による単純傾斜の検定を行った（図5-2）．その結果，仕事の相互依存性が高い場合には性別ダイバーシティの効果は統計的に有意でなかったのに対して（$\beta = -.00, n.s.$），仕事の相互依存性が低い場合には性別ダイバーシティが統計的に有意な正の効果を持っていた（$\beta = .09, p<.05$）．また役割の曖昧性が低い場合には性別ダイバーシティが統計的に有意な正の効果を持っていたが（$\beta = .10, p<.05$），高い場合には効果は統計的に有意ではなかった（$\beta = -.01, n.s.$）．

以上の結果をまとめると，本書で設定した仮説のうち，仕事の相互依存性の調整効果に関する仮説1は支持された．また役割の曖昧性の調整効果に関する仮説2も部分的には支持されたが，内在化要素を目的変数とした場合には支持されないなど，頑健性に限界がみられた．

---

[43] 愛着要素と内在化要素の区別をせずに「情緒的コミットメント」という一つの変数として分析に用いた場合は，仕事の相互依存性に関する交互作用には変化がみられなかったものの，役割の曖昧性に関する交互作用は統計的に有意でなかった（詳細は，正木・村本，2018を参照）．このことからも，役割の曖昧性に関する交互作用は頑健性が弱いものと考えられる．

第 5 章　ダイバーシティと「日本的職務特性」の相性

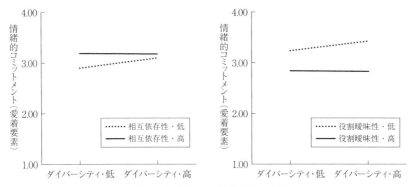

図 5-2　愛着要素に関する交互作用
両要因に ±1SD，その他の変数に平均値を代入した場合のシミュレーション結果を記載している．

考　察

　企業調査 C のデータを用いた分析の結果，本書の仮説 1（仕事の相互依存性と性別ダイバーシティは，心理指標に対して負の交互作用を持つ）は，情緒的コミットメントに対するものとして，職務特性に関する調査項目を変えた場合にも広く支持された．このことから，仕事の相互依存性が低い職場に限って，性別ダイバーシティが高まることで心理的によい影響が得られることが示された．他方の仮説 2（役割の曖昧性と性別ダイバーシティは，心理指標に対して負の交互作用を持つ）は，目的変数を愛着要素とした場合にのみ支持された．このことから，役割の曖昧性も斉一性圧力として機能しうるが，その効果は仕事の相互依存性ほど頑健ではないと推測できる．

　なお，研究 1 で課題となっていた職務特性の主効果については，鈴木・麓（2009）の結果と概ね一致していた．仕事の相互依存性は正の主効果を，役割の曖昧性は負の主効果を持っていた．

　続く研究 3 においても，研究 1・2 と同じく職務特性の交互作用を検討した．ただし，研究 3 では，社会的カテゴリ化アプローチの元々の想定に立ち返り，情緒的コミットメントではなく対人的ストレスを目的変数に用いた．元々社会的カテゴリかアプローチでは，単一の職場の中でのサブグループ化と，それに由来するコンフリクトの増加を予測した理論であった．翻って研究 3 で用いた対人的ストレスの項目は，職場における対人的なコンフリクトに関する文言を

含んでいる．この変数に対する交互作用を確認することは，研究1と研究2で得られた結果の頑健性を検討する上で重要だと言える．

5.3 対人的ストレスに対するマルチレベル分析（研究3）

研究1・2ではいずれも個人レベルの重回帰分析を用いており，「職場としての職務特性」を扱いきることができなかった．それを踏まえて本節では，食品メーカーを対象とした調査データを用いて，マルチレベル分析による仮説の検討を実現することができた．また，目的変数として情緒的コミットメントではなく対人的ストレスを用い，本書の仮説が幅広い心理的影響についてあてはまるかどうかを検討したい．

使用したデータ

企業調査Eの調査データを用いた．この調査は，首都圏外の地方に本社を置く食品メーカーの企業1社の従業員を対象としたもので，248名の回答（男性225名，女性23名）を分析対象とした．回答者は大半が正社員として勤務していた．以後の分析には，必要な変数に欠損のない回答のみを用いた．なお，前掲図4-2にプロットした場合の位置は，そもそも女性の数が少ない左下であった（タイプ1・2いずれにも当てはまらない）．

この調査についても階層線形モデル（HLM）によるマルチレベル分析を実施することを試みた．職場の単位としては，調査対象企業の中で「課」に相当する区分を採用した．この区分の中には，工場やスタッフ部門，営業所などが幅広く含まれていた．分析にあたっては，企業規模の小ささに伴う職場ごとの回答者数の制約から，5名未満ではなく，一つの職場からの回答人数が4名を下回る回答を除外して分析を行った．その結果，最終的に分析対象となった人数は一部項目に欠損のある回答も含むと193名，職場の数は27個になった．

主要な測定項目

①仕事の相互依存性　研究2と同じく，鈴木・麓（2009）において用いられたタスク相互依存性を測定する3項目を用いた．回答は「あてはまる」から「あてはまらない」までの4件法で行った（他の項目に関しても同様）．分析に際

しては，これらの項目群への回答を平均化して用いた（$a = .64$）．

②**役割の曖昧性**　同じく，鈴木・麓（2009）において用いられた3項目を用いた．分析に際しては，これらを平均化して用いた（$a = .74$）．

③**職場の性別ダイバーシティ**　所属する職場ごとに，回答者の男女構成比率を算出，職場の男女比率の代理指標として用いた．回答結果に基づき，男女比率をBlauの多様性指標（Blau, 1977）に変換して分析に用いた（$M = .11$, $SD = .17$）．

④**対人的ストレス**　職場の中での対人葛藤と，それに基づくストレスを測定するために，厚生労働省による「職業性ストレス簡易調査票」の質問項目のうち，「職場での対人関係」に関する3項目を用いた（下光・原谷・中村・川上・林・廣・荒井・宮崎・古木・大谷・小田切，2000）．具体的には「私の部署内で意見の食い違いがある」「私の部署と他の部署とはうまが合わない」「私の職場の雰囲気は友好的である」の3項目であった．回答の選択肢は「そうだ」から「ちがう」までの4件法であり，得点が高いほどストレスが高くなるように数値処理を行った．分析にあたっては，逆転項目である上記第3項目を除外した場合にa係数がわずかに向上したため（.51より.53に向上），第1項目と第2項目の平均値を取り，分析に用いた[44]．

⑤**デモグラフィック変数・統制変数**　このほかにデモグラフィック変数に関する情報を，同社の人事情報から接合して分析に用いた．具体的には，性別，年齢，勤続年数，職位（一般社員，主任，係長，課長代理，課長，次長の順に連続変量として分析に使用した）を用いた．

結　果

主要調査項目の記述統計量と相関マトリクスは，表5-6に示した．

職務特性の調整効果に関する仮説検証　分析にあたって，各変数の級内相関を確認した結果が以下の表5-7である[45][46]．対人的ストレスと職務特性はいず

---

[44] なお，第2項目は職場内の対人葛藤に基づくストレスのみならず，職場間のストレスも同時に測定してしまっている可能性がある．そのため後述の分析においては，第1項目と第2項目各々を目的変数とした個別の分析も合わせて実施している．その結果については分析の該当箇所の注47）に記載した．

[45] HLMの実施，およびICC(1)・ICC(2)の算出には，統計ソフトウェアR（ver. 3.1.0）およびそのパッケージであるlmerTestおよびmultilevelを用いた．

表 5-6　記述統計量および相関係数

	M	SD	| 相関係数							
			1	2	3	4	5	6	7	8
1 対人的ストレス	2.17	0.74	—	-0.01	0.16	0.20	-0.05	0.03	0.02	0.06
2 仕事の相互依存性	2.80	0.63		—	-0.22	-0.08	0.12	0.06	0.15	0.16
3 役割の曖昧性	1.86	0.66			—	0.13	-0.10	-0.36	-0.21	-0.19
4 性別ダイバーシティ	0.11	0.17				—	-0.52	-0.19	-0.21	-0.01
5 性別（男性＝1，女性＝0）	—	—					—	0.20	0.25	0.18
6 年齢	33.94	9.51						—	0.76	0.62
7 勤続年数	8.10	7.62							—	0.69
8 職位	2.03	1.34								—

表 5-7　級内相関の一覧

変数名	ICC(1)	ICC(2)	DE
対人的ストレス	0.10	0.44	1.68
仕事の相互依存性	0.11	0.48	1.50
役割の曖昧性	0.09	0.42	1.69

れも，DE は基準に満たないものの，ICC(1) は基準を満たしており，一定の高さの級内相関があると判断できた．そのため，各変数を職場ごとに平均化し，集団レベルの変数として分析に用いた．

　HLM による分析結果が，表 5-8 である[47]．職務特性については，職場レベルで定まる部分（職場として担う仕事の特徴）に加えて，同じ職場に属していてもメンバー個々人によって異なる部分（職場の中で担っている役割の違い）があ

---

46) 級内相関係数の検定には統計ソフトウェアの HAD（ver. 15.00）（清水，2016）を用いた．
47) 目的変数として，対人的ストレスの変数作成に用いた 2 項目を個別に用いた HLM もあわせて実施した．本書の主たる関心である職務特性と性別ダイバーシティの交互作用については，これら二つの分析のどちらにおいても統計的に有意または有意傾向の効果を持っており，結果に大きな違いはみられなかった．ただし，性別ダイバーシティおよび職務特性の主効果には違いがみられた．まず性別ダイバーシティは，項目 1（「私の部署内で意見の食い違いがある」）に対してのみ，統計的に有意な正の効果がみられた．対して役割の曖昧性（個人レベル変数）は，項目 2（「私の部署と他の部署とはうまが合わない」）に対してのみ，統計的に有意な正の効果がみられた．これらの結果の違いであるが，項目 1 が自分の部署・職場内のコンフリクトを扱っているのに対して，項目 2 は他部署・職場間のコンフリクトを扱っている点に由来するものであると考えられる．

表 5-8　HLM を用いた分析結果

	Null Model	Model 1
切片	3.86 ***	2.16 ***
個人レベル変数		
性別（女性＝0，男性＝1）		0.19
年　　齢		0.01
勤続年数		0.01
職　　位		-0.03
相互依存性（個人）		0.11
曖昧性（個人）		0.21 *
集団レベル変数		
性別ダイバーシティ（X）		1.04 *
相互依存性（集団）		0.13
曖昧性（集団）		0.09
交互作用		
X×相互依存性（個人）		-0.05
X×曖昧性（個人）		-0.12
X×相互依存性（集団）		3.65 *
X×曖昧性（集団）		-0.02
ΔR^2（群内）		0.06
ΔR^2（群間）		0.55
deviance（逸脱度）	436.10	410.90
N（個人）	197	197
N（集団）	27	27

集団レベルの変数には全体平均中心化を，個人レベルの変数は集団平均中心化を施した．
$^*p<.05, ^{**}p<.01, ^{***}p<.001$

ると仮定し，個人レベル・集団レベル両方の要因として変数化，分析モデルに投入した．

　まず，説明変数を投入しない Null Model に対して，説明変数を加えた Model 1 では，職場の性別ダイバーシティの主効果として，性別ダイバーシティが高まるほど，対人的ストレスが高まるという結果が得られた（$\gamma=1.04, p<.05$）．職務特性の主効果については，個人レベルの役割の曖昧性が高まると，対人的ストレスが高まっていた（$\gamma=.21, p<.05$）．仕事の相互依存性の個人レベルおよび集団レベルの効果，および集団レベルの役割の曖昧性の主効果は統計的に有意ではなかった．

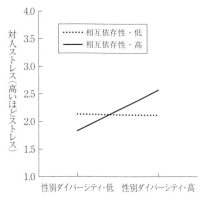

図 5-3 職務特性と性別ダイバーシティの交互作用

両要因に±1SD、その他の変数に平均値（標準化済みのため0）を代入した場合のシミュレーション結果を記載している．
なお、目的変数は対人的ストレスであり、高いほどネガティブな得点を意味する．

続いて、性別ダイバーシティと職務特性の交互作用について述べる．個人レベルの分析に関しては、性別ダイバーシティと個人レベルの仕事の相互依存性（$\gamma=-.05, n.s.$）、個人レベルの役割の曖昧性（$\gamma=-.12, n.s.$）いずれも交互作用は統計的に有意ではなく、仮説1・2は個人レベルの職務特性に関しては支持されなかった．対して集団レベルの分析に関しては、性別ダイバーシティと集団レベルの仕事の相互依存性の交互作用が統計的に有意だった（$\gamma=3.65, p<.05$）．しかし、性別ダイバーシティと集団レベルの役割の曖昧性の交互作用は統計的に有意ではなかった（$\gamma=-.02, n.s.$）．このことから、仕事の相互依存性の交互作用を予測した仮説1は、集団レベルにおいて支持された[48]．

性別ダイバーシティと職務特性の交互作用が一部の組み合わせで統計的に有意であったため、単純傾斜の分析を行った（図5-3）[49]．仕事の相互依存性が低い場合（-1SD）には、性別ダイバーシティの効果は統計的に有意ではなかったが（$\gamma=-.07, n.s.$）、仕事の相互依存性が高い場合（+1SD）には性別ダイバーシティの正の効果が統計的に有意だった（$\gamma=2.15, p<.01$）．この結果は研究1および研究2とは異なり、仕事の相互依存性が高まった場合には性別ダイバーシティの効果が低下するという、本書の当初の予測に合致する結果が得られた．

考　察

企業調査Eのデータを用いた分析の結果、本書の仮説1（仕事の相互依存性と

---

48) 仮説1ではポジティブな指標を目的変数として想定したために負の交互作用を予測したが、研究3ではネガティブな指標を用いたために正の交互作用が仮説の意図する内容に該当する．
49) 単純傾斜の検定については、清水（2014）に記載された方法に基づいて分析を実施した．

性別ダイバーシティは，心理指標に対して負の交互作用を持つ）は，目的変数を対人的ストレスに変えた場合にも支持された．すなわち，仕事の相互依存性が高い場合に，性別ダイバーシティの向上が対人的ストレスの向上につながっており，社会的カテゴリ化パースペクティブに基づく予測（性別ダイバーシティは元々ネガティブな心理的影響を持ち，調整要因により好転する）に一致する結果が得られた．

対して仮説2（役割の曖昧性と性別ダイバーシティは，心理指標に対して負の交互作用を持つ）は研究3でも支持されなかった．このことから，企業調査Eの対象企業においては，仕事の相互依存性こそが重要な指標であり，役割の曖昧性はそれほどの影響力を持つとはいえないと結論付けられる．

5.4 三つの企業調査からみえてきたこと

理論的示唆①：職務特性，中でも仕事の相互依存性に頑健な効果

本章では，三つの調査データの分析を通じて，性別ダイバーシティの心理的影響と，そこに介在する職務特性の調整効果について検討を行った．これらは異なる企業を対象としていたが，いずれも男女の機会平等が低い（管理職の女性割合が低い）企業だった（前掲図4-2）．

仮説検証の結果，特に仕事の相互依存性は，広範に性別ダイバーシティの心理的影響を調整していた．調整効果は研究1から研究3を通じてほとんど一貫してみられたほか，個人レベルの重回帰分析でも（研究1・2），マルチレベル分析でも確認されている（研究3）．さらに言えば，従属変数を情緒的コミットメントとした場合にも（研究1・2），対人的ストレスとした場合にも調整効果が確認された（研究3）．このことから，仕事の相互依存性は，日本企業においても性別ダイバーシティの心理的影響を低下させる要因として機能しうると本書では結論づけた．仕事が相互依存的な状況では，集団の中で意見・行動が一致していることが強く要求される．対して性別ダイバーシティが高まった職場では，男女というカテゴリに基づくサブグループが形成されることから，意見や行動を一致させにくい状況にある．このように多様性の高い職場において，相互依存性の高い業務を円滑に推進するために斉一性圧力が高まり，サブグループが接触を迫られる結果として，対立や葛藤が顕在化するものと考えられる．こうして顕在化したサブグループ間の対立が，職場全体に対する情緒的コミットメ

ントの低下や，職場内のコンフリクトにつながっていたのではないだろうか．この推測は，これまでに海外で実施されてきた実証研究の結果（例えば，Joshi & Roh, 2009; Timmerman, 2000）とも合致するものである．

　これに加えて本書で新たに検討を行った役割の曖昧性の調整効果は，研究 2 で部分的に仮説を支持する結果がみられるのみにとどまった．鈴木・籠（2009）などの先行研究によれば，役割の曖昧性も仕事の相互依存性と同様に，職場における阿吽の呼吸を要する職務特性であるとされてきた．研究 2 の調査対象企業においては，自分の仕事上の役割が曖昧な場合に性別ダイバーシティの心理的影響が低下していた．ただし，この効果は目的変数として用いる情緒的コミットメントの種類（愛着要素か内在化要素か）を変えると再現されなかった点で，頑健性が低いものと考えられる．また，研究 1 と研究 3 でも役割の曖昧性の効果がみられなかったことから，仕事の相互依存性と役割の曖昧性が「まったく同じ機能を持つもの」ではないことが推察できる．そのため役割の曖昧性の調整効果に関しては，仕事の相互依存性とは異なり，さらなる検討を要する．

理論的示唆②：社会的カテゴリ化パースペクティブへの示唆

　以上の本章の結果からは，社会的カテゴリ化パースペクティブそれ自体への示唆もあるものと考えている．

　ごく素朴な社会的カテゴリ化パースペクティブに基づけば，職場が「男女半々」になると，必ず職場のサブカテゴリ化とコンフリクトの増加が導かれることが予測される．しかしこの素朴な予測には限界があり，サブカテゴリ化やコンフリクトが生じる条件を考慮することが重要である．その条件として考えられるものが，斉一性圧力の程度と，それを反映する仕事の相互依存性である．性別ダイバーシティが高まった場合にコンフリクトが高まるのは，異なるサブグループの共存が難しいためである．「男女半々」から成る職場があったとしても，仮に性別に基づくサブグループの存在が，職場の形成や円滑な業務遂行を妨げなければ，これは問題になりえない．しかし，「集団が一つであるべき」という斉一性圧力が強く働くと，職場という単一集団の中にサブグループの存在が許容されず，したがって「男女半々」の職場であることがコンフリクトや情緒的コミットメントの低下を招くのではないかと考えられる．

本章の分析は斉一性圧力そのものを測ったものではなかったが，それを反映すると考えられる仕事の相互依存性が予測に合致する効果を持っていた．さらに，社会的カテゴリ化パースペクティブで重視される対人的なコンフリクトに対する調整効果もみられた．以上を踏まえると，これは理論的な解釈にとどまるが，性別ダイバーシティがサブカテゴリ化や心理的影響に直結するのではなく，多様なサブグループの共存が集団として許容されるかどうかに依存して結果が変わることが示唆される．その意味で，社会的カテゴリ化パースペクティブの素朴な予測は，以下のようなモデルに書き換えられうる．

性別ダイバーシティ×多様な下位集団が許容されるか（斉一性圧力）
→サブカテゴリ化→心理的影響

実践的示唆：「相互依存的な職場」の是非

本章で行った研究の実践的な示唆は，斉一性圧力を高める職務設計が，ダイバーシティ・マネジメント上は適切でない可能性を示した点にある．

たしかに，仕事の相互依存性や役割の曖昧性は，画一的な従業員構成から成る組織においては，鈴木・麓（2009）や鈴木（2013）の指摘するとおり，有効なマネジメント方法だったと考えられる．すなわち，相互に仕事を融通し合い，また役割を明確に定めていないからこそ職場の協調関係が生まれて「助け合い」が生じると考えることもできる．

ただし，性別ダイバーシティが高まった職場においては，仕事の相互依存性や役割の曖昧性が高いことはかえって職場のコンフリクトを高め，結果として情緒的コミットメントの低下や，対人的ストレスの向上につながりかねない．これらは対処を誤れば，離職の増加や職場の不協和音にも帰結しうる．中でも仕事の相互依存性は，企業の置かれているダイバーシティ向上の段階にかかわらず問題となりうる．研究1および研究2では，「職場の女性割合」は高いが「管理職の女性割合」は低いという男女格差が比較的強い企業を対象としたが，研究3は「職場の女性割合」「管理職の女性割合」のどちらも低い企業を対象とした．これらの企業の違いにかかわらず，性別ダイバーシティの向上は仕事の相互依存性の低い職場でのみ，ポジティブな心理的影響を呈していた．このことから，性別ダイバーシティの高まった組織のマネジメントと画一的な組織

表5-9 ダイバーシティ・マネジメントと斉一性への圧力に関する施策の関係

	方針1 ダイバーシティの選択的受容	方針2 職務設計を改める
内　　容	「日本的な職務設計」の部署ではダイバーシティを低め、そうでない部署ではダイバーシティを高める.	「日本的な職務設計」を改め、相互独立的で、役割の明確な仕事や職場作りを目指す.
メリット	実施が容易で、現実的である.	ダイバーシティを一律に高められる. 社会的要請と合致する.
デメリット	性差別につながりやすく、社会的に受け入れがたい可能性がある.	ステークホルダーが多く、実現が困難. 「日本的な職務設計」がもたらす、協力の促進などのメリットを損なう.

のマネジメントでは、異なるマネジメント手法が要求されるものと考えられる.

そして、この事実から導出される、ダイバーシティ・マネジメントへの対処法には大きく二つが考えられる（表5-9）.

一つめが、「あらゆる部署で均等にダイバーシティを高める」ことはしないという方法である．往々にして職務特性は、取引先企業との関係や、業界の商慣行にも依存するものであり、容易に変えられるものではない．そのため、仕事の相互依存性を例に挙げれば、「相互依存性が高い職場ではダイバーシティを高めない」（例外は企画部門など、コンフリクトが生産性につながるような職場）、「相互依存性が低い職場ではダイバーシティを高める」という人材配置の使い分けを行うことが、現実的な方針かもしれない．ただし、当該の企業における主力部署、つまり「やりがいのある仕事ができる職場」が相互依存的な働き方をしている場合には、結果として「女性などの特定の属性の人を、やりがいのある仕事から排除している」ことにまつわる批判に晒される可能性があるため、注意を要する.

対して、二つめの対応が、「仕事の設計自体を変える」という可能性である．「特定の職場ではダイバーシティを高めない」という選択が社会的に許容されにくいことを考えると、本書でいうところの調整変数、職務特性を変えるしかない．具体的には、第一に仕事を相互独立的にすることと、第二に企業によっては個々人の役割を明確化することである．これは語弊を恐れずに簡潔に言えば、「日本的な職務設計」（曖昧な職務記述、職場単位での職務遂行）から「アメリ

カ的と言われる職務設計」（明確な職務記述，個人・ジョブ単位での職務遂行）に改めることを意味している[50]．これは昨今の「働き方改革」を目指す社会的風潮とも一致しており，社会的にも受け入れられやすいものと思われる．しかし前段に記したとおり，この方法は従業員個々人の努力や自社だけの努力によって容易に達成できるものではない．例えば，中央省庁における国家公務員の働き方には，「国会対応」（国会議員の質疑に対する答弁作成）が大きく関わっていると指摘されてきた（日本経済新聞，2016）．そのため，国家公務員の働き方や職務の特徴を変えるためには，まず国会議員の働き方を変える必要があり，連鎖的に様々なステークホルダーに変革を強いることとなる．こうした社会全体の変革は一朝一夕には成し遂げられず，困難を伴うことは言うまでもないだろう．

　また，「日本的な職務設計」には本来メリットもあったことも指摘しておきたい．前述の通り，鈴木・麓（2009）や鈴木（2013）は，特に仕事の相互依存性を高めることで職場内の協力が促されることを指摘している．性別ダイバーシティが高い職場に合わせて仕事の相互依存性を低めると，こうした協力も損なわれてしまうリスクがある．この点を補いつつも第二の方針を追求するためには，仕事が相互独立的でも助け合えるような，別の施策を合わせて実施する必要があるかもしれない．例えば，これは実証研究に基づく成果ではなくアイディアにとどまるが，社内の交流イベントを増やしたり，昼食を社員同士が一緒にとる機会を増やしたりするなど，職務設計を相互独立的にすることが社員の孤立につながらない工夫も，あわせて必要だと考えられる．

　以上の通り，本書では論理的に導出される二つの対応を提示した．しかし，どちらの選択にもメリット・デメリットがあり，絶対的な「正解」「正義」が存在するとは言いがたい．そのため，最終的には企業や社会がどのような道を主体的に選択するかという問題になるだろう．筆者としては，企業ごとの事情に応じてこうした「マネジメント方法の多様性」が生じることもまた望ましいと考えている．

50）ここではあくまでも比喩的に「日本的」「アメリカ的」という表現を使っているために，鍵括弧で括った．あくまでも雇用慣行として一般的に語られることの多い言説をもとにした表現であり，厳密な国際比較の結果に基づく事実ではないことには注意が必要である．

研究の限界と今後の課題

ここまで，本章で行った研究 1 ～ 3 の理論的・実践的な示唆についてまとめた．しかし，これらの研究にはいくつかの限界や課題があることも事実である．

第一に，調査対象となった企業数の少なさがある．本章では 4 社のデータ，三つのデータセットしか分析ができておらず，したがって日本社会すべてに一般化するにはきわめて不十分である．

第二に，これらの研究では比較的性別ダイバーシティが進展していない企業しか研究対象とできなかった．研究 1 および研究 2 の企業では女性従業員こそ多いものの平等性は低く，研究 3 の企業では女性従業員の絶対数が著しく低かった．ここから，本章の研究から得られた結果が性別ダイバーシティの「先進企業」では再現されるのか，あるいは再現されないのかという疑問が生じる．女性従業員の数も多く，また男女が昇進において平等な企業では効果は変わるかもしれない．第一の課題（企業数の少なさ）と共通する課題ではあるが，今後はより多様な企業で調査を実施することが望ましい．

第三に，仕事の相互依存性と役割の曖昧性が調整効果を持つ理由として，この研究では背後に斉一性圧力があるものと解釈したが，これはあくまでも理論的な推測にとどまり，実証的に斉一性圧力を測定または操作したものではない．これはこの研究が応用研究を志向するがゆえの課題とも言えるが，今後は実験室実験やフィールド実験などを通じて，職務特性の調整効果の背後に斉一性圧力があるといえるかを検証することが望まれる．

最後に，個人レベル・集団レベル変数で効果がばらついている理由がはっきりとしていない．研究 1 および研究 2 では個人レベルの職務特性が調整効果を持っていたが，研究 3 では職場レベルの職務特性のみが調整効果を持っていた．こうした違いが生じた理由にはいくつかの可能性が考えられる．まず，企業ごとに職場の機能差が異なることが挙げられる．研究 3 で扱った企業のように機能別（例えば，工場と間接部門）に職場が比較的明確に分かれている場合は職場レベルの職務特性が，そうでない場合には個人レベルの職務特性が強く影響している可能性がある．また，目的変数の違いに由来するという解釈もできる．しかし，これらはいずれも解釈にとどまるため，さらなる実証研究が必要となることは間違いないだろう．

第6章 ダイバーシティと組織風土の相性

本章では，性別ダイバーシティの心理的影響に対するダイバーシティ風土の調整効果の様相を検討する[51]．さらに具体的に言えば，様々なダイバーシティ風土の下位因子のうちどれが，どのような特徴の企業で調整効果を持つのかを実証的に議論する．なお本書の仮説を以下に再掲する．下位因子の効果差については，前掲表3-2を参照されたい．

　仮説1：ダイバーシティ風土と性別ダイバーシティの間には，正の交互作用があるだろう．すなわち，性別ダイバーシティに好意的な風土が醸成されているほど，性別ダイバーシティが心理指標に対して与える影響は好転するだろう．

　仮説2：上記交互作用を持つダイバーシティ風土の下位因子は，企業における機会平等の達成度によって異なるだろう．

仮説について具体的に述べると，男女の平等性が高い企業では男女を等しく扱うインクルージョンの風土醸成が性別ダイバーシティの心理的影響を好転させ，男女に「違い」を設ける女性の優先登用・研修の風土や性役割分業の風土は性別ダイバーシティの心理的影響を低下させると推測した．逆に，男女の平等性が低い企業では，男女に「違い」を設ける風土が性別ダイバーシティの心理的影響を好転させ，男女を等しく扱う風土が影響を低下させうると推測した．

まず，6.1節では，こうしたダイバーシティ風土の下位因子について，尺度構成を行うとともに，この下位因子が主観的なものにとどまらず，客観的な組織制度と一定の対応関係を持ちうることを実証する．

そしてこの結果を踏まえて，6.2節から6.6節では，本題のダイバーシティ風土の調整効果を検討していきたい．最後に，6.7節ではこれらの個別の実証研究を通じた総合考察を行う．

---

51) 本章の内容の一部は日本グループ・ダイナミックス学会第63回大会で発表された．

6.1 ダイバーシティ風土尺度の検討(研究4)[52]

本節は後述の諸研究の前提となる研究である.主要概念であるダイバーシティ風土の質問項目として,日本企業および日本社会の特徴を踏まえた尺度を作成することを目指した.

使用したデータ

社会人ウェブ調査のデータを用いた.これは100名以上の規模の民間企業に勤務する正社員,および公務員618名を対象とした調査である.調査は株式会社マクロミルに委託,実施した.

主要な測定項目

①**ダイバーシティ風土** 23項目の質問項目を作成した(質問項目は因子分析の結果を示した後述の表6-2を参照).項目1〜11は,先述の「女性登用」「働き方の多様性」「男性優位」の風土に対応するものであり,Masaki & Muramoto[53] (2015) をもとに各風土3項目以上を目処に作成した.項目12〜19は,「公平性・包摂性」の風土を測定することを意図し,Nishii (2013) をもとに作成した.Nishii (2013) の短縮版15項目のうち,雇用の平等に関する第一因子,包摂性に関する第二因子の項目をもとに,日本企業を対象に用いて違和感のないように文言を修正して用いた.そして項目20〜23は,「男性のマッチョイズム」の風土を測定するために,今回の調査で新たに作成した.いずれの質問項目も,作成にあたって研究者である著者らのほかに,2名の民間企業に勤務する女性社員の意見を反映し,現場の実態に即した文言や内容に修正を行った.回答の選択は「あてはまる」から「あてはまらない」までの4件法で行った.

②**組織制度** ダイバーシティに関係して言及されることの多い組織制度として,山本・黒田 (2014) において用いられた代表的なワークライフバランスに

---

52) 研究4・5およびそのもととなった正木・村本 (2017) の研究は,日本経済研究センターの研究奨励金の研究助成を受けた.ここに記して感謝を表する.
53) 本書の企業調査Aをもとにした国際学会における発表である.調査および発表の順序が前後していることに由来し,順番が前後している.

第6章　ダイバーシティと組織風土の相性

表6-1　組織制度に関する設問内容と回答状況

	制度なし	制度あり
フレックスタイム制度	392	226
勤務地を限定できる制度（限定正社員など）	448	170
法定基準以上の育児休暇制度	142	476
法定基準以上の短時間勤務制度	215	403
法定基準以上の子どもの看護休暇	257	361
育児・介護以外の短時間勤務制度	317	301
女性を優先的に対象とする，研修制度	487	131
女性を優先的に対象とする，人材登用の制度	485	133
女性を中心としたチーム編成の制度	517	101

数値は回答度数を示す．

関連する組織制度を六つ，および経済産業省（2014）の事例をもとに女性の登用に関する制度・企業施策を三つ用いた[54]（表6-1）．回答は各制度の有無および利活用の程度を質問しており，「1　制度があり，利用されている」「2　制度があるが，あまり利用されていない」「3　制度があるが，まったく利用されていない」「4　制度が存在しない」「5　制度があるかどうか，わからない」の五つの選択肢から自分の組織にあてはまるものを選択した．ただし，分析の上ではあくまでも従業員に認知された組織制度の有無に焦点化するために，上記4・5の回答は区別せず「制度なし」に，1～3は「制度あり」に分類した．

③その他の測定項目　統制変数として，性別，年齢，勤続年数，職位（一般社員・係長クラス・課長クラス・部長クラス以上），公務員であるか民間企業社員であるか，フルタイムの通常勤務をしているかどうか，企業規模，そして勤務先企業の業種を質問した．

結果①：尺度構成

まず，全サンプルを対象に，ダイバーシティ風土の全項目について，最尤法・プロマックス回転による探索的因子分析を行った[55]（表6-2）．平行分析およ

---

[54] このうち，「育児休暇」の正式な制度名は「育児休業」だが，本書では通称，および正木・村本（2017）の原文を尊重して「休暇」とした．
[55] 他の実証研究に掲載した記述統計量および相関マトリクスを記載していないが，主要変数については本節の各部に分割して記載している．

び解釈可能性に基づいて5因子を抽出した（表6-3）．また，併せて確認的因子分析を実施した結果，一定の適合度が得られた（$\chi^2(220) = 781.365$, $p<.001$, GFI = .967, CFI = .943, RMSEA = .064）．各種基準が一定に達したため，妥当なモデルであると判断した（Nishii, 2013で用いられた二次因子分析の結果との比較はAppendix 4を参照）．

　第一因子は「私の職場は，女性従業員の活躍支援について積極的だと思う」など，女性の登用や支援に関連する項目が強い負荷を示した．そのため「女性登用」の風土を示す因子と解釈した．

　第二因子は「私の職場では，重要な仕事には最終的には女性より男性が選ばれることが多いと思う」など，職務において男性が女性よりも優遇されることを意味する項目が強い負荷を示した．そのため，第二因子を「男性優位」の風土を示す因子と解釈した．

　第三因子は「私の職場は，働き方に関して多様な選択肢を用意していると思う」などの，働き方の多様性とそこからの自律的な選択可能性に関する項目が強い負荷を示した．そのため第三因子を「働き方の多様性」の風土を示す因子と解釈した．

　第四因子は「私の職場では，仕事上の役割だけでなく，個々人の性格や人柄も大切にされている」などの個性や違いの尊重（包摂性）に関する項目と，「私の職場では，公平な人材登用が行われている」などの公平性に関する項目がともに強い負荷を示した．この項目の作成のもととなったNishii（2013）では，これらの項目は，個性の受容に関する因子と，雇用の公平性に関する因子の二因子に分かれていた．しかし研究4の分析では一因子のみが抽出されたため，「包摂性」の風土を示す一因子と解釈した．

　最後に，第五因子は，「私の職場では，男性は女性よりも要求されるものが大きいと思う」など，男性の職務負担が女性よりも重い，いわば男性に対する男性性（たくましくあること）の要求に関する項目が強い負荷を示した．そのため第五因子は「マッチョイズム」に関する因子と解釈した．

　以上の因子構造に基づいて，最も強い負荷を示した項目（表6-2のゴシック体，網かけ部分）ごとに信頼性係数を算出し，いずれも十分に高い値を示したため，単純加算後平均してダイバーシティ風土の得点として用いた．

第6章 ダイバーシティと組織風土の相性

表6-2 ダイバーシティ風土の尺度に対する探索的因子分析の結果

	質問項目	女性登用	男性優位	多様性	包摂性	マッチョイズム	共通性
1	私の職場では、女性を積極的に登用するための育成・管理がされていると思う	0.89	0.04	0.08	-0.07	-0.08	0.79
2	私の職場は、女性従業員の活躍支援について積極的だと思う	0.88	0.02	0.03	-0.04	-0.01	0.76
3	私の職場では、意思決定に必要な地位に女性がつくことが出来ると思う	0.72	-0.15	-0.02	0.10	0.08	0.63
4	私の職場では、女性従業員の意見を積極的に取り入れてくれている	0.75	0.05	-0.06	0.17	0.04	0.71
5	私の職場では、重要な仕事には最終的に女性よりも男性が選ばれることが多いと思う	-0.01	0.84	-0.06	0.05	0.00	0.69
6	私の職場では、男性は女性以上に幅広い仕事を経験できると思う	-0.01	0.74	-0.04	0.06	0.09	0.64
7	私の職場では、男性の方が女性より社内での昇進昇格への道がより開けていると思う	0.06	0.70	0.01	0.00	0.02	0.52
8	同じことを提案しても、男性の職場では女性の言うことよりも男性の言うことの方が重視されやすい	-0.01	0.64	0.12	-0.13	-0.01	0.42
9	私の職場は、働き方に関して多様な選択肢を用意していると思う	0.06	-0.04	0.76	0.18	0.02	0.82
10	私の職場では、自分に合った働き方を自分で選ぶことが出来ると思う	0.02	0.03	0.68	0.20	-0.02	0.70
11	私の職場では、個々人の事情に配慮した働き方を負うことが出来ると思う	0.03	-0.07	0.54	0.40	0.03	0.73
12	私の職場では、仕事上の役割だけでなく、個々人の性格や人柄も大切にされている	-0.03	-0.01	-0.04	0.89	0.05	0.73
13	私の職場では、メンバー一人ひとりの違いを尊重していると思う	-0.03	-0.01	-0.02	0.87	0.03	0.71
14	私の職場では、すべての人に平等に成長のチャンスが与えられている	0.02	-0.01	-0.12	0.87	0.00	0.66
15	私の職場では、公平な人材登用が行われている	-0.03	0.06	0.01	0.84	-0.10	0.68
16	私の職場には、異なる視点を大事にする文化がある	0.02	0.02	0.00	0.81	-0.02	0.67
17	私の職場は、従業員同士が対立を乗り越えて新しいアイディアや成果につなげるために力を尽くそうとしている	0.00	0.00	0.04	0.77	0.04	0.64
18	私の職場では、同じ働きをした人は同じだけ報酬等で報われている	-0.08	0.04	0.18	0.69	-0.05	0.59
19	私の職場には、不平や不満をリスクを負わずに訴える方法がある	0.06	0.00	0.06	0.68	-0.03	0.56
20	私の職場では、男性は女性よりも要求されるものが大きいと思う	0.04	0.05	-0.07	0.02	0.84	0.76
21	私の職場では、負担の大きくなる仕事は男性に集中する傾向にある	-0.10	-0.03	0.09	-0.11	0.80	0.61
22	私の職場では、女性と比較して、男性に重労働などで「男性らしさ」が求められている	-0.02	0.02	0.10	0.01	0.76	0.61
23	私の職場は、男性は女性よりも育児休暇などが取得しにくい雰囲気にある	0.03	0.07	-0.10	0.08	0.64	0.49
	因子寄与	2.78	2.28	1.78	5.85	2.45	
	信頼性係数	0.91	0.83	0.89	0.94	0.85	

105

表6-3 抽出された5因子の因子間相関

因子間相関および記述統計量	因子間相関					平均値	標準偏差
	女性登用	男性優位	多様性	包摂性	マッチョイズム		
女性登用	1.00	-0.02	0.47	0.62	0.08	2.55	0.68
男性優位		1.00	0.23	0.17	0.61	2.27	0.66
多様性			1.00	0.61	0.09	2.67	0.72
包摂性				1.00	0.13	2.30	0.72
マッチョイズム					1.00	2.23	0.73

　また，先行研究においては，知覚されたダイバーシティ風土の性差が論点となることがある（Kossek & Zonia, 1993）．それを踏まえて，ここでは知覚されたダイバーシティ風土の性別ごとの平均値差の検討に加えて，従来検討されてこなかった性別による因子構造の違いについても検討した．具体的には，性別をグループとした上で因子負荷に等値制約を置いた多母集団同時分析を実施した．その結果，両グループにおいて潜在因子から質問項目へのパスは同様に統計的に有意であり，適合度も一定の基準を満たしていた（$\chi^2(463) = 1118.10$, $p<.001$, GFI = .96, CFI = .93, RMSEA = .07）．本書で用いたダイバーシティ風土の尺度には，性別によらない一定の信頼性があると考えられる．加えて，知覚されたダイバーシティ風土の平均値の性差を検討した結果，認知された男性優位の風土にのみ，性差がみられた（男性平均が2.52，女性平均が2.76，$p<.01$）．

結果②：組織制度との関係を用いた妥当性検証

　まず，各変数の記述統計量および相関係数をまとめたものが表6-4である．
続いて，各種組織制度の有無に関するダミー変数および統制変数[56]を加えた

---

56) 統制変数の詳細は以下の通りである．公務員ダミー：公務員である場合に1，民間企業勤務である場合に0となるダミー変数を使用した．フルタイム勤務ダミー：フルタイム勤務である場合に1，そうでない場合に0となるダミー変数を使用した．業種ダミー：Joshi & Roh (2009) のメタ分析の中で用いられた「ハイテク産業」「サービス業」「製造業」の3区分を援用し，研究4では「情報通信業」（$N=53$）「製造業」（$N=179$）「その他」（例えば，複合サービス業，卸売業・小売業．$N=386$）の3区分を使用した．変数としては，「その他」をベースカテゴリとして，「情報通信業」「製造業」のダミー変数を各々使用した．

第6章　ダイバーシティと組織風土の相性

表6-4　記述統計量と相関係数

		M	SD	1	2	3	4	5	6	7	8	9	10	11	12	13	14	15	16	17	18	19	20	21	22	23
1	女性登用の風土	2.30	0.72	—																						
2	男性優位の風土	2.55	0.68	0.00	—																					
3	働き方の多様性の風土	2.23	0.73	0.56	0.18	—																				
4	包摂性の風土	2.27	0.66	0.60	0.17	0.73	—																			
5	マッチョイズムの風土	2.67	0.72	0.07	0.56	0.09	0.12	—																		
6	性別（男性=1, 女性=0）	–	–	-0.01	-0.12	-0.03	-0.04	0.05	—																	
7	年齢	46.27	8.5	-0.01	0.02	-0.07	-0.05	0.02	0.32	—																
8	勤続年数	18.49	10.92	-0.02	0.01	-0.03	0.01	0.05	0.25	0.55	—															
9	職位	1.90	0.99	0.14	0.05	0.06	0.13	0.07	0.25	0.38	0.33	—														
10	公務員ダミー	0.17	0.38	0.20	-0.01	0.07	0.11	0.02	-0.01	0.08	0.15	-0.01	—													
11	フルタイム勤務ダミー	–	–	0.01	0.00	-0.06	-0.02	-0.03	-0.08	-0.06	-0.09	-0.01	0.11	—												
12	製造業ダミー	–	–	-0.04	0.03	0.04	0.05	0.06	0.11	0.03	0.15	0.02	-0.29	-0.20	—											
13	情報通信業ダミー	–	–	0.01	-0.06	0.01	0.04	-0.01	-0.08	0.00	0.05	0.03	-0.12	-0.07	-0.20	—										
14	企業規模	5.43	2.26	0.14	-0.03	0.13	0.09	-0.02	0.15	0.06	0.26	0.11	0.13	-0.22	-0.07	0.11	—									
15	フレックスタイム制度	–	–	0.11	0.06	0.19	0.17	0.02	0.10	-0.02	0.11	0.07	-0.19	-0.36	0.30	0.11	0.27	—								
16	勤務地限定制度	–	–	0.11	0.18	0.20	0.12	0.07	-0.03	-0.06	0.00	0.11	-0.17	-0.13	0.05	0.30	0.12	0.27	—							
17	育児休暇制度	–	–	0.17	0.12	0.09	0.17	0.17	-0.06	-0.01	0.13	0.16	0.10	-0.08	0.07	0.05	0.06	0.23	0.24	—						
18	育児に関する時短制度	–	–	0.23	0.07	0.15	0.17	0.12	-0.01	0.01	0.18	0.17	0.11	-0.13	0.07	0.07	0.08	0.27	0.29	0.71	—					
19	子どもの看護休暇	–	–	0.18	0.09	0.16	0.17	0.13	0.03	0.06	0.20	0.19	0.18	-0.04	0.05	0.05	0.25	0.25	0.26	0.59	0.76	—				
20	時短制度	–	–	0.23	0.04	0.24	0.20	0.03	0.02	0.05	0.18	0.15	0.09	-0.10	0.13	0.01	0.23	0.28	0.26	0.45	0.58	0.61	—			
21	助成対象の研修	–	–	0.26	0.06	0.23	0.20	-0.01	0.03	-0.03	0.05	0.09	0.03	-0.07	0.07	0.04	0.20	0.25	0.35	0.24	0.33	0.35	0.45	—		
22	女性の優先登用	–	–	0.27	0.08	0.16	0.17	0.04	0.02	0.01	0.08	0.09	0.04	-0.04	0.06	-0.02	0.18	0.21	0.37	0.24	0.33	0.35	0.38	0.82	—	
23	女性のみのチーム編成	–	–	0.23	0.05	0.18	0.18	0.02	0.03	-0.01	0.01	0.05	-0.05	0.01	0.12	0.02	0.15	0.25	0.36	0.20	0.29	0.32	0.38	0.73	0.77	—

重回帰分析を実施した結果が表6-5である[57]。

　まず，柔軟な働き方を促す制度（時短制度やフレックスタイム制度）についてだが，短時間勤務制度（育児目的・その他目的）がある企業では，そうでない企業と比べて，「女性登用」や「働き方の多様性」の風土の知覚が高くなっていた（$β=.08 \sim .17, ps<.05$）。しかし，このほかの組織風土の知覚は高まっていなかった。

　続いて，勤務地限定制度の効果である。分析の結果，勤務地限定制度がある企業では，そうでない企業と比べて，「働き方の多様性」の風土の知覚が高い（$β=.08, p<.01$）一方で，「男性優位」の風土の知覚も高くなっていた（$β=.11, p<.05$）。このことから，勤務地限定制度は肯定的な意味を持つダイバーシティ風土の醸成につながる一方で，否定的な意味を持つダイバーシティ風土（いわば逆転項目）も高めてしまうという矛盾した結果を持っていた。

　次に，育児休暇制度の充実に関する結果をまとめる。充実した育児休暇制度が存在する企業では，「マッチョイズム」の風土の知覚が高くなっており（$β=.12, p<.01$），充実した育児休暇制度の実施が，かえって男性の負担増とそれを是認する風土と関係してしまうことが示唆された。一方で，充実した育児休暇制度がある企業では，「包摂性」の風土が高く知覚される（$β=.09, p<.05$）反面，「働き方の多様性」の風土が低く知覚される傾向にあり（$β=-.12, p<.01$），この制度についてもダイバーシティ風土の下位因子間で矛盾した結果を持っていた。

　このほかに興味深い点が，女性の登用に関する制度である。まず，女性を対象とした研修制度がある企業では，ない企業と比べて「働き方の多様性」の風土の知覚が高かった（$β=.15, p<.01$）。つまり，ダイバーシティ風土の改善と関係していると言える。しかし，女性を優先的に登用する制度，いわば男女の構成比率を均質化するためのアファーマティブ・アクションのような制度がある企業では，「女性登用」の風土の知覚が高くなっている一方で（$β=.15, p<.01$），「働き方の多様性」の風土の知覚は低くなっていた（$β=-.14, p<.05$）。

---

57) 本分析はダイバーシティ風土の下位因子ごとの組織制度の効果の「違い」について議論をするものであり，下位因子間の関連性を統制する必要があると考えた。そこで，目的変数以外のダイバーシティ風土の下位因子を統制変数に加えて分析を実施した。なお，下位因子を統制しない重回帰分析も実施したが，得られた結果のパターンは本分析と概ね同様であった。

表6-5　ダイバーシティ風土を目的変数とした重回帰分析

従属変数	女性登用	男性優位	多様性	包摂性	マッチョイズム
フレックスタイム制度	-0.01	0.04	0.04	0.03	-0.07 †
勤務地限定制度	-0.03	0.11 **	0.08 **	-0.04	0.00
育児休暇制度	-0.01	0.00	-0.12 **	0.09 *	0.12 *
育児に関する時短制度	0.17 **	-0.02	-0.02	-0.06	0.00
子どもの看護休暇	-0.14 **	0.00	0.04	0.01	0.06
時短制度	0.03	-0.01	0.08 *	-0.02	-0.07
女性対象の研修	-0.02	0.05	0.15 **	-0.08	-0.14 *
女性の優先登用	0.15 *	0.02	-0.14 *	0.03	0.07
女性のみのチーム編成	0.01	-0.03	-0.03	0.05	0.02
性別（男性＝1，女性＝0）	-0.01	-0.17 ***	0.01	-0.02	0.15 ***
年　齢	0.05	0.09 *	-0.02	-0.04	-0.06
勤続年数	-0.11 **	-0.01	-0.02	0.04	0.03
職　位	0.07 *	0.03	-0.03	0.06 *	-0.01
公務員ダミー	0.13 ***	0.01	-0.03	0.04	0.03
フルタイム勤務ダミー	0.04	0.04	-0.02	0.01	-0.05
製造業ダミー	-0.03	-0.03	-0.02	0.05	0.08 *
情報通信業ダミー	0.00	-0.06 †	-0.03	0.05 †	0.04
企業規模	0.06	-0.01	0.03	-0.05	-0.06
風土：女性登用	–	-0.19 ***	0.20 ***	0.27 ***	0.09 †
風土：男性優位	-0.16 ***	–	0.10 **	0.05	0.56 ***
風土：多様性	0.27 ***	0.15 **	–	0.57 ***	-0.02
風土：包摂性	0.37 ***	0.08	0.59 ***	–	0.00
風土：マッチョイズム	0.07 †	0.55 ***	-0.02	0.00	–
決定係数	0.47 ***	0.39 ***	0.60 ***	0.61 ***	0.36 ***
調整済み決定係数	0.45	0.36	0.58	0.59	0.34
N	605	605	605	605	605

係数は標準化偏回帰係数βを記載．VIFはいずれも5以下だった．†$p<.10$, *$p<.05$, **$p<.01$, ***$p<.001$

考　察

　研究4ではダイバーシティ風土の類型化を定量的に検討した．本項では，関連する結果と限界について考察を行う．

　当初の予測どおり，各種項目は性別を問わず五つの因子に分類可能で，相互に異なるものと認識されていた．例えば，企業社会において混同されがちな「女性の積極登用」と「働き方の多様性」の受容といった風土は別の因子になりうるし，またこれらのダイバーシティに対する肯定性を増す風土と，「男性

が女性よりも優位にある」といったダイバーシティに対する否定的な風土も，一つの軸上に位置するものではなかった．このように，ダイバーシティ風土と言っても，その下位因子は様々であり，ひと括りにすることにはリスクを伴うだろう．

　また，五つの因子は性別を問わず抽出された．ダイバーシティ風土に対する考え方は，男性と女性の間で大きく異なるかのようにも考えうるが，過去の研究ではこうした可能性は検討されてこなかった．しかし研究4の分析結果からは，男性と女性の間に概念間の構造に差異はないことが示された．したがって，仮に企業の現場などで性別間に何らかの違いがみられたとしても，それは平均値の差にすぎない可能性が高い．つまり，男女でダイバーシティ風土の構造や種類自体は同様に捉えられており，それらに対する肯定的・否定的認識にのみ差があるとも考えられる．この点を実証的に示したことは，研究4のオリジナリティであると言える．

　加えて，研究4では，組織制度との相関関係という観点から，ダイバーシティ風土の下位因子が「主観的な認識」にとどまらず，客観的な組織制度を反映したものである可能性について議論を試みた．まず，短時間勤務に代表される柔軟な働き方を促す制度が存在すると，種々のダイバーシティに肯定的な風土の認知が高くなるという関係がみられた．これは社会的にも力が入れられている制度の一つで，この点に関しては後述のジレンマのような難しさはないものと考えられる．また，女性を対象とした研修制度も，ダイバーシティ風土の醸成に比較的有効な施策の一つだった．具体的には，「働き方の多様性」の風土の知覚が高くなり，マッチョイズムの風土の知覚が低くなる傾向にあった．これは女性対象の研修を通じて，女性のキャリア意識を高め，継続的に働く意欲を増進することによる効果だと考えられる．つまり，継続就業という点において女性を男性と同等に近づけようとする企業努力は，従業員からも受け入れられやすいと言える．

　一方で，ダイバーシティ風土の下位因子との関係において重要な矛盾がみられた制度も複数存在した．その代表例が，勤務地限定制度と，育児休暇制度である．勤務地限定制度は，従業員の働き方の選択肢を広げる点で，「働き方の多様性」の風土の知覚の高さと結びつく肯定的な関係もみられた．しかしその

一方で，勤務地限定制度が「男性優位」の風土の知覚と正の関係を持っているという結果もみられた．これは，同制度が「勤務地限定正社員＝女性」「無限定正社員＝男性」という構造につながり，結果として性役割分業を固定化させる危険性を示しているのではないだろうか．

加えて，育児休暇制度が法定基準以上に充実していることは，一見好ましいことのように思われるが，「マッチョイズム」の風土の知覚が高まり，「働き方の多様性」の風土の知覚が低まっていた．これは仮説のとおり，性役割分業が前提として存在することで女性が育児休暇を優先的に取得し，なおかつその代替要員が補充されないことにより，結果として残される男性社員の負担を増大，それを是認する風土の知覚が強化されたと考えられる．

以上のように，ダイバーシティに関する制度とダイバーシティ風土の間には一定の相関関係がみられる．したがって，ダイバーシティ風土に関する質問項目は，「主観的な認識」という完全な個人差変数にとどまらず，客観的な組織環境を反映した企業差の変数としての側面も含むものであると考えられる．

ただし，研究4の最大の限界として，ダイバーシティ風土の各下位因子は網羅的なものとは言いきれないことが挙げられる．あくまでも近年日本においてダイバーシティ向上ないし「女性活躍推進」に関連して言及されることの多い内容を，研究者が企業関係者との議論を経て選択したものにすぎない．今後の研究では下位因子を構成する概念や質問項目の精緻化，あるいはほかの既存のダイバーシティ風土の尺度（例えば，Mor Barak *et al.*, 1998）との比較検討などが必要であると考えている．

6.2 ダイバーシティ風土の効果の基本的分析（研究5）[58]

研究4で作成したダイバーシティ風土の項目と同じ項目を用いて[59]，本書の研究課題であるダイバーシティ風土の調整効果の分析を行う．ただし，本節で用いたデータはウェブ調査のデータであるため，特定企業の背景などを考慮し

---

58) 研究5は，正木・村本（2017）をもとに大幅に加筆・修正を施したものである．
59) 厳密には異なる時期に実施した調査であり，実施時期の順序が前後している．後述の各研究についても同様である．

た考察は困難であり，あくまでも日本社会の全体像を粗く捉えるにとどまる．

使用したデータ
研究4と同様に社会人ウェブ調査のデータを用いた．

主な測定項目
①ダイバーシティ風土　研究4と同じ項目とそこから導出した変数を用いた．
②職場の性別ダイバーシティ　自分の所属職場における女性の構成比率について，「10%未満」から「90%以上」まで，範囲を10%ごとに設けた10個の選択肢の中から選択した[60]．なお，職場の定義として，冒頭で「部や課などの部署のように，日々コミュニケーションを取りながら働くグループ」を指す旨教示した．分析に際しては，回答をもとにBlauの多様性指標（Blau, 1977）を算出した．平均値は.27，標準偏差は.16だった．
③従業員のモチベーション，およびその関連指標　従業員のモチベーションおよび関連する指標として，ここでは複数の変数を用いた（表6-6）．第一がワークモチベーションである．これは日本労働研究機構（1995）の職務満足度を測定する項目のうち，因子負荷が高いものから4項目を引用，主語として「私は」を加える修正を施したものを用いた．いずれの項目もCronbachの信頼性係数が十分に高い値となったため，単純加算後平均化して変数化した．第二が離職意図であり，尾形（2012）において用いられた全2項目を用いた．第三に情緒的コミットメントを用いた．高木ほか（1997）から下位因子（愛着要素，内在化要素）ごとに因子負荷の高いものから3項目ずつ，合計6項目を用いた．ただし，情緒的コミットメントの測定に際しては，内在化要素の第2項目のみ平易な文言に微修正した．
④その他の測定項目　統制変数として用いた変数は，研究4のものと同様である．

---

[60] 誤入力を防ぐために，数値の自由入力ではなく，多肢選択の形式とした．例えば入力情報が「4」となっていた場合に，仮にリード文において厳密に教示をしたとしても誤入力が発生し，「4%」「4割」のどちらを意味しているか定かではなくなる可能性を排除するためである．

表 6-6　各質問項目の内容および記述統計量・信頼性係数

			平均値 (SD)	信頼性係数
情緒的コミットメント (愛着要素)	他の会社ではなく，この会社を選んで本当によかったと思う 友人に，この会社がすばらしい働き場所であるといえる この会社が気にいっている		2.37(.75)	.92
情緒的コミットメント (内在化要素)	この会社に自分をささげている この会社の発展のためなら，人並み以上の努力をするつもりだ この会社にとって重要なことは，私にとっても重要である		2.22(.71)	.86
ワークモチベーション	私は今の仕事が好きである 私は現在の仕事に満足している 私は今の仕事に喜びを感じる 私は今の仕事にやりがいを感じる		2.36(.78)	.94
離職意図	私は，現在の会社にずっと居続けるつもりだ 機会があれば他の会社に転職したい		2.45(.79)	$r = -.55$

信頼性係数は Cronbach の α 係数を記載．離職意図は 2 項目で構成していたため，相関係数 r を記載．

結　果

主要調査項目の記述統計量と相関マトリクスは，表 6-7 に示した．

ダイバーシティ風土の調整効果に関する分析　四つのモチベーションに関連する指標を目的変数とし，職場のダイバーシティとダイバーシティ風土[61]，両要因の交互作用項，統制変数を用いた重回帰分析を行った（表 6-8）．分析の結果，特に「働き方の多様性」「包摂性」の風土の認知は広く主効果が有意になった．特に「包摂性」の風土は，四つの従属変数すべてに対して統計的に有意な効果を持っていた（$\beta = -.28 \sim .45, ps < .001$）．

次に，研究 5 の主眼であるダイバーシティ風土の調整効果について述べる．ワークモチベーションに対しては「働き方の多様性」の風土の認知が，離職意図に対しては「働き方の多様性」「包摂性」の風土の認知が，それぞれ職場の性別ダイバーシティの交互作用が統計的に有意であったため，単純傾斜の分析を行った．

---

[61] 交互作用項を用いた重回帰分析を行う際，交互作用項と関連する変数の間の多重共線性を回避するために，職場のダイバーシティとダイバーシティ風土の両変数を標準化して分析に用いた．

表6-7 記述統計量および相関係数

	M	SD	1	2	3	4	5	6	7	8	9	10	11	12	13	14	15	16	17	18	19
1 愛着要素	2.37	0.75	–	0.73	-0.49	0.73	0.07	0.45	0.07	0.55	0.63	0.07	-0.03	0.02	0.09	0.13	0.17	-0.03	0.02	-0.01	0.12
2 内在化要素	2.22	0.71		–	-0.41	0.70	0.06	0.43	0.14	0.49	0.59	0.12	0.04	0.04	0.09	0.18	0.12	-0.01	0.04	-0.03	0.05
3 離職意図	2.45	0.79			–	-0.43	0.03	-0.19	0.00	-0.23	-0.29	-0.03	-0.08	-0.07	-0.19	-0.07	-0.15	0.11	-0.04	-0.01	-0.16
4 ワークモチベーション	2.36	0.78				–	0.08	0.37	0.12	0.48	0.56	0.10	-0.06	0.01	0.04	0.13	0.20	-0.01	-0.03	-0.06	0.00
5 性別登用のダイバーシティ	0.27	0.16					–	0.27	0.00	0.16	0.11	0.06	-0.10	-0.10	-0.14	0.06	0.15	0.14	-0.17	-0.03	-0.04
6 女性登用の風土	2.30	0.72						–	0.00	0.56	0.60	0.07	-0.01	-0.01	-0.02	0.14	0.20	0.01	-0.04	0.01	0.14
7 男性優位の風土	2.55	0.68							–	0.18	0.17	0.56	-0.12	0.02	0.01	0.05	-0.01	0.00	0.03	-0.06	-0.03
8 働き方の多様性の風土	2.23	0.73								–	0.73	0.09	-0.03	-0.07	-0.03	0.06	0.07	-0.06	0.04	0.01	0.13
9 包摂性の風土	2.27	0.66									–	0.12	-0.04	-0.05	0.01	0.13	0.11	-0.02	0.05	0.04	0.09
10 マッチョイズムの風土	2.67	0.72										–	0.05	0.02	0.05	0.07	0.04	-0.03	0.06	-0.01	-0.02
11 性別（男性=1, 女性=0）	–	–											–	0.32	0.25	0.25	-0.01	-0.08	0.11	0.05	0.15
12 年齢	46.27	8.5												–	0.55	0.38	0.08	-0.06	0.03	0.00	0.06
13 勤続年数	18.49	10.92													–	0.33	0.15	-0.09	0.15	0.05	0.26
14 職位	1.90	0.99														–	-0.01	-0.01	0.02	0.03	0.11
15 公務員ダミー	0.17	0.38															–	0.11	-0.29	-0.12	0.13
16 フルタイム勤務ダミー	–	–																–	-0.20	-0.07	-0.22
17 製造業ダミー	–	–																	–	-0.20	0.11
18 情報通信業ダミー	–	–																		–	0.07
19 企業規模	5.43	2.26																			–

第6章　ダイバーシティと組織風土の相性

表6-8　モチベーションに関係する指標を目的変数とした重回帰分析

目的変数	ワークモチベーション	離職意図	愛着要素	内在化要素
性別ダイバーシティ (X)	-0.03	0.04	-0.04	-0.05
ダイバーシティ風土				
女性登用 (M1)	0.01	0.01	0.07 †	0.12 **
男性優位 (M2)	0.01	0.04	-0.03	0.04
多様性 (M3)	0.14 **	-0.03	0.19 ***	0.12 *
包摂性 (M4)	0.44 ***	-0.28 ***	0.45 ***	0.42 ***
マッチョイズム (M5)	0.02	0.02	0.01	0.02
交互作用				
X×M1	-0.03	0.00	0.00	-0.05
X×M2	0.00	-0.02	0.03	-0.02
X×M3	0.13 *	-0.18 **	0.03	0.04
X×M4	-0.10 †	0.16 **	-0.04	0.00
X×M5	0.00	0.05	-0.03	0.03
性別（男性=1, 女性=0）	-0.06	-0.04	-0.05	0.03
年　齢	0.00	0.01	0.01	-0.01
勤続年数	0.02	-0.16 ***	0.06	0.07
職　位	0.09 *	0.03	0.05	0.10 **
公務員ダミー	0.12 **	-0.10 *	0.06	0.02
フルタイム勤務ダミー	-0.04	0.09 *	-0.02	0.00
製造業ダミー	-0.04	0.01	-0.01	0.01
情報通信業ダミー	-0.06 †	0.01	-0.04	-0.05
企業規模	-0.09 *	-0.05	0.03	-0.06
決定係数	0.37 ***	0.17 ***	0.45 ***	0.39 ***
調整済み決定係数	0.35	0.14	0.44	0.37
N	605	605	605	605

係数は標準化偏回帰係数βを記載．VIFはいずれも5以下だった．†$p<.10$, *$p<.05$, **$p<.01$, ***$p<.001$

　まず，ワークモチベーションに対する分析結果である．「働き方の多様性」の風土の認知が相対的に低い場合には，性別ダイバーシティがワークモチベーションを低めており（$β=-.16, p<.01$），高い場合には，両者の間に正の関係がみられたが統計的に有意ではなかった（$β=.09, n.s.$）．

　続いて，離職意図に対する分析結果である．「働き方の多様性」の風土の認知が相対的に低い場合には，性別ダイバーシティが離職意図を高めており（$β=.22, p<.01$），高い場合には，離職意図を低める傾向にあった（$β=-.14, p<.10$）．ま

115

た「包摂性」の風土については，風土の認知が相対的に低い場合には，性別ダイバーシティが離職意図を低める傾向にあり（$\beta = -.13, p<.10$)，高い場合には，離職意図を高めていた（$\beta = .20, p<.01$).

以上の結果より，職場の性別ダイバーシティとダイバーシティ風土の交互作用に関する仮説（ダイバーシティ風土は，職場の性別ダイバーシティが従業員のモチベーションに与える影響を調整する）は，特に「働き方の多様性」の風土について支持されたが，「包摂性」の風土については，本来肯定的な意味を持つはずの風土がネガティブな調整効果を持つ点で仮説と逆の結果となった．なお，情緒的コミットメントに関して（$\beta = -.04 \sim .04, n.s.$)，またその他のダイバーシティ風土の下位因子に関しては（$\beta = -.05 \sim .05, n.s.$)，仮説に合致する統計的に有意な交互作用は得られなかった．

考　察

研究5では，研究4と同じ調査データを用いてダイバーシティ風土の調整効果について検討を行った．具体的には，ダイバーシティ風土が醸成されている（またはそのように認知されている）職場では性別ダイバーシティが従業員のモチベーションを向上させうるが，一方で醸成されていない場合には悪影響を及ぼしうるという仮説を，分類されたダイバーシティ風土の各側面をもとに実証的に示すことを試みた．

分析の結果，特に多様な働き方を受容する風土がこの機能を果たすことがわかった．つまり，多様な働き方を受容できる風土が醸成されていない（またはそのように認知されていない）場合には，職場の性別ダイバーシティが従業員の離職意図を高めるなどの問題を引き起こすが，風土醸成によってこれを抑制できていた．この結果は，昨今日本の企業社会で取られている施策・姿勢とも一致する．つまり，転勤のない勤務地限定の正社員制度の導入やフレックスタイム制度の拡充，柔軟な勤務体系の促進などにより，従業員によって異なるワークライフバランス上の需要に対応するような風土醸成を試みる動きと，研究5の結果は一致している．

その一方で，同様に社会的に有力な姿勢である女性の積極登用や，男性優位の風土の低減は，職場の性別ダイバーシティの心理的影響には関係がなかった．

特に男性優位の風土には性差がみられていたにもかかわらず，性差のみられなかった多様な働き方を受容する風土にのみ調整効果がみられた点は興味深い．この事実は，職場の性別ダイバーシティの影響を議論するにあたっては，性別や性差を色濃く反映する論点はさほど重要ではなく，むしろ多様な働き方の許容のような性別を超えた論点が重要になりうることを示唆している．本研究のように，特定の企業に依存せずに社会人一般を対象とした場合に，特にこうした結果が顕著になるのかもしれない．

さらに興味深い点として，「従業員を平等に扱う」「従業員の個性や異なる視点を重んじる」といったいわば個人主義的な包摂性の風土は，醸成（またはそのように認知されること）を通じて，かえって職場の性別ダイバーシティが高まることによる負の心理的影響を助長していた．この負の関係は，欧米圏の先行研究 (Nishii, 2013) とは異なる結果であり，包摂性に関する類似の尺度を用いているにもかかわらず結果が反対であることから，本研究に固有である可能性が高い．マルチレベル分析を用いた先行研究と，個人を単位としたウェブ調査の分析を行った研究5の方法の違いを考慮する必要はあるが，こうした結果が得られた理由として，日本と欧米の雇用慣行やライフイベントの違いが考えられる．日本では未だ女性に家事・育児負担が偏りがちであると指摘されることもあり，このように実態として差異のある従業員を一律に包摂する試みが，かえって悪影響を及ぼすのかもしれない．

ただし，ここで扱ったデータはウェブ調査のデータであり，様々な企業に勤める人が幅広く回答者に含まれている．したがって得られる結果もまた様々な交絡要因の影響を受けており，本書の企業ごとに設定した仮説を完全に実証するには不完全である．そこで続く研究6以降では，企業調査のデータをもとにした分析と仮説検証を行う．

6.3 女性が多く平等性が低いサービス業のケース（研究6）[62]

本節以降では，研究4で作成したダイバーシティ風土尺度を用いた研究を特

---

62) 研究6の一部は11th Biennial conference of Asian Association of Social Psychology で発表された．

定の企業で行った場合の結果について述べる．各企業との個別調整などの理由により質問項目はわずかに異なっているが，どの研究においてもダイバーシティ風土と職場の性別ダイバーシティの交互作用を扱う点は共通している．研究6では性別に基づく機会平等が比較的に低いケースを扱い，性役割や性差を意識した風土が肯定的な影響を持つという仮説を検討した．

　使用したデータ
　企業調査Aのデータを用いた．この調査は日本のサービス業の企業2社の従業員253名（男性117名，女性127名，不明9名）を対象とした調査である．なお，前掲図4-2にプロットした場合の位置は，機会平等の低い右下であった（タイプ1）．

　主な測定項目
　①ダイバーシティ風土　調査票冒頭において，「責任・目標・方針を共有し，仕事を達成する中で実質的な相互作用を行っている課・部・支店などの集団」（中原，2010）を，「職場」の定義として提示した．その上で，ダイバーシティ風土に関する項目として，研究4の項目群のうち，「女性登用」「男性優位」「働き方の多様性」に関する項目を質問した．内容は概ね研究4と同じだが，調査時期の違いから，文言がわずかに異なっていた．具体的には，研究6で用いた項目は以下の通りである．いずれの項目も「まったくそう思わない」から「とてもそう思う」までの5件法で回答を実施した．分析にあたっては，Cronbachの α 係数が一定の高さを示したため，各々単純加算後平均して得点として用いた．

　　女性登用の風土（α = .63）
　　項目1：「私の会社は，女性を登用するための育成・管理をしていると思う」
　　項目2：「私の会社の経営層は，女性社員の活用について積極的だと思う」
　　項目3：「私の会社は，意思決定に必要な地位に女性がつくことができると思う」
　　男性優位の風土（α = .59）
　　項目4：「私の会社は，重要な仕事へのアサインは，最終的に女性より男性を選ぶことが多いと思う」

項目5：「私の会社は，男性は女性以上に幅広い仕事を経験できると思う」
項目6：「私の会社は，男性のほうが女性よりも社内での昇進昇格の道がより開けていると思う」

働き方の多様性の風土（$a = .65$）

項目7：「私の会社は，働き方に関して多様な選択肢を用意していると思う」
項目8：「私の会社は，自分に合った働き方を自分で選ぶことができると思う」

②**職場の性別ダイバーシティ** 職場の男女比率について，男性・女性を足して10になるように自己回答を求めた．回答結果に基づき，男女比率をBlauの多様性指標（Blau, 1977）に変換して分析に用いた（$M = .44, SD = .09$）.

③**情緒的コミットメント** 研究1と同様の項目を用いた．

④**その他の測定項目** このほかに主要なデモグラフィック変数として，性別，年齢，勤続年数，職位（一般社員，係長・主任相当，課長相当，部長相当）を質問した．

結　果

主要調査項目の記述統計量と相関マトリクスは，表6-9に示した．

ダイバーシティ風土の調整効果に関する分析 職場の性別ダイバーシティの心理的影響と，ダイバーシティ風土の調整効果を検討するために，情緒的コミットメントを目的変数とした両要因の交互作用項を含む重回帰分析を実施した（表6-10）．職場の性別ダイバーシティの主効果は，統計的に有意ではなかった（$\beta = .00$, n.s.）．ダイバーシティ風土の主効果は，女性登用の風土の正の効果のみが統計的に有意だった（$\beta = .29, p<.001$）.

交互作用に関して，まず交互作用項を加えたモデル（Model 2）では加えないモデル（Model 1）に対する決定係数の増分が統計的に有意だったため，交互作用項を解釈する意義があると考えられる（$\Delta R^2 = .05, p<.01$）．交互作用について具体的には，女性登用の風土と職場の性別ダイバーシティの正の交互作用（$\beta = .16, p<.05$），男性優位の風土と職場の性別ダイバーシティの正の交互作用（$\beta = .14, p<.05$）が統計的に有意になった．

ダイバーシティ風土と職場の性別ダイバーシティの交互作用が統計的に有意

表 6-9　記述統計量と相関係数

		M	SD	相関係数								
				1	2	3	4	5	6	7	8	9
1	情緒的コミットメント	3.80	0.67	−	0.40	−0.25	0.35	0.14	0.31	−0.14	0.00	0.13
2	女性登用の風土	3.23	0.66		−	−0.35	0.53	−0.01	0.23	−0.08	−0.11	0.03
3	男性優位の風土	3.18	0.74			−	−0.22	−0.10	−0.31	0.18	0.10	−0.07
4	働き方の多様性の風土	3.09	0.79				−	0.07	0.15	−0.05	−0.09	−0.01
5	性別ダイバーシティ	0.44	0.09					−	0.02	−0.08	0.01	0.01
6	性別（男性＝1，女性＝0）	−	−						−	0.30	0.28	0.58
7	年齢	38.59	8.74							−	0.50	0.61
8	勤続年数	11.52	7.81								−	0.39
9	職位	1.85	0.95									−

表 6-10　情緒的コミットメントを目的変数とした重回帰分析

	Model 1	Model 2
性別ダイバーシティ（X）	0.07	0.00
ダイバーシティ風土		
女性登用（M1）	0.27 ***	0.29 ***
男性優位（M2）	−0.04	−0.05
働き方の多様性（M3）	0.11	0.10
性別（男性＝1，女性＝0）	0.28 ***	0.25 **
年　　齢	−0.29 ***	−0.27 **
勤続年数	0.09	0.10
職　　位	0.16 †	0.15 †
交互作用		
X×M1	−	0.16 *
X×M2	−	0.14 *
X×M3	−	0.10
決定係数	0.34 ***	0.39 ***
調整済み決定係数	0.31	0.35
N	188	188
ΔR^2	−	0.05 **

係数は標準化偏回帰係数 β を記載．VIF はいずれも 5 以下だった．†$p<.10$, *$p<.05$, **$p<.01$, ***$p<.001$

になったため，ダイバーシティ風土の値に±1SDの値を代入する手法による単純傾斜の検定を行った．まず，女性登用の風土が低い場合に性別ダイバーシティの効果が負になり（$\beta = -.24, p<.10$），高い場合に正になった（$\beta = .25, p<.05$）．また，男性優位の風土が低い場合に性別ダイバーシティの効果が負になり（$\beta = -.21, p<.05$），高い場合に正になった（$\beta = .21, p<.10$）．なお両風土は負の相関関係にあったが（$r = -.35, p<.01$），交互作用項の係数の正負の向きは同じであった．

考　察

研究6では日本のサービス業2社を対象とした企業調査Aのデータを用いて，ダイバーシティ風土の効果を検討した．まずダイバーシティ風土の主効果についてであるが，女性登用の風土の正の主効果がみられた点は研究5と同様である．しかし，働き方の多様性の風土の主効果は研究6ではみられなかった．

また，職場の性別ダイバーシティと各ダイバーシティ風土との交互作用を検討した結果，有意な調整効果を持ったダイバーシティ風土は，女性登用の風土と，男性優位の風土であった．これらの風土は，醸成されている（と認知される）ほど，性別ダイバーシティの心理的影響が好転するという調整効果を持っていた．これら二つの風土の側面は互いに負の相関関係を持っていたにもかかわらず，同じ調整効果を持っていた点は非常に興味深い．

この結果は本書の当初の予測にも合致する．企業調査Aの対象企業は男女の機会平等が低く，女性の情緒的コミットメントが男性と比較して弱い傾向にあった．このことから，対象企業は男女の間で労働環境や就労意識の「差」が大きい企業だったと考えられる．そしてこれと対応して，前述のとおり男女の「差」や「違い」を意識した女性登用の風土や，男性優位の風土が正の調整効果を持っていた．つまり男女の違いに配慮する風土が多様化した職場の運営に有効だったと言える．性差が様々な側面で強い企業においては，男女の平等性を促進するよりも「女性に配慮する」施策と風土醸成のほうが望まれており，またダイバーシティ・マネジメントとして有効であると言えるかもしれない．

6.4 女性が多く平等性が低い人材サービス業のケース（研究7）

本節では研究6と同じく，女性が多く平等性が低い企業を扱う．ただし対象

となった企業の業種が研究6とは異なり，人材サービス業の企業1社だった．なお，分析にあたりマルチレベル分析を試みたが，研究2と同様に級内相関の大きさが十分でなかったため，個人レベルの回帰分析による仮説検証を行った．

使用したデータ

研究2と同じ企業調査Cの調査データを用いた．この調査は日本の人材サービス業の企業1社の従業員を対象としたもので，578名（男性302名，女性276名）の回答を分析対象とした．以後の分析には，必要な変数に欠損のない回答のみを用いた．なお，前掲図4-2にプロットした場合の位置は，機会平等の低い右下であった（タイプ1）．

主な測定項目

①**ダイバーシティ風土**　研究4で用いたダイバーシティ風土の質問項目のうち，包摂性の風土に関する8項目のみを測定した．これは調査票の分量の制約に由来するものであり，ほかのダイバーシティ風土の下位因子は測定することができなかった．事前に職場として同社の部門区分（詳細は第5章研究2を参照）を想像するように教示し，回答は「あてはまる」から「あてはまらない」までの4件法で実施した．分析に際しては，Cronbachのα係数が一定の高さを示したため（$\alpha = .81$），単純加算後平均して包摂性の風土の得点として用いた．

②**職場の性別ダイバーシティ**　所属する職場ごとに，回答者の男女構成比率を算出，職場の男女比率の代理指標として用いた．回答結果に基づき，男女比率をBlauの多様性指標（Blau, 1977）に変換して分析に用いた（$M = .43$, $SD = .12$）．

③**情緒的コミットメント**　研究2と同様の項目を用いた．

④**その他の測定項目**　デモグラフィック変数として，性別，年齢，勤続年数，職位（担当者クラス・係長クラス・課長クラス・部長クラスの4件法で回答）を用いた．

結　果

主要調査項目の記述統計量と相関マトリクスは，表6-11に示した．

ダイバーシティ風土の調整効果に関する分析　研究2と同様に，マルチレベル分析の前提となる級内相関を確認した結果，従属変数となる情緒的コミット

表 6-11　記述統計量と相関係数

		M	SD	相関係数							
				1	2	3	4	5	6	7	8
1	愛着要素	3.08	0.68	1.00	0.63	0.46	0.06	0.10	-0.02	0.09	0.19
2	内在化要素	2.71	0.70		1.00	0.32	0.11	0.21	0.08	0.16	0.26
3	包摂性の風土	2.94	0.52			1.00	0.06	0.07	-0.10	-0.04	0.10
4	性別ダイバーシティ	0.43	0.12				1.00	0.09	-0.25	-0.13	-0.06
5	性別（男性＝1，女性＝0）	-	-					1.00	0.13	0.12	0.29
6	年齢	28.06	4.84						1.00	0.58	0.40
7	勤続年数	3.17	4.04							1.00	0.41
8	職位	1.23	0.57								1.00

メントの2要素のICC(1)，ICC(2)，そしてDEはいずれも基準を満たさなかった．そのため，マルチレベル分析を行う必要性は弱いと判断し，個人レベルの重回帰分析を用いた．なお，ダイバーシティ風土の包摂性の級内相関に関してはICC(1)＝.07，ICC(2)＝.50，DE＝1.80となり，本書で設定した級内相関の基準を満たしていた[63]．

重回帰分析の結果が表6-12である．第5章の研究2と共通する変数も多いため，研究7に固有の変数であるダイバーシティ風土の効果についてのみ報告する．ダイバーシティ風土（包摂性）の主効果は，情緒的コミットメントの愛着要素と内在化要素のどちらに対しても統計的に有意に正だった（順にβ＝.44，.30，ps＜.001）．しかし，性別ダイバーシティとダイバーシティ風土の交互作用は，愛着要素を目的変数として交互作用を加えたModel A2，同じく内在化要素のModel B2のどちらに対しても統計的に有意ではなかった（順にβ＝.04，.02，$n.s.$）．したがって本書の仮説はこの研究では支持されなかった．

考　察

研究7では日本の人材サービス業の企業を対象とした調査Cのデータを用いて，ダイバーシティ風土の効果を検討した．その結果，ダイバーシティ風土の

---

[63] ICC(1)・ICC(2)の算出には，統計ソフトR（ver. 3.1.0）およびそのパッケージであるlmerTestおよびmultilevelを用いた．DEの算出にはHAD（ver. 15.00）（清水，2016）を用いた．

表6-12　重回帰分析を用いた分析結果

目的変数	愛着要素		内在化要素	
	Model A1	Model A2	Model B1	Model B2
性別ダイバーシティ（X）	0.04	0.04	0.11 **	0.11 **
ダイバーシティ風土（包摂性）(M)	0.45 ***	0.44 ***	0.30 ***	0.30 ***
性別（男性＝1，女性＝0）	0.03	0.03	0.12 **	0.12 **
年齢	-0.08 †	-0.08 †	0.00	0.00
勤続年数	0.11 *	0.10 *	0.11 *	0.11 *
職位	0.14 **	0.14 **	0.15 **	0.16 **
X×M	−	0.04	−	0.02
決定係数	0.25 ***	0.25 ***	0.19 ***	0.19 ***
調整済み決定係数	0.24	0.24	0.18	0.18
N	548	548	548	548
ΔR^2	−	0.00	−	0.00

係数は標準化偏回帰係数 β を記載．VIF はいずれも 5 以下だった．$^{\dagger}p<.10, {}^{*}p<.05, {}^{**}p<.01, {}^{***}p<.001$

包摂性の正の主効果が確認された．これは同変数を用いた研究 5 の結果とも一致する．

　しかし，研究 7 では職場の性別ダイバーシティとダイバーシティ風土の交互作用が統計的に有意ではなかった．つまり，ダイバーシティ風土の包摂性の得点が高くとも低くとも，性別ダイバーシティが持つ心理的影響には違いがみられなかった．そのため本書の仮説は支持されず，また研究 5 の結果とも，そして同じく包摂性を扱った風土の調整効果が確認された Nishii（2013）の結果とも異なっている．

　この結果に対してはいくつかの解釈が考えられる．まず，積極的に結果を解釈するならば，いわゆるインクルージョン，ここで挙げたダイバーシティ風土の包摂性は，Nishii（2013）をはじめとする主に欧米企業を対象とした先行研究や社会的な主張を通じて信じられているほど万能なものではないと考えられる．つまり，必ず性別ダイバーシティの心理的影響を好転させるものではなく，好転につながらないこともあると考えることが可能である．これは本書の当初の仮説を積極的に支持するものではないが，機会平等が比較的低く，女性の就労意識が男性と比較して低い企業でこうした結果が得られた点は興味深い．こう

した「差」がある企業で男女を平等に扱おうとすることは，性別ダイバーシティに悪影響をもたらすとまでは言えないものの，有効な施策ではないのかもしれない．

ただし，こうした積極的な解釈には値せず，研究手法上の限界によってダイバーシティ風土の包摂性が潜在的に持ちうる効果を拾いきれなかった可能性もある．特に研究7では，マルチレベル分析を行うことができず，それが理由でNishii (2013) の結果とは異なる結果が得られた可能性も残されている．研究7,あるいは本章の一連の研究だけではこの可能性を検討することはできなかったため，今後のさらなる研究が求められる．

6.5 女性が少なく平等性が高いグローバル企業のケース（研究8）[64]

研究7までの実証研究では，性別による機会平等が比較的低い企業のケースを取り上げて分析を行った．しかし，本書の主要な仮説は，ダイバーシティ風土がもたらす効果は企業の機会平等の程度によって異なるというものである．そこで研究8および研究9では，これまでの企業と比べて機会平等の程度が高い企業を対象に研究を行った．まず研究8では，これまでの研究と同様に，個人レベルの重回帰分析を用いた結果を述べる．

使用したデータ

企業調査Bのデータを用いた．ハイテク産業において国際的に事業・組織展開をする企業を対象とした調査であり，同社の人事関連部署を通じて調査票を配布，協力の得られた849名の回答を分析した．なお，職場の性別ダイバーシティや一部のデモグラフィック変数については調査票に含めずに，同社の人事関連部署からデータの提供を受け[65]，アンケート調査の結果と接合して分析に

---

64) 研究8の一部は，31st International Conference of Psychology で発表された．
65) データの提供に際しては，仲介企業（株式会社ビジネスリサーチラボ）を通じて各種契約（秘密保持契約など）を締結し，主に以下の条件の下で情報提供を受けている．第一に，当該データの使用は，調査プロジェクトに関与した研究者に限ること，第二に，分析結果の公表にあたっては事前に同社の確認と許可を得ること，である．研究8は筆者が単独で分析を実施するものであり，また事前に同社に許可を得た学会発表と，同じく筆者の博士論文（正木，2017）の内容をもとに再構成している．

用いた．回答は職場ごとにネストされてはいなかったため，マルチレベル分析は実施できなかった．なお，前掲図 4-2 にプロットした場合，男女の昇進の機会平等が他企業に比べて比較的高かった（タイプ 2）．

主な測定項目

①ダイバーシティ風土　研究 4 で用いた包摂性の風土に関する 8 項目と，女性登用の風土に関する 3 項目を用いた．まず包摂性の風土に関しては，文言に関して「従業員」を「社員」に変更した点以外はすべて同じだった．女性登用の風土については，表現がわずかに異なる以下の 3 項目を用いた．回答は「当てはまらない」から「当てはまる」までの 4 件法で行った．分析に際しては，各々の風土ごとに信頼性係数を算出し，十分な高さが確認されたため（包摂性：$\alpha=.90$，女性登用：$\alpha=.84$），単純加算後平均して風土の得点として用いた．

　　項目 1：「この会社は，女性を登用するための育成・管理をしていると思う」
　　項目 2：「この会社の経営層は，女性社員の活用について積極的だと思う」
　　項目 3：「この会社は，意思決定に必要な地位に女性がつくことができると思う」

②職場の性別ダイバーシティ　調査対象企業の人事関連部署から，各回答者の所属する職場の男女比率データの提供を受けた．数値は 0 〜 1 の値を取っており，これを Blau's Index（Blau, 1977）に変換して用いた（$M=.18, SD=.17$）．

③情緒的コミットメント　研究 5 で用いたものと同じ 6 項目を用いた．高木ほか（1997）から下位因子（愛着要素，内在化要素）ごとに因子負荷の高いものから 3 項目ずつ，合計 6 項目を用い，内在化要素の第 2 項目のみ平易な文言に微修正している．分析に際しては，各々の下位因子ごとに信頼性係数を算出し，十分な高さが確認されたため（愛着要素：$\alpha=.87$，内在化要素：$\alpha=.83$），単純加算後平均して情緒的コミットメントの各下位因子の得点として用いた．

④その他の測定項目　回答者の性別，年齢を分析に用いた．これらの情報は，調査対象企業の人事関連部署から提供を受けた．

結　果

主要調査項目の記述統計量と相関マトリクスは，表 6-13 に示した．

第6章 ダイバーシティと組織風土の相性

表6-13 記述統計量と相関係数

		M	SD	相関係数						
				1	2	3	4	5	6	7
1	愛着要素	2.87	0.78	−	0.61	-0.02	0.35	0.55	-0.02	0.07
2	内在化要素	2.65	0.84		−	0.03	0.26	0.35	0.11	0.07
3	性別ダイバーシティ	0.18	0.17			−	0.05	0.03	0.00	0.06
4	女性登用の風土	2.82	0.84				−	0.50	0.12	0.05
5	包摂性の風土	2.80	0.68					−	0.06	0.08
6	性別（男性=1, 女性=0)	−	−						−	0.13
7	年齢	41.27	8.32							−

表6-14 情緒的コミットメントを目的変数とした重回帰分析

目的変数	愛着要素		内在化要素	
	Model A1	Model A2	Model B1	Model B2
性別ダイバーシティ（X）	-0.05 †	-0.05 †	0.01	0.01
ダイバーシティ風土				
女性登用（M1）	0.12 ***	0.12 ***	0.11 **	0.11 **
包摂性（M2）	0.48 ***	0.48 ***	0.28 ***	0.29 ***
性別（男性=1, 女性=0)	-0.08 **	-0.08 **	0.07 *	0.07 *
年　齢	0.00	0.01	0.01	0.01
管理職ダミー	0.06 †	0.06 †	0.04	0.03
交互作用				
X×M1	−	-0.06 †	−	-0.02
X×M2	−	0.07 *	−	0.07 †
決定係数	0.31 ***	0.32 ***	0.14 ***	0.14 ***
調整済み決定係数	0.31	0.31	0.13	0.14
N	845	845	845	845
ΔR^2	−	0.004 †	−	0.004

係数は標準化偏回帰係数 β を記載．VIF はいずれも 5 以下だった．†$p<.10$, *$p<.05$, **$p<.01$, **$p<.001$

ダイバーシティ風土の調整効果に関する分析　ダイバーシティ風土と職場の性別ダイバーシティの心理的影響を検討するために，両要因の交互作用項を含む重回帰分析を実施した（表6-14）．まず，Model A1 と Model B1 は，両目的変数に対する交互作用項を含まないモデル，Model A2 と Model B2 は，交互作用項を含むモデルである．各変数の主効果について整理する．性別ダイバーシ

ティは，情緒的コミットメントの愛着要素に対して有意傾向の負の効果を持っていた（$\beta = -.05, p<.10$）．この効果は内在化要素に対してはみられなかった（$\beta = .01, n.s.$）．ダイバーシティ風土の主効果は幅広くみられた．愛着要素に対しては，女性登用の風土の正の効果（$\beta = .12, p<.001$），包摂性の風土の正の効果（$\beta = .48, p<.001$）がみられた．内在化要素に対しても同様であり，女性登用の風土の正の効果と（$\beta = .11, p<.01$），包摂性の風土の正の効果がみられた（$\beta = .29, p<.001$）．

また，性別ダイバーシティとダイバーシティ風土の間には交互作用もみられた．まず，愛着要素を目的変数としたモデルでは，交互作用項を加えないモデルからの決定係数の増分が有意傾向であり，交互作用項を解釈する意義があると判断した（$\Delta R^2 = .004, p<.10$）．性別ダイバーシティと女性登用の風土との負の交互作用が統計的に有意傾向であり（$\beta = -.06, p<.10$），包摂性の風土との正の交互作用が統計的に有意であった（$\beta = .07, p<.05$）．

続いて，内在化要素を目的変数とした場合には，交互作用項を加えたモデルの決定係数の増分は統計的に有意ではなかった（$\Delta R^2 = .004, n.s.$）．性別ダイバーシティと女性登用の風土との交互作用は統計的に有意ではなかったが（$\beta = -.02, n.s.$），ただし包摂性の風土と性別ダイバーシティの交互作用は正の効果が有意傾向であり（$\beta = .07, p<.10$），女性登用の風土の交互作用項を除外してこの交互作用項だけを残したモデルの決定係数の増分は統計的に有意傾向だった（$\Delta R^2 = .004, p<.10$）．そのため，限定的ではあるが，内在化要素に対する交互作用も解釈に値するものと判断した．

性別ダイバーシティとダイバーシティ風土の交互作用が統計的に有意または有意傾向になったため，単純傾斜の検定を実施した（図6-1）．まず，愛着要素を目的変数とした場合だが，女性登用の風土が低い場合には性別ダイバーシティの効果は統計的に有意ではなかったが（$\beta = .01, n.s.$），高い場合には有意な負の効果がみられた（$\beta = -.11, p<.05$）．続いて，包摂性の風土が低い場合には性別ダイバーシティの負の効果が有意だったが（$\beta = -.12, p<.01$），高い場合には統計的に有意な効果はみられなかった（$\beta = .02, n.s.$）．さらに，内在化要素を従属変数とした場合についても，類似の結果が得られた．包摂性の風土が高い場合と低い場合のどちらも性別ダイバーシティの効果は統計的に有意ではなかったが，包摂性の風土が低い場合には係数が負に（$\beta = -.06, n.s.$），高い場合には係数が

第6章　ダイバーシティと組織風土の相性

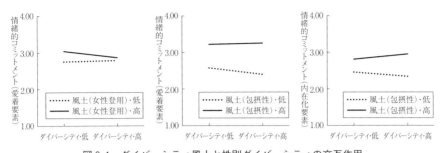

図6-1　ダイバーシティ風土と性別ダイバーシティの交互作用
両要因に±1SD，その他の変数に平均値（標準化済みのため0）を代入した場合のシミュレーション結果を記載．

正になった（$\beta = .08$, n.s.）．

考　察

　研究8では，グローバル展開を行う企業を対象とした企業調査Bのデータを用いて，ダイバーシティ風土の調整効果の検討を行った．研究5～7と同じ結果が得られる部分もあれば，異なる結果も一部で得られた．

　ダイバーシティ風土の主効果については，これまでの研究5～7と概ね同じ結果が得られた．女性登用の風土と包摂性の風土はいずれも単独で情緒的コミットメントを高めており，ダイバーシティ風土には企業の種類を問わず，肯定的な影響があるものと考察できる．

　対してダイバーシティ風土の調整効果のあり方については，研究5～7とは逆の結果がみられた．包摂性の風土は研究5では負の調整効果を持っており，研究7では統計的に有意な調整効果を持っていなかった．これに対して，研究8では正の調整効果を持っており，逆の結果となった．研究6では女性登用の風土が正の調整効果を持っていたのに対して，研究8では負の調整効果を持っていた．研究8で分析対象とした企業調査Bの企業は，他の企業とは大きく異なり，アメリカで得られた研究結果（Nishii, 2013）に近い結果を生じていたと言える．また，どれも個人レベルの重回帰分析を用いていた点では対称的な分析枠組みとなっており，同じレベルの分析を用いても異なる結果が得られた点は興味深い．

　以上の結果は，本書の当初の予測とも合致している．企業調査Bの企業は機

会平等の程度が相対的に高く，また情緒的コミットメントの愛着要素にも性差がみられないなど，性差が限定的にしか生じていなかった．このことから，同社は男女の間で「差」が相対的に少なく，むしろ企業として男女をほぼ平等にみており，実際に男女の従業員も平等に働くことを志向していると考えられる．こうした企業では男女の「差」「違い」を強調する風土は両性の協働に逆効果であり，むしろ男女の平等を強調する風土が効果的だと考えるのが本書の予測だった．結果はこの予測に合致し，女性登用の風土が負の調整効果を，包摂性の風土が正の調整効果を持っていた．このことから，企業の機会平等の程度や，就労意識の性差と，好ましいダイバーシティ風土の間には一定の関係があることが推察される．

なお，この結果に近い一般的なエピソードが一つある．研究8の企業に限ったものではなく，女性活躍推進への違和感や反発として，「なぜいまさら女性の活躍推進を強調するのか」という声が特に既に社内で成果をあげている女性従業員から上がることは多いと，いくつかの企業の方々から伺うことがあった．その背景にはおそらく，もともと性差を意識せず働いており，また性差があまりないにもかかわらず，「女性だから」としてケアやフォローを行う姿勢に対する違和感があったものと思われる．これは筆者の推測にとどまるが，こうした出来事は本書でいうところの男女の機会平等が高い企業で生じやすいのではないかと考えている．こうした企業では，研究8と同様に，「女性の登用・優先」ではなく，性別を意識させない平等な風土醸成のほうが有効であると推測される[66]．

ただし，研究8には，これまでの各研究と同様にいくつかの限界もある．まず，データの提供形式の都合上，職場レベルで集計を行うことが難しかったため，マルチレベル分析を実施できなかった．そのため考察は個人レベルの分析をもとにするものにとどまった．また，ダイバーシティ風土として測定した下位因子が二つのみであった点にも課題が残る．例えば，性役割分業に関する風

---

66) ただしこうした平等な働き方の下支えになるものとして，様々な両立支援制度が重要になることは言うまでもない．企業調査Bの対象企業では，一般的な日本企業に比べて非常に充実した両立支援制度が設けられていた．したがって，会社からのサポートがあるからこそ，女性従業員が男性と同等に働くことが可能になっていると解釈することもできる．

土（男性優位の風土，男性のマッチョイズムの風土）をこの企業で調査・分析した場合にはどのような結果が得られるかなど，さらに掘り下げるべき点は多い．ただし，これも方法上の限界であり，今後の課題として残された．

6.6 男女の数・平等性が中程度の小売業のケース（研究9）[67]

本章の最後の実証研究である研究9では，働く女性の割合や機会平等の程度がいずれも中程度の企業を対象として研究を行った．この研究の特徴は次の2点である．

まず，第6章のほかの研究では個人レベルの重回帰分析をもとに分析と考察を行ってきたのに対して，研究9では各種条件を満たしてマルチレベル分析を用いた分析が可能であった．そのため，個人の認識するダイバーシティ風土（心理的風土）だけでなく職場単位のダイバーシティ風土（組織風土）においてどのような結果がみられるのか検討を行うことができた．

また，もう一つの特徴が，価値観のダイバーシティも併用して分析を行うことができた点である．本書の主たる目的は性別ダイバーシティの心理的影響と，それに対する職務特性と組織風土の調整効果を検討することにある．しかし，ダイバーシティの議論は性別にとどまらず，価値観などの深層的な要因にも及びうる．そこで研究9では，これまでの各節の議論が価値観のダイバーシティにもあてはまるのかどうかについて，実証研究を行った．ダイバーシティ風土の調整効果を扱った先行研究（例えば，Nishii, 2013）はデモグラフィック特性のダイバーシティとの関係を検証するものであり，価値観のような深層のダイバーシティの影響をも調整するかどうかは未検討であった．この点にも研究9の独自性がある．

使用したデータ

小売業を中心とする企業グループ4社を対象とした企業調査Dのデータを用いた（前掲図4-2では，中間程度のところに位置していた）．この企業グループでは

---

67) 研究9の実施にあたっては，日本経済研究センター研究奨励金による研究助成を得た．ここに記して感謝の意を表したい．また，研究9の一部は，日本社会心理学会第57回大会で発表された．

「職場の女性割合」の平均値が34%であったのに対して,「管理職の女性割合」は13%だった.このことから,本書で調査対象とした他の企業と比べて,いずれの割合も中程度に高い企業であると言える[68].また,「職場の女性割合」を「管理職の女性割合」で除した比率も約2.6倍と,男女の平等度に関しても比較的良好な状況にあったものと推測できる(タイプ2).

調査は,同グループのダイバーシティ推進関連組織(グループ横断的組織)と共同で実施され,従業員994名の回答が得られた(2150名に配布,回答率46%.ただし完全回答数をもとに算出).回答者は多くが正社員だったが,一部に契約社員やパート・アルバイト社員も含まれていた.

回答は職場ごとに集計が可能だった.職場の単位としては,同グループとの調整の窓口となった従業員および人事関連部門の方々との議論を踏まえて,共通の仕事に従事するという点を重視して,同グループの事業部を単位として用いた.この事業部の中には,店舗部門や管理部門が幅広く含まれており,合計で18の職場から構成されていた(グループ内人数の平均値は53人).

主な測定項目

①**ダイバーシティ風土** 回答者は自分の所属企業・職場を複数の選択肢から選択し,以後の回答では当該職場をイメージしながら回答するように教示された.ダイバーシティ風土に関する質問項目としては,研究4で用いたすべての項目(23項目)を用いた.回答は「あてはまる」から「あてはまらない」までの4件法で実施した.各下位因子に関して信頼性係数(Cronbachのα係数)を算出したところ,いずれも一定の高さを持っていたため($\alpha s > .70$),下位因子ごとに単純加算後平均して,ダイバーシティ風土の各下位因子の得点として用いた.

②**職場の性別ダイバーシティ(G-DV)** 同グループのダイバーシティ推進関連組織から,各職場の男女比率に関する情報の提供を受けた.うち1社は情報

---

[68] 企業グループ内の4社で状況はやや異なっており,女性割合が総じて高い企業もあれば,そうでない職場を含む企業もみられた.ただし研究9では,各社がグループで共通のダイバーシティ推進に関するワークグループを設けていたことに代表される,マネジメントの共通性に鑑みて,グループ各社を同一のサンプルとして扱った.

が不完全であったため,職場に占める回答者の女性割合をもって代理指標とした.これを Blau's Index(Blau, 1977)に変換して用いた($M=.46, SD=.05$).

③**職場の価値観のダイバーシティ(V-DV)** 研究9では,価値観の中でも日本企業で昨今問題となりがちであるキャリア志向(どのようなキャリアや働き方を回答者が望むか)を取り上げ,その職場内の分散の大きさを算出することで,キャリア志向のダイバーシティを測定した.具体的には,前述の窓口となった方々との議論を踏まえて,筆者が独自に作成した8項目に回答を求めた.リード文において「あなた自身のキャリア志向にどの程度あてはまると思うか」を回答するように教示し,「あてはまる」から「あてはまらない」までの4件法で回答を行った.この項目をもとに,Harrison & Klein(2007)で提案されている方法を踏襲して,職場の価値観のダイバーシティを算出した[69].まず,各回答に関して,職場ごとに項目の標準偏差を算出した(つまり,八つの標準偏差が職場ごとに算出される).そして本研究では,総合的な価値観のばらつきを測定することを意図していたため,これら八つの標準偏差の得点を単純加算し,価値観のダイバーシティの得点として用いた($M=6.12, SD=.45$).

項目1:「安定的に働きたい」
項目2:「福利厚生・給与の側面を重視して働きたい」
項目3:「組織内での昇進昇格を重視して働きたい」
項目4:「社会貢献を意識しながら働きたい」
項目5:「働きながら自身のスキル・能力を高めていきたい」
項目6:「広くて大きなフィールドで働きたい」
項目7:「価値観の異なる人と関わりながら働きたい」
項目8:「仕事よりも家族・友人・知人を大事にしたい」

④**情緒的コミットメント** 目的変数としては情緒的コミットメントを用いた.用いた質問項目は研究4と同じものであり,高木ほか(1997)から下位因子(愛着要素,内在化要素)ごとに因子負荷の高いものから3項目ずつ,合計6項目を用いた(内在化要素の第2項目のみ平易な文言に微修正).

---

[69] Harrison & Klein(2007)では,研究9で用いるような価値観や態度に関する変数のダイバーシティを算出する際には,標準偏差などの指標を用いることを推奨しており,本研究でもそれを援用した.

⑤その他の測定項目　その他の測定項目として，性別，年齢，勤続年数，および職位を質問した．年齢と勤続年数に関しては，回答負荷の軽減のために一定の幅を持つ多肢選択肢からの選択という方法を取った（以下に各選択肢の詳細を示す）．職位はグループ各社の具体的な職位名を事前に聞き取りを行い，それを「担当者クラス」「係長クラス」「課長クラス」「部長クラス」「役員クラス」に変換して分析に用いた．

　　年齢の選択肢：　20歳未満，20歳以上30歳未満，30歳以上40歳未満，40歳以上50歳未満，50歳以上

　　勤続年数の選択肢：　1年未満，1年以上3年未満，3年以上5年未満，5年以上10年未満，10年以上15年未満，15年以上20年未満，20年以上25年未満，25年以上30年未満，30年以上

結　果

主要調査項目の記述統計量と相関マトリクスは，表6-15に示した．

ダイバーシティ風土の調整効果に関する分析　階層線形モデル（HLM）を用いて，ダイバーシティ風土と性別ダイバーシティの心理的影響を検討する[70]．

まず，職場を集団単位とした各変数の級内相関を確認した[71]（表6-16）．多くの変数でICC(1)・ICC(2)は高くはなかったが，内在化要素を除いて，DEの値が基準の2を概ね上回っていたことも考慮し，各変数に一定の級内相関があると仮定し，HLMを実施した．

ダイバーシティ風土間の相関関係を分析したところ，個人レベルの変数間の相関係数は高くとも0.60未満であり，多重共線性を起こすリスクは低いと判断できた（最も高相関のものは働き方の多様性の風土と，包摂性の風土の$r = .58$だった）．しかし，各変数を職場ごとに平均化し，集団レベル変数として相関係数を算出した場合，一部の組み合わせの相関係数が著しく高い値を示した（例えば，女性登用の風土と，男性優位の風土は$r = -.87$）．

---

[70] HLMの実施，およびICC(1)・ICC(2)の算出には，統計ソフトR (ver. 3.1.0) およびそのパッケージであるlmerTestおよびmultilevelを用いた．

[71] 級内相関係数の検定には統計ソフトウェアのHAD (ver. 15.00)（清水，2016）を用いた．

表 6-15　記述統計量と相関係数

		M	SD	相関係数													
				1	2	3	4	5	6	7	8	9	10	11	12	13	14
1	愛着要素	2.73	0.73	-	0.67	0.01	-0.06	0.39	-0.11	0.38	0.54	-0.07	0.01	0.12	0.14	0.03	0.22
2	内在化要素	2.56	0.73		-	0.02	-0.02	0.32	-0.09	0.27	0.42	-0.04	0.11	0.08	0.08	0.12	0.24
3	G-DV	0.46	0.05			-	-0.25	0.13	-0.11	-0.05	0.04	-0.10	-0.17	-0.18	0.00	0.39	0.13
4	V-DV	6.12	0.45				-	-0.11	0.02	-0.08	-0.07	0.03	0.11	0.01	-0.13	-0.11	-0.07
5	女性登用の風土	2.63	0.74					-	-0.23	0.43	0.55	-0.12	0.04	-0.01	0.03	0.15	0.17
6	男性優位の風土	2.46	0.66						-	-0.01	-0.08	-0.13	0.03	-0.03	-0.03	-0.12	-0.16
7	働き方の多様性の風土	2.28	0.75							-	0.58	-0.06	-0.02	0.09	0.04	-0.04	0.07
8	包摂性の風土	2.38	0.62								-	-0.11	-0.04	0.00	0.03	0.05	0.19
9	マッチョイズムの風土	2.54	0.70									-	0.16	-0.06	0.03	0.03	-0.07
10	性別(男性=1, 女性=0)	-	-										-	0.22	0.19	0.10	0.19
11	年代	3.30	1.08											-	0.59	-0.12	0.30
12	勤続年数	4.21	1.94												-	0.22	0.49
13	正社員ダミー	-	-													-	0.26
14	職位	1.46	0.88														-

表 6-16　級内相関の一覧

変数名	ICC(1)	ICC(2)	DE
愛着要素	0.03	0.61	2.21
内在化要素	0.00	0.20	1.19
女性登用	0.09	0.86	5.23
男性優位	0.05	0.74	4.20
働き方の多様性	0.07	0.82	4.17
包摂性	0.02	0.55	1.99
マッチョイズム	0.04	0.71	3.07

　したがって，ダイバーシティ風土を集団レベル変数とした上で HLM に同時投入を行うと，独立変数間の高い相関関係に基づく多重共線性が生じるリスクが高いと判断した．そのため，以後の HLM では，変数を投入しない Null Model，およびダイバーシティ風土の五つの各下位因子を個別に投入した場合の，五つの別のモデル（Model 1 ～ 5）を用いて分析を行った．この方法では，下位因子間の影響を相互に統制することができず，純粋な下位因子間の影響差を議論することは難しいとも考えられる．この限界に配慮をした上で，以後の分析を進めた．

　級内相関が得られた情緒的コミットメントの愛着要素を目的変数として，

HLMを実施した結果が表6-17である[72]．まず各種変数の主効果について整理する．性別ダイバーシティの主効果は，いずれの組み合わせについても統計的に有意ではなかった（$\gamma = -1.34 \sim .65$, n.s.）．対して価値観のダイバーシティは，男性優位の風土および男性のマッチョイズムの風土を独立変数に用いた組み合わせにおいて，統計的に有意または有意傾向の負の効果を持っていた（順番に$\gamma = -.20$, $p<.05$；$\gamma = -.13$, $p<.10$）．ダイバーシティ風土の主効果は幅広くみられた．女性登用の風土（$\gamma = .45$, $p<.05$），働き方の多様性の風土（$\gamma = .59$, $p<.01$），包摂性の風土（$\gamma = .90$, $p<.01$）はいずれも統計的に有意な正の効果を持っていた．そして男性優位の風土（$\gamma = -.76$, $p<.01$），男性のマッチョイズムの風土（$\gamma = -.39$, $p<.10$）は，いずれも統計的に有意または有意傾向の負の効果を持っていた．

続いて，研究9の主題であるダイバーシティ風土と性別ダイバーシティ・価値観のダイバーシティの交互作用について述べる．まず，性別ダイバーシティに関する交互作用項は，いずれも統計的に有意にはならなかった（$\gamma = -1.66 \sim 1.51$, n.s.）．この点においては，本研究の交互作用に関する仮説（交互作用が正負いずれかに有意になることを予測）は支持されなかった．しかし，価値観のダイバーシティに関する交互作用項は，一部の組み合わせで統計的に有意または有意傾向の結果が得られた．まず，男性優位の風土と価値観のダイバーシティの負の交互作用が統計的に有意になった（$\gamma = -1.26$, $p<.05$）．加えて，男性のマッチョイズムの風土と価値観のダイバーシティの負の交互作用も統計的に有意傾向だった（$\gamma = -.67$, $p<.10$）．女性登用の風土との交互作用項（$\gamma = .36$, n.s.），働き方の

---

72) 本章の分析で準拠したHarrison & Klein（2007）は，価値観のダイバーシティのような変数の分析を行う場合には，標準偏差を用いて分析することを推奨すると同時に，本来は価値観得点の平均値を統制変数として加えることも推奨していた．これは，標準偏差の値が同じであっても，価値観得点が高い位置でばらついているのか，低い位置でばらついているのかを統制するためであると考えられる．しかし，研究9では，以下の複数の懸念から，平均値の統制を行わなかった．①職場単位のサンプルサイズが小さいために，大量の変数を用いた回帰分析を行うことにモデルの安定性上の懸念があった．②様々な価値観の標準偏差を合成し，いわば「総合的なばらつき」として価値観のダイバーシティを定義したために，合成前の個別の価値観の平均値を改めて統制することに懸念があった．この点は本研究の課題の一つであり，今後こうした課題を克服するための指標化の方法を検討すべきであろう．ただし，平均値を統制しなかったとしても，標準偏差が価値観のばらつきを意味すること自体は変わらないため，本研究には依然一定の意義があるものと考えている．

第6章 ダイバーシティと組織風土の相性

表6-17 HLMを用いた分析結果

		Null Model	Model 1	Model 2	Model 3	Model 4	Model 5
	切片	2.78 ***	2.80 ***	2.77 ***	2.75 ***	2.78 ***	2.80 ***
個人レベル変数							
	性別(男性=1, 女性=0)		-0.07	-0.07	-0.07	-0.07	-0.07
	年代		0.03	0.03	0.03	0.03	0.03
	勤続年数		0.00	0.00	0.00	0.00	0.00
	正社員ダミー		-0.04	-0.03	-0.04	-0.04	-0.04
	職位		0.16 ***	0.16 ***	0.16 ***	0.16 ***	0.16 ***
集団レベル変数Y (ダイバーシティ)							
	性別ダイバーシティ(X)		-0.43	-1.34	0.65	-0.60	-0.72
	価値観ダイバーシティ(Y)		-0.01 -	0.20 *	-0.06	-0.01	-0.13 †
集団レベル変数 (組織風土と交互作用)	女性登用		0.45 *				
	X×女性登用*		-0.95				
	Y×女性登用*		0.36				
	男性優位			-0.76 **			
	X×男性優位*			1.04			
	Y×男性優位*			-1.26 *			
	多様性				0.59 **		
	X×多様性*				-1.66		
	Y×多様性*				0.42		
	包摂性					0.90 **	
	X×包摂性*					0.42	
	Y×包摂性*					0.58	
	マッチョイズム						-0.39 †
	X×マッチョイズム*						1.51
	Y×マッチョイズム*						-0.67 †
	ΔR^2 (群内)		0.04	0.04	0.04	0.04	0.04
	ΔR^2 (群間)		0.38	0.64	0.64	0.72	0.39
	deviance	2283.4	2119.6	2117.3	2112.0	2114.5	2120.1
	N (個人)	984	984	984	984	984	984
	N (集団)	18	18	18	18	18	18

集団レベルの変数には全体平均中心化を,個人レベルの変数には集団平均中心化を施した. † $p<.10$, * $p<.05$, ** $p<.01$, *** $p<.001$

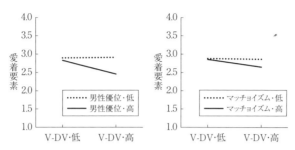

図 6-2 価値観のダイバーシティとダイバーシティ風土の交互作用
両要因に±1SD、その他の変数に平均値（標準化済みのため0）を代入した場合のシミュレーション結果を記載．

多様性の風土との交互作用項（$\gamma=.42, n.s.$），包摂性の風土との交互作用（$\gamma=.58, n.s.$）はいずれも統計的に有意ではなかった．このことから，本書で予想していたダイバーシティ風土の調整効果は，価値観のダイバーシティに対する一部の組み合わせでのみ，予測に沿った結果が得られたと言える．

ダイバーシティ風土と価値観のダイバーシティの交互作用が一部の組み合わせで統計的に有意だったことから，単純傾斜の検定を実施した（図6-2）[73]．まず，男性優位の風土が低い場合には，価値観のダイバーシティの効果は統計的に有意ではなかったが（$\gamma=.01, n.s.$），高い場合には価値観のダイバーシティの負の効果が統計的に有意だった（$\gamma=-.42, p<.001$）．続いて男性のマッチョイズムに関しても類似の結果が得られ，マッチョイズムの風土が低い場合には価値観のダイバーシティの効果は統計的に有意ではなかったが（$\gamma=-.02, n.s.$），高い場合には価値観のダイバーシティの負の効果が統計的に有意だった（$\gamma=-.23, p<.05$）．

考　察

理論的な考察　研究9では，小売業の企業グループ4社を対象とした企業調査Dのデータを用いた分析を行った．その結果にはこれまでの各節の実証研究と共通している点と，そうでない点がみられた．

まず，ダイバーシティ風土の主効果について述べる．研究9ではHLMを用

73）単純傾斜の検定については，清水（2014）に記載された方法に基づいて分析を実施した．

いたマルチレベル分析を実施し，職場レベルの組織風土の効果を検討した．肯定的な風土（女性登用の風土，働き方の多様性の風土，包摂性の風土）はいずれも醸成によって情緒的コミットメントを高めており，否定的な風土（男性優位の風土，男性のマッチョイズムの風土）は醸成によって情緒的コミットメントを低めていた．これは前述の研究5～8の結果とも概ね一致しており，ダイバーシティ風土には直接的に情緒的コミットメントなどに対する肯定的な心理的影響があると考えられる．

これまでの研究とは異なる結果として，性別ダイバーシティとダイバーシティ風土の交互作用が得られなかった点が挙げられる．研究5～8では，調整要因を加味した場合には性別ダイバーシティが正負いずれかの心理的影響を及ぼしており，ダイバーシティ風土の調整効果が確認されていた．これに対して研究9では，性別ダイバーシティの心理的影響は主効果・交互作用効果を問わずまったくみいだされなかった．この点を取れば，ダイバーシティ風土の調整効果を予測した本書の仮説は支持されなかったと言える．この結果について調査対象企業のスタッフと議論も行った（詳細は後述する）．その内容によれば，同グループにおいては「男性と女性が一緒に働く」という環境が広く一般的であり，性別ダイバーシティが日常業務の中で論点になることはほとんどないという．分析結果（主要項目の性差の検討）においても，情緒的コミットメントおよびダイバーシティ風土の認知に関する性差はきわめて限定的だった．こうした事実を考慮すると，そもそも同社においては男女という性別カテゴリが重要な社会的カテゴリとなっておらず，したがっていかなる効果もみられなかったのではないかと考えられる．

対して，研究9独自の検討項目である価値観のダイバーシティ（キャリア志向の職場内のばらつき）には，主効果・交互作用ともに効果がみられた．まず，主効果に関してだが，価値観のダイバーシティは情緒的コミットメントの愛着要素に対して負の主効果を持つ場合があった．具体的には，性役割分業に関する二つの風土（男性優位の風土，男性のマッチョイズムの風土）のいずれかの影響を統制した場合には，価値観のダイバーシティが高いほど，情緒的コミットメントが低下する傾向がみられた．前段落に示した性別ダイバーシティに関する結果とあわせて考えると，企業調査Dの対象企業では，男女がともに働くこと

はコンフリクトなどの源泉にはならないが，他方でキャリア志向の異なる従業員がともに働くことは問題の源泉となっていたと言える．また，価値観のダイバーシティは，ダイバーシティ風土との間に交互作用もみられた．具体的には，性役割分業に関する二つの風土のいずれかが高い場合には，価値観のダイバーシティが情緒的コミットメントを低下させていた．その背景には価値観のダイバーシティが職場内のコンフリクトにつながったことなどがあると推測される．一方で，性役割分業に関する風土が弱い場合には，価値観のダイバーシティの負の効果はみられず，影響が好転していたと判断できる．

この交互作用のあり方は，性別ダイバーシティに関するものではなかったが，当初の予測と合致している．企業調査Dの対象企業グループは，機会平等の程度が相対的に高く，また情緒的コミットメントに代表される性差が弱かった．このことから，同グループでは男女の「差」や「違い」が小さく，また比較的平等に扱われていることが推察される．これは前述の通り「男女がともに働くことが一般的だ」という定性的な声にも裏打ちされている．こうした企業では研究8と同様に，男女の「差」を強調することは悪影響を持ち，平等化を推し進める風土が有効であると本書では予測したが，研究9においてはこの予測が性別ダイバーシティではなく，価値観のダイバーシティに関して支持されていた．すなわち，性役割分業の風土が，価値観のダイバーシティに対して負の調整効果を持っていた．

以上の事実は，ダイバーシティ風土は性別のようなデモグラフィック特性のダイバーシティの心理的影響のみを調整するのではなく，価値観に代表される深層のダイバーシティの心理的影響も調整しうることを示唆している．これはダイバーシティ風土の意義の幅を拡張するもので，先行研究（Chung *et al*., 2015; Drach-Zahavy & Trogen, 2013; Gonzalez & DeNisi, 2009; Nishii, 2013; van Knippenberg *et al*., 2013）では指摘されていない，本研究における新しい貢献であると言える．

ヒアリングに基づく定性的な考察　企業調査Dの対象企業グループでは，なぜ性別ダイバーシティの効果がまったくみられず，価値観のダイバーシティの効果はみられたのだろうか．その理由を検討するため，同グループのスタッフと意見交換を行った．人事関連部門のスタッフによれば，同グループは業種としての特性から，もともと男女割合が半々に近い職場も多かった[74]．そのため，

業務の中で「活躍」している女性(管理職への登用に限らず業務上の活躍全般を指す)の数も少なくないという．さらに言えば，日常の仕事の中で「男性か，女性か」という性別の違いが議論に挙がることは珍しいという．そのため，研究9の結果は，同グループのスタッフとして違和感のないものだったとのことである．むしろ，同グループにおいては，価値観のダイバーシティに代表される一般的な集団凝集性の高さこそが，どちらかというと潜在的な問題となっていた．具体的には，生え抜き社員の多さや考え方の等質性が課題として挙がっていた．異なる考え方の衝突がネガティブな心理的影響を持つという研究9の結果は，こうした一般的な集団凝集性の高さの問題に通じると考えられる．

　こうした企業は，日本社会に他にも一定数存在すると考えられる．具体的にいえば，①女性が歴史的に「活躍」しているために男女というカテゴリはさほど重要な論点ではないが，②採用の画一性などによる考え方の画一性や斉一性圧力は高い，という特徴を持つ企業である．①について言えば，女性が多く働いており，なおかつ職場レベルで能力を発揮している企業は，小売業を中心に数多く存在する．また②は，業種を問わず，労働市場の流動性が低い日本企業一般に通じる問題である．こうした企業では，一般的に「男女」という性別カテゴリがもはや意味をほとんど持っておらず，価値観のダイバーシティに代表される深層のダイバーシティこそが問題になりうると言えるのかもしれない．

　研究9のさらなる発見事実として，価値観のダイバーシティに対してもダイバーシティ風土が調整効果を持っていた点は非常に興味深い．もともと本書で作成したダイバーシティ風土の尺度は，性別ダイバーシティに関する実証分析を想定しており，したがって女性の登用や性役割分業など，性別ダイバーシティにまつわる項目を中心に成り立っていた．しかしそれにもかかわらず，一見すると関係が薄いかと思われた価値観のダイバーシティの心理的影響も調整していた．この事実は，ダイバーシティ風土やそこに表現される性役割分業などの日本社会における根深い影響を示唆していると考えられる．こうした様々な

---

74)「職場の男女割合」の平均値こそ34%と中程度だったが，18個の職場のうち6個の職場では女性の割合が40%を超えており，30%を超えている職場を含めれば13個の職場がこれに該当した．このことから，同発言は定量的な情報とも矛盾しない．

ダイバーシティの種類とダイバーシティ風土の関係を検討することは，今後の大きな可能性あるいは課題であると考えられる．

課　　題　最後に，研究9には，当初想定していなかったいくつかの発見に伴う課題が存在する．第一に，ダイバーシティ風土は，個人レベルの変数として用いた場合には下位因子間の相関関係がさほど強くはなかったが，集団レベルの変数として用いた場合には非常に強い相関がみいだされた．この点についての考察は未だ不十分である．これは言い換えれば，ダイバーシティ風土の各下位因子は「違うもの」として従業員に認知されているものの，職場の特徴としてみた場合には，「ダイバーシティに肯定的な職場・否定的な職場」が明確に定まってくることを意味している．職場レベルの風土としてのみダイバーシティ風土を捉える場合には，下位因子を想定しない方法，または二次因子に情報を集約する方法も有効かもしれない[75]．第二の課題として，これまでの研究5〜8とは違い，ダイバーシティ風土の各下位因子を統制した分析を行うことができなかった．これは相互の強い相関関係に伴う多重共線性を回避するための対処だったが，研究9でみいだされたダイバーシティ風土の下位因子間の効果「差」について厳密な主張をしがたくなったことも事実である．

6.7　企業間で異なるダイバーシティ風土の調整効果

結果のまとめ

本章で実施した各種調査・分析（研究5〜9）の結果の共通点および相違点をまとめたものが，表6-18である．

まず，ダイバーシティ風土の主効果にはほぼ一貫したポジティブな効果がみられた．すなわち，肯定的なダイバーシティ風土を醸成する（否定的なダイバーシティ風土を抑制する）ことは，広く従業員に対してよい心理的影響を及ぼすといえる．これは先行研究（例えば，van Knippenberg *et al.*, 2013）で指摘された点と一貫しており，ダイバーシティ風土の醸成には，企業を問わず，またその下

---

[75] ただし，先行研究がこうした問題を理解した上で，意図的に下位因子を想定していなかったとする記述は，筆者の知識の限りではみいだせていない．そのため個人レベルと集団レベルの相関関係の違いという発見事実は，本研究に固有の現象であるか，あるいはこれまでにみおとされてきた問題だと考えている．

第6章　ダイバーシティと組織風土の相性

表6-18　第6章の結果のまとめ

分析データセット	調査対象企業	従属変数	ダイバーシティの主効果		ダイバーシティ風土の主効果					ダイバーシティ風土の調整効果				
			性別	価値観	女性登用	男性優位	働き方の多様性	包摂性	マッチョイズム	女性登用	男性優位	働き方の多様性	包摂性	マッチョイズム
研究5　社会人ウェブ調査	ウェザーモニター	情緒的コミットメント、ワークモチベーション、離職意図	-		プラス	-	-	プラス	-	-	-	プラス	マイナス	-
研究6　企業調査A	サービス業2社	情緒的コミットメント	-		プラス	-	-			プラス	プラス			
研究7　企業調査C	人材サービス業	情緒的コミットメント	プラス					プラス	-					
研究8　企業調査B	グローバル企業、ハイテク産業	情緒的コミットメント	マイナス		プラス			プラス		マイナス			プラス	
研究9　企業調査D	小売業の企業グループ	情緒的コミットメント	マイナス	マイナス	プラス	マイナス	プラス	プラス	マイナス	-	マイナス	-	-	マイナス

主効果・調整効果の「プラス」「マイナス」は、目的変数を肯定的な心理変数とした場合の結果を記載した。例えば離職意図に関して、符合の正負を逆にして記載している。またこの表はあくまでも概略であり、複数の目的変数で異なる結果が得られたもの（研究5）や、説明変数の組み合わせによってダイバーシティの影響が好転するいったもの（研究9）は、代表的な結果を記載することとめた。

「プラスの調整効果」は当該風土が高いほどダイバーシティの影響が好転することを、「マイナスの調整効果」は当該風土が低いほどダイバーシティの影響が好転することを意味する。

143

位因子の違いを問わず，直接的に好ましい影響があると言える．

一方で結果が一貫しなかったのが，各種ダイバーシティの心理的影響に対する，ダイバーシティ風土の調整効果である．すなわち，企業によって，調整効果を持つ下位因子がどれにあたるかが異なっていたと言える．これは，ダイバーシティ風土を一因子としてその調整効果を扱った先行研究（Chung *et al.*, 2015; Drach-Zahavy & Trogen, 2013; Gonzalez & DeNisi, 2009; Nishii, 2013; van Knippenberg *et al.*, 2013）ではみいだされていなかった現象であり，本書における新たな発見であると言える．

理論的示唆①：企業の機会平等とダイバーシティ風土の調整効果

本書はダイバーシティ風土のいわば「万能性」に懐疑的であり，下位因子ごとに効果に違いがあり，またその違いが性別間の機会平等の程度という企業の特徴と対応しているのではないかと仮説を立てた．実証研究からは概ねこの仮説に沿った結果が得られており，具体的には以下のような違いがみられた．

包摂性が重要になる企業（図6-3で比較的機会平等が高い企業が該当） タイプ2-aの企業は，海外で得られた知見に近い結果が得られた企業である．企業調査B（ハイテク産業のグローバル企業：研究8）では，包摂性の風土（個性の尊重や公平な取り扱い）を醸成することが，性別ダイバーシティの影響を好転させるのに重要だった．一方で，女性登用の風土（女性の積極登用や支援）は性別ダイバーシティの影響をむしろ低下させていた．なお，ここに類型化される企業は，後述のタイプ1の類型の企業と真反対の特徴を持っている．したがって，いずれかで得られた結果を他方に援用することは，かえってダイバーシティに関する状況を悪化させるリスクを伴うと予想される．

性役割分業解消が重要になる企業（図6-3で比較的機会平等が高い企業が該当）
続いてタイプ2-bの企業は，性役割分業に焦点化した結果が得られた企業である．企業調査D（小売業の企業グループ：研究9）では，性役割分業の風土（男性が重要な役割を担う，あるいは男性が重い責任を負う）を抑制することが，ダイバーシティの影響を好転させるのに重要だった．この結果も後述のタイプ1の類型の企業と真反対の特徴を持っており，結果の援用にはリスクを伴う．ただし，ここで分析の対象となったダイバーシティは，性別ダイバーシティではな

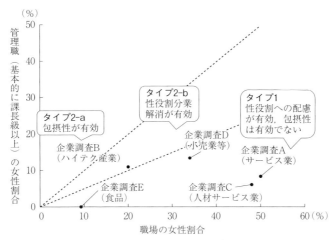

図 6-3 二つの「女性割合」に基づく結果のプロット（図 4-2 を改変）
各々の割合の算出方法については第 4 章を参照.

く，価値観（キャリア志向）のダイバーシティであった．

女性への「配慮」が重要になるグループ（図 6-3 で機会平等が低い企業が該当）
最後にタイプ 1 の企業は，海外の知見と反対の結果が得られたグループである．社会人ウェブ調査（研究 5）では，包摂性の風土の醸成がかえって性別ダイバーシティの影響を低下させており，働き方の多様性（多様な働き方を許容すること）の風土の醸成のほうが有効だった．企業調査 A（サービス業 2 社：研究 6）では，女性登用の風土の醸成が有効だったほか，性役割分業の風土の醸成も，性別ダイバーシティの影響を好転させていた．企業調査 C（人材サービス業：研究 7）では，包摂性の風土の醸成が性別ダイバーシティの影響に関係していなかった．これらの結果は，①包摂性の風土の醸成が必ずしも有効ではない点，②性役割分業の風土がかえって有効に働く点，の二つにおいて，性役割分業は「悪」であるという素朴な予想に反している．

以上に表れているように，ダイバーシティ風土に下位因子を仮定することによって，先行研究で言われていたような「ダイバーシティに肯定的な風土を醸成すれば，ダイバーシティの影響は好転する」という単純な予測を超えた，さらに細かい分析が可能であることが示された．そしてその予測は，企業におけ

る男女の機会平等の程度によって分類可能であることが示唆された．特に日本社会は，性別ダイバーシティの側面で未だ発展途上にあるために，企業によって置かれている発展段階が異なることが容易に想像できる．その発展段階を考慮することなく，一律にアメリカを中心とする国々で得られた結果を援用することには，かえって性別ダイバーシティの影響の低下を招くリスクがある．これは，本書が日本における調査データを用いて，また固有のダイバーシティ風土の下位因子を想定して研究を行ったことの大きな意義であると考えられる．

理論的示唆②：社会的カテゴリ化パースペクティブの「ダイバーシティ」の精緻化

本章で得られた一連の結果は，社会的カテゴリ化パースペクティブの素朴な予測を修正し，理論的精緻化を図るという点でも一定の貢献を果たし得る．

まず，もともとの社会的カテゴリ化パースペクティブのモデルは以下の通りであり，性別ダイバーシティが高まった「男女半々」が必ずサブカテゴリ化につながり，心理的な悪影響につながると仮定されていた．

性別ダイバーシティ→サブカテゴリ化→心理的影響

しかし，本章の結果では「男女半々」が心理的な悪影響につながるかどうかはコンテクストに依存しており（ダイバーシティ風土の調整効果），またどのようなコンテクストが調整効果を持つかは，企業における男女の機会平等・意識の平等さに対応していた．このことは，社会的カテゴリ化パースペクティブにおけるコンテクストの重要性を示唆するとともに，「調査企業において性別ダイバーシティがどのような意味を持っているか」を考慮することの重要性も示唆している．

同じ「男女半々」という数的比率であっても，男女の機会平等・意識の平等さが高い企業では「機会・意識の等しい男女が同数いる」状態を示しているが，他方で機会平等・意識の平等さが低い企業では「機会・意識が違う男女が同数いる」状態を示している．研究5～9の結果から言えば，これはまったく異なる状態であり，言い換えれば「性別ダイバーシティ」が意味するものが各企業によって異なっていたとも推測できる．

社会的カテゴリ化パースペクティブの素朴な予測が「破綻」した背景には，こうした「性別ダイバーシティ」の持つ意味（機会平等の実現度，就労意欲や情

緒的コミットメントの程度）の多様さを無視していることがあると考えられる．少なくとも日本においては，こうした各企業での「ダイバーシティ」の含意，つまりその企業では多様な人々がそれぞれどのような意識や背景のもとで働いているのかを考慮することで，社会的カテゴリ化パースペクティブや，コンテクスチュアル・パースペクティブをさらに精緻化することができると言えるだろう．

実践的示唆：企業によってダイバーシティ風土の最適解が異なる

最後に，本章から導かれる実践的な示唆について2点述べたい．

第一の示唆は，各企業が自社の状況をよくみきわめて，独自の風土醸成を行う必要があるということである．「会社によって事情は違う」といってしまえば，あたりまえの事実であり，また切れ味の鋭い一般的な理論を導くことを放棄したようにも思われがちだが，改めて実証研究の結果を踏まえて指摘をしたい．企業によって女性従業員の割合や平等度が違うことは自明のことであるが，それに伴って有効なダイバーシティ風土も異なりうる．一連の調査結果によれば，男女の平等性の高い企業で有効なダイバーシティ風土は，平等性の低い企業では逆効果のものもあり，逆もまた然りだった．自社では今，多様な人がそれぞれ何を思い，何を求めて働くことが多いのか，会社として多様な人に何を求めたいのかなど，自社がどの状況にあるかをみさだめて，自社に有効な風土醸成のあり方を模索することが必要だと言えよう．

また，視点を政府あるいは社会に移せば，こうした企業施策の多様性を受け入れる姿勢が重要だと言い換えることもできる．概してダイバーシティに関する問題，特に「女性活躍推進」と言われる問題に関しては，社会規範に沿った「正解」を求める傾向が強いようにも思われる．例えば，2015年には株式会社資生堂が，育児休業中の短時間勤務社員に対して勤務シフトの変更を求める施策変更があった．この変化について同社に対するヒアリングなどを通じて分析を行った石塚（2016）によれば，この変更の背後には，同社が置かれていたステージの変化（女性に優しい会社から，女性が活躍できる会社への変化）があったとされる．しかしこの施策変更がマスメディアで報道された際には「子育て中の社員に厳しく，時代に逆行している」「女性顧客を相手にする企業にもかかわ

らず，女性を敵に回した」という社会的な強い反発を招いた．この背後には数多くの誤解があったものと考えられるが，しかし，日本に限らず現代社会では，このような反発や社会的圧力が生じやすいこともまた事実だろう．例えば，「あえてわが社は女性を優先登用はしない．徹底的に平等に扱う．女性の活躍はその結果としてついてくる」という方針を（様々な支援制度によるバックアップを設けつつも）打ち出した企業があったとすれば，これも女性の管理職登用目標に反しているとして，社会的な反発を招くのではないかと考えられる．しかし，研究8の分析結果にあるとおり，「女性への配慮を徹底する」だけではかえって逆効果であり，平等化の施策も必要な企業があることも確かである．無論，平等化と言っても育児中の支援などの福利厚生の充実が前提としてあっての話ではあるが，本章の結果は，「企業施策にも多様性がありうることを認める必要がある」ことを示唆している．

　第二の示唆は，アメリカで得られた結果の「直輸入」には問題があるというものである．ダイバーシティに関する問題で取り上げられる企業は多くが外資系企業であり，それを反映してか，近年「ダイバーシティ＆インクルージョン」という呼称も一般化しつつある．これはもともと海外を中心に確立されたインクルージョン[76]の重要性が，日本にも輸入された形だと言える．たしかに，海外で実証されたインクルージョンが日本でも有効な事例はある．研究8で挙げたグローバル展開を行うハイテク企業では，インクルージョンに関する風土が性別ダイバーシティの影響を好転させていた[77]．このように男女の平等度が相対的に高い場合には，インクルージョンの施策や風土が有効になる．しかし，研究5や研究7で示したように，一部のデータ（研究7で扱った，前述のタイプ1の企業群）ではインクルージョンは性別ダイバーシティとの相乗効果を持っていなかった．したがって，アメリカを発信源とする「ダイバーシティ＆インクルージョン」の発想をそのまま自社にあてはめたとしても，うまくいかない可

---

[76] 本書での呼称は「包摂性」としているが，本パラグラフでは日本の企業社会で一般的な呼称である「インクルージョン」をあえて用いる．両者は同じものを指す．

[77] 同様の結果（包摂性の風土が正の調整効果を持つ）は，筆者が別のグローバル企業を対象に行った研究でもみられており（Masaki & Muramoto, 2018），あるいはグローバル企業では一般的に得られる結果なのかもしれない．

能性が高い．日本企業には未だに機会平等や男女の意識の平等さが低い企業が多いことを考慮すると，こうしたケースのほうが多いのではないだろうか．アメリカと日本では，男女の平等性や性役割分業の強さ，長時間労働の習慣化などの文化的背景が大きく異なることから，「先進的なアメリカで成功した事例を輸入する」というモデルには限界があることをここで指摘したい．そして，インクルージョンという言葉をより広く，例えば「多様な人が円滑に協働できている状態」と再定義し，日本の，あるいは自社にとっての最適な方法を考え抜くことが必要なのではないだろうか．

本章で行った研究の限界と課題

　本書の調査対象企業は限られているため，結果の一般化には限界がある．加えて，派生的に生じる課題もある．以下ではそれらの課題について触れたい．

　第一に，ダイバーシティ風土の調整効果が企業間で異なっていた正確な理由は定かでない．本書では「職場の女性割合」と「管理職の女性割合」に表れる男女の平等性を理由として挙げたが，この仮説が直接かつ定量的に実証されたわけではない．したがってこの解釈は，あくまでも研究5〜9から導かれた新たな仮説にすぎない．そのため，例えば外資・日系企業の差であるなどの別解釈も否定はできない．今後はこの男女の平等度を変数として用いて，多くの企業を対象とした調査を実施することが望ましい．

　第二に，方法論上の制約から各調査で用いた質問項目が限られてしまっている．本来は，研究4で検討したダイバーシティ風土のすべての質問項目を，すべての企業調査で用いることが望ましい．また，目的変数も情緒的コミットメントだけではなく，研究3で用いた対人的ストレスなど，広範にわたる変数を測定するほうが望ましい．しかし，調査票の紙幅の制約や，各企業との個別交渉，あるいは調査時期の違いなどにより，完全な形での調査の実施はできなかった．今後の研究においては，さらに時間と研究資源を費やして，大規模かつ体系的な調査を実施することが望まれる．

　第三に，マルチレベル分析を用いて分析ができた企業が限られている．一部企業においては，職場を厳密に同定する調査が難しかったことや（往々にして調査票の配布を行う企業担当者の負担増加や，情報公開上の懸念が生じてしまう），そ

そもそも変数に級内相関がみられなかったことから，ダイバーシティ風土を個人レベルの変数（心理的風土）と扱って分析を行った研究が本書では多かった．本書では，心理的風土と組織風土を考察の上では明確に区別しなかったが，両概念の間で効果に違いがある可能性は否定できない．例えば，研究9では職場単位で平均した集団レベルのダイバーシティ風土には高い相関がみられたため，職場の特徴として集団レベルで扱う際には，ダイバーシティ風土の一因子性を前提とした先行研究にも妥当性があるのかもしれない．

　そして最後に，ダイバーシティ風土の下位因子の網羅性が課題として挙げられる．研究5～9で用いたダイバーシティ風土の質問項目は，研究4で示した実証的な手順に則って作成されたものであり，一定の妥当性は示されたと考えている．しかし，研究4で想定した5因子がダイバーシティ風土の「すべて」であるとはいえず，このほかにも新たな下位因子が存在したとしても不思議ではない．本書では，研究資源（人材，資金，時間など）の制約からこの精緻化に取り組むには至らなかったため，今後は国際比較も含めて，一層のダイバーシティ風土尺度の精緻化が必要であると考えている．

第7章 日本型「ダイバーシティ・マネジメント」に向けて

　本書では，九つの企業とウェブモニターを対象とした六つの調査データを用い，職場の性別ダイバーシティの心理的影響について，職務特性と組織風土の調整効果に着目した定量的な分析を行った．本章では，これらの各実証研究を通じて得られた総合的な考察と，日本型の「ダイバーシティ・マネジメント」構築に対する展望を述べたい．

　最初に，本書の課題意識について振り返る．続いて，本書を通じて得られた理論的示唆について述べる．これは本書の学術的な意義，および先行研究をいかに発展させるかという観点に基づく議論である．そしてそれに続く形で，本書から得られる実践的な示唆についても触れたい．これは学術的意義とは異なり，本書が実践的に持つと考えられる意義に関する議論である．特に，企業や各種組織の運営に対する示唆を中心に述べるが，一部にはダイバーシティをめぐる社会的な示唆も含んでいる．最後に，本書の意義および課題を踏まえた上でのダイバーシティ研究の今後の展望について，筆者の考えをまとめたい．

7.1 本書の示唆の理論的側面と実践的側面

　本書の出発点は，性別ダイバーシティの心理的影響に関して，調整要因に着目した研究を行うことにあった．具体的には，職務特性とダイバーシティ風土という二つのマクロ要因の効果に焦点化して実証研究を行った．本書で設定した理論的・応用的目的は，それぞれ以下のものだった．

　　理論的目的：調整要因の検討を通じて，主効果の素朴な予測を超えた，社会的カテゴリ化パースペクティブの精緻化を目指す．

　　応用的目的：日本で今後高まる職場の性別ダイバーシティに対して，どのような要因を整備すれば心理的な好影響をもたらすことができるかを探る．

　理論的な目的としては，性別ダイバーシティの心理的影響を調整する要因について，個別の効果を確認するだけでなく，それを通じて社会的カテゴリ化パ

ースペクティブ自体を精緻化する方針を探ることを目指した．

　応用的な目的は，日本におけるダイバーシティ・マネジメントへの貢献にあった．日本の企業では今後，特に性別ダイバーシティが高まることが予想される（2018年現在でも既に高まっているということもできる）．しかし，日本におけるダイバーシティ研究は未だ蓄積が不十分か，研究領域に偏りがあり，したがって「性別ダイバーシティが高い職場はどのようにマネージすればよいか？」という問いに十分に答えられずに現在に至っている．本書は，産業・組織心理学や組織行動論の知見をもとに，この問いに直接的に答えることを目指した．

　特に，組織風土の研究においては，各調査企業が性別ダイバーシティ推進のどのような発展段階にあるのかという，サンプルの特徴にも留意した（例えば，企業の管理職・従業員に占める女性割合，情緒的コミットメントに代表される広義のモチベーションの性差）．これは，海外の先行研究が暗黙裡に仮定してきた「あらゆる企業で同様の要因・施策が有効である」という前提に対する疑念に基づくものである．本書における筆者の立場は，性別ダイバーシティ推進について，企業が置かれている状況や段階によって，有効な要因や施策は異なるというものだった．

7.2 性別ダイバーシティの心理的影響とコンテクスト

　心理指標（例えば，情緒的コミットメント，対人的ストレス，離職意図）を目的変数とした場合，性別ダイバーシティの主効果は一貫せず，さらに様々なコンテクストの要因との間に交互作用がみられた．つまり，性別ダイバーシティを高めることが「常に好ましい」「常に好ましくない」ということはなく，その影響は状況に依存することが明らかとなった．

　先行研究はもともと，ダイバーシティの高まりが従業員の心理に対して常にネガティブな影響を与えるという仮定を置いてきた．第2章で述べたとおり，社会的カテゴリ化パースペクティブの理論に基づけば，集団のメンバーが多様化するとともに半ば自動的に集団のサブカテゴリ化が進み，そして集団内のコンフリクトも増すと仮定されてきた．これは性別ダイバーシティの向上を推進する上では望ましくない予測であるものの，初期の先行研究は「ダイバーシティの主効果が安定して負になる」という素朴な予測に依拠するものが多かった．

しかし，本書ではこの素朴な予測を支持する結果はみられなかった．まず，性別ダイバーシティが心理指標に与える主効果の正負は，実証研究1～9の間でばらつきがみられた．他方，様々なコンテクスト要因との間には一貫した交互作用がみられた．海外の研究ではこうした指摘が既になされていたが（例えば，Joshi & Roh, 2009），日本の企業の調査データを用いてこれを実証したことには重要な意味があるだろう．

7.3 コンテクスチュアル・パースペクティブの深化

本書では，職務特性とダイバーシティ風土の調整効果について検討を行ったが，いずれも広範に調整効果を有していた．すなわち，ダイバーシティの心理的影響を検討するには，コンテクストを考慮することで議論を深めることができる．これらの調整要因を特に検討対象とした理由は，両者が組織の特徴に関するマクロ要因だったためである．リーダーシップ（例えば，Kearney & Gebert, 2009; Nishii & Mayer, 2009）やダイバーシティ信念（例えば，Homan, van Knippenberg, Van Kleef, & De Dreu, 2007; van Dick, et al., 2008）など，個人レベルでも重要な調整要因は存在するが，これらは解釈を誤れば，ダイバーシティに対処すべきは上司だけであるとか，従業員の意識改革だけであるなど，問題が個人に矮小化されかねない．本書における筆者の立場としては，ダイバーシティに関する問題を従業員個人の認知の問題に限定して扱うことはせず，組織のマネジメントの問題として扱うほうが望ましいと考えた．

職務特性の調整効果

まず，本書では日本企業におけるダイバーシティ研究を行うにあたって，特に日本企業に特徴的だとされる職務特性を中心に調整効果を検討した．具体的には，仕事の相互依存性と役割の曖昧性を扱った．これらはいずれも職務の遂行にあたって集団に斉一性を要求する特性である．仕事が相互依存的であれば，集団のメンバーの仕事状況を逐一把握せねばならず，したがって密な協力や阿吽の呼吸が求められるだろう．また，役割が曖昧で，明示的な分業体制を敷くことができない場合も，同様の要請があると予想できる．Brewer (1999) などによれば，こうした斉一性圧力のもとでは，半ば強制的に集団一体となった活

動が求められることから，メンバー間の差異が大きい（集団のダイバーシティが高い）と，一体化をめぐるサブグループ間（性別ダイバーシティで言えば男女）の葛藤や集団間対立が生じやすくなるとされる．したがって，仕事が相互依存的であるほど，または役割が曖昧であるほど，職場のダイバーシティの心理的影響が低下しうると仮定した．

　第5章の三つの分析の結果，特に仕事の相互依存性について仮説が支持された．三つの調査を通じて，仕事が相互依存的であることによって，性別ダイバーシティがもたらす心理的影響が低下していた．現場に照らした表現に言い換えれば，職場が一致団結すべき状況であるにもかかわらず，いろいろな人が職場に混在していれば，団結しにくくなることから，職場の混乱や士気の低下につながるということもできるだろう．

　この効果自体は海外の先行研究でも指摘されることはあったが，結果は一貫しておらず，負の調整効果を確認した研究もあれば（例えば，Joshi & Roh, 2009），正の調整効果を確認した研究もある（例えば，Jehn et al., 1999）．これに対して第5章では仕事の相互依存性の調整効果は一貫して負であった（目的変数がネガティブな指標の場合には正の調整効果で，同じ意味を持っていた）．歴史的に仕事の相互依存性とその重要性が高いと言われる日本においては，特にその負の効果が顕著だと解釈できる．こうした結果の差異をみいだした点は本書の一つの貢献であると考えている．

　また，研究2において部分的にのみだが，役割の曖昧性の負の調整効果もみられた．これは二つの職務特性が斉一性圧力という観点から類似の効果を持っているためであると推測できる．この効果は先行研究では指摘がされておらず，本書でみいだされた新たな貢献であると考えられる．ただし，仕事の相互依存性の調整効果とは違い，一貫してみられた結果ではないことから，両者の影響を完全に同一視することはできない．こうして影響が異なっていた点について，本書では二つの可能性を考えている．一つめとして，役割の曖昧性が，仕事の特徴としてのいわば「原因」の要因ではなく，様々な仕事の特徴を反映して曖昧になっているという「結果」や「状態」の要因となっている可能性が挙げられる．二つめとして，役割の曖昧性の測定項目に改善の余地がある可能性が挙げられる．特に，鈴木・麓（2009）の項目は，仕事の特徴を反映することを意

図されている一方で，項目の表現からは，個々の回答者が自分の役割を把握できているかどうかという個別の問題を反映してしまっているという解釈もできる．本書はこうした問題を精査することなく取り組んだ点に課題が残る．この場合には，一つめの可能性のような理論的問題ではないため，調査項目を洗練させることを通じた方法面での再検討が必要だろう．これらの可能性を中心に今後さらなる検討が必要である．

ダイバーシティ風土の調整効果

第6章では，先行研究では未検討だったダイバーシティ風土の下位因子間の効果差に着目するとともに，どのような企業でどの下位因子が効果を持つのか検討した．具体的には，構造的な性別間の機会平等の程度の違いによって企業を特徴づけることとした．機会平等の程度は，「管理職の女性比率」と「従業員の女性比率」，そして前者を後者で割った値で測定した．値が1に近いほど機会平等であり，小さいほど機会が不平等で，男性のほうが優先的に昇進していると言える[78]．これに付随して，男女の意識差にも企業ごとに特徴があると

---

[78] 機会平等の違いが生じる理由には様々なものが考えられるが，ここでは，①女性の意識の問題，②雇用慣行や期待役割の問題，③過剰な実力主義や男性的な働き方，などを想定している．①は男女の間でモチベーションの平均値にそもそも差異があるケースである．組織的理由や採用上の理由により，当該企業では女性従業員のモチベーションがもともと低く，「男性並みに働く」ことを求めておらず，したがって組織に包摂されることも望んでいない場合には，社会的包摂（個性を重んじ，どのような人にも公平または平等に貢献を求める）がかえって両性の協働を難しくしかねない．②は，そもそも組織的に女性従業員に対して期待される役割が限られているケースである．「女性＝一般職・事務職」「女性＝補助的業務」という雇用慣行や規範が存在している企業では，男女ともに，男性従業員には重い職責を求め，女性従業員に対しては配慮がなされることをデフォルトとして期待していることが推測できる．このような状況で社会的包摂を図ったとしても，それは組織の規範と合致せず，うまく機能しないだろう．③は，日本企業に一般的な課題だが，長時間労働や業務負担の重さ，あるいは過剰な実力主義などにより，組織の働き方が「男性的」となっているケースである．こうしたケースでは，社会的包摂が図られたとしても，それは単純に「男性的な女性を求める」ことを意味してしまう．そしてこれは，ライフイベントの変化やキャリアの変化に敏感とされがちな女性従業員の実態とは，往々にして乖離している．そのためこのような企業で社会的包摂が図られることは，かえって，男性従業員にとっては「なぜ女性は自分たちのように働けないのか」，女性従業員にとっては「自分に過剰なものを求めてはいないか」という両性にとっての葛藤を増し，結果として葛藤の増大を導いてしまいかねないだろう．

いう点にもあわせて着目した．つまり，機会平等が高い企業では，モチベーションやコミットメントの性差が小さく，したがって男女が「差」「違い」なしに働いているが，機会平等が低い企業では，女性のモチベーションやコミットメントが相対的に低く，それゆえに男女が「差」「違い」を設けて働くキャリアを両性どちらも望んでいる可能性がある．これらの指標によって表される「どのような男女が，どのように働いているか」という状況に応じて，有効な風土も異なると仮定した．

実証研究としては，まず日本の文化的背景を考慮したダイバーシティ風土の下位概念の検討を行った（研究 4）．具体的には，①「女性の登用」，②「働き方の多様性の許容」，③「重要な役割を男性が，補助的な役割を女性が担う風潮（性役割分業の一側面）」，④「女性と比べた場合に男性が負担をより負う風潮（性役割分業の一側面）」，⑤「インクルージョン（包摂性）」を下位因子とし，これらを区別することに一定の意義があることを示した[79]．

これらの下位因子を個別に考慮し，研究 5～9 ではダイバーシティ風土の調整効果を検討したところ，調査対象となった企業の特徴によって，心理的影響を好転させるダイバーシティ風土の種類が異なっていた．つまり「この風土を醸成すればよい」という万能の薬は存在せず，例えば「性役割分業の風土を解消する」ことと，「女性を積極登用する風土を醸成する」こと，そして「個性を重んじて多様な従業員を包摂する」ことは異なる意味を持っていた．これはダイバーシティ風土をひと括りにして調整効果を検討した先行研究の限界を示すものであるとともに，さらなる研究の伸びしろを示すものでもある．

効果の具体的な違いは，本書の仮説に近いものだった．まず，機会平等が高く，男女の意識差も小さい企業では，包摂性の風土を高めることや，性役割分業の風土を低めることによって，性別ダイバーシティの心理的影響が好転していた．男女の間で「差」「違い」を設けず，誰しも平等に扱うことにより，性別ダイバーシティのもたらすコンフリクトが緩和されていたと言える．また，これらの企業では「女性を登用・支援する」風土の醸成がかえってコンフリ

---

[79] 統計的な基準とそれらへの適合については，第 6 章研究 4 に記載した．二次因子の仮定やほかの類似尺度である手続き的公正の尺度を用いた妥当性の検討については，別途，Appendix 4 でも触れている．

トを増すという結果もみられた．これは，もともと性別をさほど意識せずに働く中で，あえてカテゴリを意識させられることの逆効果を意味していると解釈できる．

　他方で，機会平等が低く男女の意識差も大きい企業や，特定の企業に限定せずに日本社会全体を対象とした調査では，真逆の結果が得られた．こうした調査では「女性を登用・支援する」風土や，働き方の多様性を許容する風土を醸成することで性別ダイバーシティの心理的影響が好転していたほか，性役割分業の風土を強めることでも同様の効果がみられた．もともとこうした企業では男女の間に「差」「違い」がみられることから，その「差」「違い」を前提にした，一種の公平な扱いが性別ダイバーシティに伴うコンフリクトを緩和していたと解釈できる．また，機会平等が高い企業で有効だった包摂性の風土は，醸成されることでかえって性別ダイバーシティの心理的影響を低下させていた．これも「個」や「平等」を強調することが，こうした企業の状況には合致していない可能性を示唆している．

　以上のように，本書はダイバーシティ風土の下位因子に着目するとともに，企業ごとに異なる性別ダイバーシティの状況を踏まえた検討を行う余地を示した点に意義があると言える．つまり，ダイバーシティ風土という多義的な概念をただ取り上げるのではなく，その下位概念や，各々の下位概念が有効な環境についてもあわせて議論を行うことが重要であると考えられる．これは言い換えれば，企業Xで有効だったダイバーシティ風土醸成が企業Yでは有効でない，という現象も起こりうることを示唆している．

7.4　「ダイバーシティ」を深く理解・考察する

　本書から得られる最後の理論的示唆が，今後のダイバーシティ研究の中で「ダイバーシティ」という概念について深く理解・分析することの重要性である．本書では，第1章冒頭の定義の中で，ダイバーシティを，特性集団の中に多様なメンバーがいるかいないかという，いわば数的比率と定義した．特に，集団に占める男性と女性の構成比率をもって性別ダイバーシティと定義した．ただし，ダイバーシティの研究，中でも性別ダイバーシティを扱う際には，この単純な定義のみで研究を行うことには大きな問題がある．むしろ，当該組織

において性別がどのような変数と交絡し，性差や両性間の協働がどのような意味を持つのかを考慮した考察を行う必要がある．以下，この点について詳述する．

　もともと社会的カテゴリ化パースペクティブでは，ダイバーシティの意味が各社会・企業で同一であるという仮定のもと，ダイバーシティに関する議論を行ってきた．つまり，性別ダイバーシティに関して言えば，企業Xで「男女半々」のメンバー構成が持つ意味と，企業Yでのその意味は同じであると仮定され，ダイバーシティに関する分析が行われてきた．したがって「男女半々であることが有効だ（または有効でない）」という議論が実証研究を含めて行われてきた経緯がある．しかし，この仮定は妥当ではないと第6章の結果から言える．特に，性別ダイバーシティ推進で未だ過渡期にある日本では，男女の機会平等と働く意識の平等化が進む企業と，男女で働く意識に性差があり機会平等も進んでいない企業の，少なくとも2種類が存在する．この点について，本書では「職場の女性割合」と「管理職の女性割合」，そして両者の比率によって機会平等の程度を示すことによって，複数の企業を便宜上分類することを試みた．前者の機会平等が高い企業では，元来性差も小さいことから，「男女半々」は大した意味を持たないか，あるいは性別に特別な意味を持たせないような，いわば「平等化」が有効になる．対して，後者の機会平等が低い企業では，元来性差が大きいことから，「男女半々」であることの持つ意味やインパクトが大きく，その性差を何らかの形で埋めることを意識した，いわば「公平化」が有効になる．このように，研究対象となる企業においてダイバーシティが持つ意味に着目し，それを考慮した上で社会的カテゴリ化パースペクティブの予測を立てる必要があると考えられる．

　この提言はいわば，性別ダイバーシティの研究を，生物学的な「性別」という単純な二分類の効果の検討から，様々な第三の要因との交絡を前提とした社会的な「性別」分類の効果の研究へと拡張することの重要性につながる．当然のこととして，実証分析の中では性別ダイバーシティは「生物学的な男女の構成比率」として操作可能な形で定義する必要がある．これは分析に用いる概念を操作可能かつ単純なものとして定義するという基本原則に即しており，実証研究には欠かせない考え方である．しかし，これは分析や考察にあたってその

変数だけですべてを議論しなければならないということではない．むしろ，ほかの様々な要因と性別ダイバーシティの関係性を考慮しつつ，考察に深みを持たせることが，実社会をうまく説明できる理論モデルの構築に役立つだろう．

例えば，本書では，実証分析こそ数的比率として定義した性別ダイバーシティを用いて検討を行ったものの，考察ではそれを取り巻く環境や第三の要因として，調査対象企業における男女の機会平等の程度や，情緒的コミットメントの性差の有無も考慮した．そしてこのことによって，ダイバーシティ風土が持つ調整効果の企業差に対して一定の解釈を与えることができた．このように，特に日本では性別ダイバーシティはただの生物学的な「性別」を意味するだけではなく，その他の要因との交絡の有無を考慮して初めて，深い考察が可能になると考えられる．

7.5 ダイバーシティをマネージすることの意義

続いて本書から得られた実践的な示唆について述べる．総じて言えば，本書はダイバーシティをマネージすることの意義を強調するものであったと言える．

仮にダイバーシティ（特に性別ダイバーシティ）を高めることそれ自体に肯定的な意義がある場合には，何らマネジメントの方法を変えることなく単純にダイバーシティを高めるだけでよい．あるいは，この場合に必要になるのは，「どうすれば女性従業員を増やせるか？」という性別ダイバーシティ向上のための施策だけだろう．2018年現在，M字カーブの「解消」によって議論は収まりつつあるが，とはいえ社会動向としてはこの動きが大勢を占めているものと筆者は考えている．

しかし，本書の結果は，性別ダイバーシティの向上はときに組織にマイナスの影響すら与えうることを示唆していた．具体的には，日本的な職務特性（仕事が相互依存的で，役割が曖昧）が強い職場や，ダイバーシティ風土（ただし企業によって女性の登用・支援が有効か，平等・個性の重視が有効かは異なる）が醸成されていない職場では，性別ダイバーシティが上がることで，かえって従業員全体のモチベーションや組織コミットメントを低下させかねなかった．これは，男女両方の離職や職場の停滞にもつながりうることから，企業にとっては大きな問題となるだろう．そのため，性別ダイバーシティを向上させる場合には，そ

れとあわせて上記のような組織の特徴を変革する必要があると言える.

ただし，これは決して大げさなことや，あるいは何か突飛で新しいことを述べているわけではない．むしろ「ダイバーシティをマネージする」（ダイバーシティに合わせて組織を変えていく）ことの重要性を示しただけであり，ダイバーシティ・マネジメントの字義に立ち返ることを求めているだけにすぎない．ほかのいかなる試みもせずにダイバーシティをただ高めることや，女性の定着を促すだけでダイバーシティの機能に真正面から向き合わないことは，ダイバーシティをマネージしているとは言えないだろう．むしろこれは「女性をマネージする」にとどまっており，果たしてダイバーシティという表現を用いてよいかどうかについては，やや疑問が残るとすら，筆者は考えている．ダイバーシティ・マネジメントの字義（ダイバーシティをマネージする，またはダイバーシティに関するマネジメント）に立ち返るならば，ダイバーシティを「うまく扱う」ために組織全体に手を入れていくことこそが重要なのではないだろうか．この発想からみれば，本書のように「ときに性別ダイバーシティがネガティブな影響を持つ」という結果が得られたとしても，それは大きな問題ではない．本書は同時にネガティブな影響を強調・緩和する要因もみいだしており，それらの要因をマネージすればよい，ということが本書の主旨である．これは「ダイバーシティは扱いが難しいものである」という事実こそ指摘しているが，ダイバーシティの向上に合わせて組織をマネジメントするというダイバーシティ・マネジメントの基本的な考え方に反するものではないだろう．

では，具体的にどのような点に注意し，組織をマネジメントする必要があるのだろうか．本書からは，この点に二つの示唆が得られている．

第一が職務特性に関する一連の結果であり，結論から言えば「日本的な職務特性を改める必要がある」という示唆が導かれる．元来，日本の企業は仕事が相互依存的で，個々人の役割が曖昧だとされがちである．その背景には，職務記述書や期待役割の曖昧性，「同一労働同一賃金」の不徹底，そして職場を軸にしたチーム単位での職務遂行が一般的なことなど，日本の職場を取り巻く非常に根深く，かつ幅広い問題が広がっている．しかし，第5章の結果はこの日本企業の特徴と性別ダイバーシティの，いわば相性の悪さを指摘したものである．特に，仕事が相互依存的な職場では，性別ダイバーシティがうまく機能し

ていなかった．そして，性別ダイバーシティが組織コミットメントの向上に寄与した職場は，仕事が独立的な職場だった．これは職場としての一体感を求める特徴[80]が，性別ダイバーシティの向上とはマッチしていないために生じたものと考えている．つまり，性別ダイバーシティが高まった職場は，そもそも互いに特徴や考え方の違う人が集まっているからこそ，そこに一体感を求めることはあまり実態にそぐわないと解釈できる．そして，性別ダイバーシティが有効に機能する職場や組織を作るためには，仕事の独立性を高めることが必要になると言える．例えば，責任や仕事の分担を職場単位から個人単位に移行させることや，同じ部署・隣の席の人がまったく違う働き方をすることを許容する職場作りなどが考えられる[81]．この結果は企業の違いを問わずみられており，性別ダイバーシティに関する組織マネジメントを行う上で重要な論点になりうるだろう．

　第二が，ダイバーシティ風土に関する一連の結果であり，こちらは少々複雑な結果となっていた．本書から導かれる示唆は，「自社の状況を踏まえて，見合った組織風土を醸成すべき」というものとなる．特に2018年現在は，海外，特に欧米からの研究知見やビジネス上の成功事例の輸入が盛んであるために，社会的包摂（ソーシャル・インクルージョン）が唯一無二の解であるかのように捉えられがちである．これは第1章や第2章で述べたように，日本企業のダイバーシティ推進部局のいくつかが「ダイバーシティ＆インクルージョン」を掲

---

[80] 本書を通じて斉一性圧力と称していたものを，平易な表現に言い換えている．
[81] ただし，性別ダイバーシティに関して一般的に言及される出産・育児期の女性従業員の支援という観点から言えば，これが望ましい施策であるかどうかはわからない．たしかに仕事が独立的であれば，職場が一体となる必要が薄れることから，個々人のライフスタイルの違いに由来するコンフリクトは低下するだろう．しかし，これは同時に職場の中での助け合いも低下させることは容易に予想できる．出産・育児期の従業員は，男女の違いにかかわらず，一般的に勤務時間や業務量に限界を抱える．そのことから，ときに周囲の従業員によるフォローや助け合いがなくては，勤務継続が困難になることも予想できる（ただし，これが行き過ぎると，フォローする側の負担増に伴う職場の士気低下（例えば，「資生堂ショック」：詳細は石塚（2016）を参照）や，フォローされる側のフリーライダー化も生じかねない）．この点に関してはさらなる検討を要するが，「ダイバーシティをマネージする」ことと「制約を抱えた従業員をフォローすること」は，注意深く扱わない限り，場合によっては相反する要求になってしまうのかもしれない．

げていることにも象徴されている．しかし，筆者は本書の分析結果から，この風潮に対して警鐘を鳴らす必要があると考えている．たしかに，欧米で有効な社会的包摂がそのまま，性別ダイバーシティのマネジメントという観点から有効な企業もある．しかしそれは，グローバル展開をする，男女間の平等度が比較的高い（しかし女性従業員の数は20〜30％程度と多くはない）企業などに限られていた（第6章研究8・9）．広く社会人を対象とした調査や，男女の平等度が低い企業を対象とした調査では，むしろ社会的包摂は性別ダイバーシティの心理的影響を低下させてすらいた（第6章研究5・6・7）．この結果を踏まえると，欧米流の社会的包摂をそのまま「直輸入」すれば，かえって性別ダイバーシティの向上やそのマネジメントがうまくいかず，組織の弱体化につながりかねないと筆者は考えている．その背景には，日本で根強い性役割分業の社会規範（企業レベルではなく，社会レベルでの規範）や，長時間労働の常態化，個性よりも集団の一体感を重んじる集団主義的な社会文化・企業風土があるのかもしれない．いずれにしろ，日本の一般的な企業では欧米流の社会的包摂は有効ではなく，段階的なインクルージョンや組織づくりが必要となる可能性があることは指摘したい．

　本書では，企業によっては，ときに平等を重んじる社会的包摂には反するとも考えられる女性の優先登用や支援が有効な場合や，根強い性役割分業の解消が有効な場合もみられた．この違いは，その組織の置かれている男女の平等度に関する現状に由来するものであると考えられる．したがって，まずは各社が自社における男女の平等度（例えば，従業員の女性比率，管理職の女性比率など）に関する現状分析を緻密に行った上で，各々の企業が自社に合った風土醸成を進めることが重要である．言い換えれば，ある企業にとっての「正解」が他社の「不正解」になりうることを受け入れることが求められる．いわば「企業施策のダイバーシティ」を認めることが，性別ダイバーシティの有効なマネジメントにとって重要と言えるだろう．ただし，こうした違いを問わず，各種福利厚生（男女の文脈で言えば育児支援など）の充実は共通して必要であることは指摘したい．本書の主張は，こうした福利厚生や多様な個のあり方を認める制度があった上で，男女や価値観の異なる人がどのように仕事に関わるのかが異なりうる，というものである．

第7章 日本型「ダイバーシティ・マネジメント」に向けて

7.6 ほかのダイバーシティ研究への拡張可能性

　最後に，本書から得られた様々な一般化や理論の援用の余地について述べたい．中でも，①性別ダイバーシティと，②ほかのダイバーシティについて，7.2 節～ 7.5 節の考察がどこまで一般化できるかについて述べる．

　まず，本書は性別ダイバーシティの研究としては，一定の一般化が可能だと考えている．たしかに本書は限られた数の企業を対象としており，また機会平等による企業分類とダイバーシティ風土の調整効果差については多段階のマルチレベル分析などが追加的に必要であるなど，多くの限界を抱えている．この点にはもちろん留意する必要があり，さらなる研究蓄積が必要である．しかし複数の特徴の異なる企業を対象にした実証分析から考察を導いたことは事実であり，慎重な姿勢を保てば，結果や着想を今後の一般化を前提に発展させていくことは可能だろう．

　続いて，性別以外のダイバーシティの研究としては，本書から得られた結果を直接一般化することは望ましくないが，着想の一般化は可能だと考えられる．本書はあくまでも，性別ダイバーシティと，一部の研究においてのみ価値観のダイバーシティを扱ったのみにとどまる．特に，ダイバーシティ風土の尺度構成や考察は，多分に性別に限定した論点として議論している．そのため，例えば本書から得られた結果をそのまま，人種・民族のダイバーシティや，年齢のダイバーシティ，働き方のダイバーシティなどに援用することは望ましくない．ただし，7.2 節～ 7.5 節で前述した研究上の着想は，十分に援用できると考えている．特に，7.2 節で述べたコンテクストを考慮する重要性や，7.4 節で述べたダイバーシティを深く考察することの重要性は，性別以外のダイバーシティを扱う研究でも欠かせない点になるだろう．以上より，筆者は本書の結果を性別以外のダイバーシティに直接援用することには慎重であるべきだと考えているが，他方で，研究上の着想としては大いに援用され，また仮説として引き続き検討されるべき内容だと考えている．

7.7 おわりに

本書の限界

本書は限られたデータや研究期間に基づく実証分析であり、様々な研究上の限界がある。本項では研究全体を貫く限界についてもまとめておきたい。

第一に、本書で調査対象とした企業は9社にとどまり、数が限られている。日本には数多くの企業が存在している以上、この9社の結果が社会全体に一般化可能なものであるかどうかは定かでなく、結果の解釈には注意が必要である。これは7.6節でも述べたことだが、非常に重要な点であるために、改めて指摘をしたい。したがって今後さらに研究に参加する企業の数が増え、また学術研究が発展していく中で、本書で想定した仮説が覆される可能性も大いにありうる。また、いずれも比較的規模の大きい企業であることにも注意が必要である。経済産業省（2014）の「ダイバーシティ経営企業100選」でも大企業と中小企業は異なる分類をされており、ダイバーシティ・マネジメント上有効な施策も異なる可能性が高い。これに対して、本書はいずれも100名以上程度の企業を調査対象としており、研究上の制約から、いわゆる中小企業は調査対象としなかった。そのため、本書の結果はあくまでも大企業を中心にあてはまることが予想され、その適用範囲には課題が残る。

第二に、本書は性別ダイバーシティの心理的影響のみに焦点化した研究である点に限界がある。企業業績に対する影響や、個人または職場のパフォーマンスに対する影響、そして企業のイノベーションに対する影響までは検討していない。性別ダイバーシティを向上させることのメリットとしては、これらの指標への好意的な影響が主張されることもあるが、本書はこうした主張に対して肯定・否定いずれの論拠も提供できるものではない。今後の研究では、心理的影響に関するより緻密な研究もさることながら、多様な目的変数を想定した研究も実施されるべきであろう。

第三に、本書はあくまでも産業・組織心理学の観点に立った研究であり、これがダイバーシティ研究のすべてではない。第3章で述べたとおり、日本のダイバーシティ研究は、ワークライフバランスに関する問題と表裏一体で行われた実証研究が多いことや、「女性がいかにモチベーションを持って働くか」と

いう女性に焦点化された研究が多いようにみうけられ，これは本書の「ダイバーシティの機能」であったり「ダイバーシティをどのように活かすか」であったりというような視点とは大きく異なっている．とはいえこの差異は本書の意義を否定するものではなく，日本における先行研究の空隙を埋める点では，十分な意義を持つと考えられる．今後の研究や関連する社会応用では，多角的な視点から課題解決に向けて協働を図ることが重要となるだろう．

今後の展望

最後に，本書あるいはダイバーシティに関する研究全般に関する，今後の展望についても述べたい．

さらなる調査拡大の余地　本書は筆者の博士後期課程3年間の研究にすぎず，したがってその調査規模や分析の幅も限定されている．数十社規模で大規模な調査を実施できれば，研究結果がどこまで頑健なものであるか，またはどこを境に一般化ができなくなるのかなどが検討できるようになる．今後の研究の展開の中では，こうした大規模な調査が実施できるようになることが望ましい．ただし，これは一研究者である筆者個人の努力によって達成可能なものではなく，様々な研究者や，もちろん多くの企業，あるいは政府・自治体などの協力を得て初めて実現可能なものだろう．その点から言えば，これは筆者個人の展望であるとともに，エビデンス・ベースド・マネジメントの実現のための協働を社会に対して期待しているということでもある．

新たに生成した仮説の検証やダイバーシティ「理論」の確立　本書では，企業における構造的な男女の機会平等度と働く意識の性差の有無に着目し，その違いに応じた性別ダイバーシティと組織環境変数の効果に関する仮説を提起した．今後の研究では，この仮説をより深めていくことが求められる．例えば，職務特性やダイバーシティ風土が調整効果を持つ理由を実証的に検討することが，一つの方針となるだろう．これはダイバーシティ研究を「理論」として確立するために重要な試みであり，学術的には非常に大きな意味を持つ．例えば，実現は容易ではないが，実在の職場を用いた社会実験を行うなど，因果関係にまで踏み込むような研究が進んでいくことが望ましいだろう．あるいは，第6章で結果の解釈に用いた企業における男女の機会平等度を新たな変数として，

多数の企業を対象に調査し，多段階のマルチレベル分析を実施するなどの研究規模拡大が必要になるだろう．

　学際的・業際的な共同研究の必要性　加えて，本書は産業・組織心理学の視点から「ダイバーシティをどのように活かすか」という課題に実証的な観点から取り組んだ．しかしこれはあくまでも一面的な取り組みであり，不十分な点も残る．例として，筆者が過去に発表を行ったセミナーでの出来事を示したい．筆者はそのセミナーで本書と同様の視点から，ダイバーシティ・マネジメントの重要性について報告を行った．これに対して，参加者の一人から，非常に意義深いコメントをいただいた．「日本企業のダイバーシティの問題は，多分にライフイベント支援の問題であり，両者は切っても切れない関係にある．その点から言えば，この研究は場合によっては的を外しているのではないか」というような主旨の指摘だった．筆者としては，本書が的を外しているという指摘については同意しがたい．というのも，本書の知見は一定の適切な手続きを踏んだ複数の実証研究を通じて得られたものである上，その背景には，理論・実証・実践を問わず，海外で行われた数多くの先行研究の蓄積があるからである．そもそも「ダイバーシティ＆インクルージョン」という標語が企業で広く使われていることも，もとをたどればこうした海外の研究蓄積と手を携えながら進んできた結果である．以上の理由から，本書が「完全に」的を外したものであるとは，現在でも思っていない．しかし一方で，日本企業におけるダイバーシティ，特に性別ダイバーシティの問題が，ライフイベント支援と切っても切れない関係にあることは，筆者にとっても，またこうしたダイバーシティの研究全体にとっても非常に重要な指摘である．日本国内でライフイベント支援に関する社会運営が一定の意義を持つからこそ，これだけ広くその論点が取りざたされていると考えることもできる．それを踏まえれば，本書が完全または包括的なものではないことはたしかである．今後の研究では各々の領域の研究者や実務家が手を携え，包括的な研究を実施することが望ましい．おそらく，ダイバーシティに関する実務上の課題は本書のアプローチだけでも，ライフイベント支援のアプローチだけでも解決できないだろう．両方のアプローチを組み合わせた実証研究を実施，成果の蓄積を進めることで，初めてダイバーシティに関する完全な処方箋を出すことができるのではないだろうか．願わくは，本書

第7章 日本型「ダイバーシティ・マネジメント」に向けて

がこうした研究者や実務家の協働の一助となることを祈るばかりである．

研究領域やアプローチの多様化　前述のとおり，ダイバーシティに関する研究は限られた研究領域や視点から行われてきたのが実情である．しかし筆者としては，より多様な研究領域の視点からダイバーシティへの取り組みが進むべきだと考えている．ダイバーシティは，本質的には「異なる人がともに働く」という，きわめて単純でありながら社会生活上とても重要な内容を意味している．このテーマに対する取り組み方あるいは切り口は，決して本書のような角度だけではないだろう．社会心理学の観点に立てば，ステレオタイプに関する研究や，ジェンダーに関する研究，集団意思決定に関する研究，社会的公正に関する研究など，様々な研究領域がこのテーマに関連しうる．さらに言えば，筆者の専門ではないが，経済学や社会学，あるいは意思決定支援としての情報学なども関連しうるかもしれない．筆者は本書で取り上げた研究に取り組む中で，「ダイバーシティ＝ライフイベント支援」という固定観念の問題点や，社会心理学における基礎理論（社会的アイデンティティ理論）の応用の余地を大いに感じており，同じく応用可能なのではないかと考えられる有効な切り口についても，様々なことを考えるに至った．こうした多様な研究領域から様々な提言がなされ，本書に対する批判的かつ建設的な検討や，ダイバーシティ研究全体に対する貢献が進んでいくことが求められる．いわば，研究領域のダイバーシティをもってこの根強い社会的課題に取り組むことが，今後の研究・実務の関係性の中でも必要ではないだろうか．

あとがき

　本書は，筆者が2014年頃から取り組み，2017年に完成し，東京大学大学院人文社会系研究科に提出した博士論文「職場の性別ダイバーシティの心理的影響――日本における組織環境の調整効果について」をもとに，修正・執筆されたものである．つまり，3年間の研究プロジェクトの成果にすぎず，完成された美しい理論を打ち立てた研究なのかと言われれば，自分でも不十分であると思っている．しかし，それでも出版を目指したのは，本書を企業組織のダイバーシティ・マネジメントについて科学的に考えるきっかけにしてほしい，それを通じて，企業組織を取り巻く「ダイバーシティ疲れ」の問題を打破したい，と考えたためである．

　博士論文の執筆中から本書の出版に至るまで，筆者は様々なダイバーシティ・マネジメントに関わる方々とお話する機会に恵まれた．例えば，企業の人事の方やダイバーシティ推進部門の方，マネジャークラスの方，経営者，あるいは法律関係者やコンサルタントなど，相手は様々である．そうした方々とのお話から感じた点が，表現が適切かどうかはわからないが，前述の「ダイバーシティ疲れ」である．これは，特にダイバーシティや「女性活躍推進」に取り組む努力をしてきた企業関係者を取り巻く，「もうダイバーシティについて考えたくない」という，疲労感・徒労感のことを指すものと定義する．その背景として，「いろいろと制度を充実させたり，女性の採用・登用を増やしたり，自分たちは努力をしてきた」「しかし，ダイバーシティに期待されていた成果は上がらない（特にイノベーションが起きない，あるいは女性の離職やコンフリクトが増える）」「その割に，政府はダイバーシティ推進を企業に要求する」という要因が積み重なったことがあるのではないかと，筆者は推測している．

　これはある意味ではもっともなことだと筆者は考えている．社会の議論の主流は，「ダイバーシティはよいものだ」「ダイバーシティは社会正義だ」とするものであるように感じる．しかし，部下をマネージする責任や，企業を経営す

る責任を負う人たちからすれば，ダイバーシティが生易しいものではないという実感もあるのだろう．多様な人が増えれば，それまでになかった揉め事が大なり小なり増えるだろうし，期待されるほどの画期的なイノベーションが続発することもほぼありえないはずだ．つまり，もともと聞いていたものとは違った苦労が発生し，なかなかうまくいかない事態が生じうる．ここで理想と現実の間に乖離が起き，あり方を見失ったとしても無理はない．それに対して，「それはあなたの努力が足りないからだ」と伝えたところで，一層の無力感を招くだけだろう．これが，昨今の多くの日本企業を取り巻く「ダイバーシティ疲れ」の構造の一つだと，筆者は考えている．

　筆者はこの問題に対して，ダイバーシティ，特に性別ダイバーシティに対して，（社会科学なりに）科学的に取り組むことによって，二つの方向から少しなりとも解決を試みたかった．

　第一に，ダイバーシティに対して科学的かつ現実的に考える，という土壌作りに貢献することを目指した．本書の研究や各種先行研究で扱ったとおり，ダイバーシティは科学的に分析を行うことができるテーマである．現場で働く人からアンケートなどを通じてデータを取得することで，現場で起きているダイバーシティにまつわる様々な問題が，大なり小なり分析結果に反映され，いくらかのマネジメント上の解決策が導かれることもある（仕事の相互依存性やダイバーシティ風土など）．ダイバーシティを推進する，つまり多様な人が円滑に協働できる組織を作るには，理想や理念ももちろん重要だが，こうした冷静なアプローチを通じて，ダイバーシティの問題点や現実的に可能な解決策もあわせて検討することが重要だろう．これは筆者の推測にとどまるが，外資系企業を中心に，ダイバーシティ推進に熱心で成果を挙げている「先進企業」の多くが，アンケート調査などによるデータ分析にも取り組んでいることには，こういった理念と実践の両立という理由もあるのではないかと考えている．

　第二に，本書では海外の研究結果の輸入にとどまらない，日本企業なりのダイバーシティ・マネジメントの研究を提示することを目指した．昨今，日本でダイバーシティ・マネジメントの「先進事例」として取り上げられる企業の多くが，残念ながら外資系企業であると感じている．その結果，「日系企業のうちとは違う世界の話だ」と距離を置いてしまったり，あるいは「うちとは事情

あとがき

が違う」とマネジメント方法の違いばかり強調されてしまったりしかねない．社会が違うのだから，適切なマネジメント方法ももちろん違いうる．だからこそ，改めて日本で研究を行い，何が日本でも使えて，何が日本では使えないのか，そして何が日本に固有のダイバーシティ・マネジメントなのか，探る必要がある．日本企業でも，おそらく成功している職場や企業はあるのだから，そういった事例や分析結果を積み重ねることで，一歩ずつ，現状を改善することが望ましいのではないか．

　本書がこれらの目的を達成できたのかと言えば，1人の研究者がたかだか3年で行った研究であることもあり，決して達成しきれてはいないだろう．しかし，企業組織のダイバーシティという問題に対して，分析的に取り組むアプローチがあるということを示すことには成功したのではないかと思いたい．だからこそ，筆者は本書を遅すぎる「第一歩」だと考えている．筆者自身の研究努力を要することは当然のものとして，多くの企業関係者の方々や，研究者の方々によるさらなる研究の発展と，一刻も早い「あらゆる人にとって働きやすく，パフォーマンスをあげられる組織づくり」の実現を祈念したい．

*

　本書の出版にあたっては，日本学術振興会平成30年度科学研究費補助金（研究成果公開促進費）の交付を受けた．ここに記して感謝したい．

　また，本書の執筆にあたっては多くの方々のご助力やご助言をいただいた．限られた方々しか記載することができないが，感謝申し上げたい．

　まず，筆者の指導教員である村本由紀子先生には，第一に深く感謝を申し上げたい．筆者は本書の研究をはじめとして，研究のアイディアが拡散しがちな上に，企業との共同研究など，様々な活動を独断専行で行ってしまう傾向があった．その点では，決して優秀な学生ではなかったことを反省している．しかし，筆者が組織の研究において，研究の道に進むことを決意したのも，村本先生の存在があってのことである．また博士論文の執筆にあたっては，ご専門の分野と必ずしも一致していないにもかかわらず，手厚いご指導をいただいた．重ねて御礼申し上げたい．また，本書のもととなる博士論文の審査に加わっていただいた，服部康宏先生（神戸大学大学院），繁桝江里先生（青山学院大学），そして唐沢かおり先生と亀田達也先生（東京大学大学院）にも，多数の貴重なコ

メントとご指導をいただいた．深く感謝申し上げたい．

　さらに，本書は多くの企業の方々のご協力があって初めて成立したものである．企業名やお名前を挙げることはできないが，この場を借りて，まず本書の各種調査にご協力をいただいた企業のみなさまに感謝申し上げたい．そして，株式会社ビジネスリサーチラボの伊達洋駆様には，特に感謝申し上げたい．筆者が修士課程に在籍していた頃から，企業との共同研究についてまだ何も知らなかった当時の筆者のことを温かく見守ると共に，導いてくださった．筆者が現在の人生を歩むきっかけとなった1人でもあり，重ねて感謝申し上げる．また，株式会社オカムラの薄良子様，森田舞様，谷口美虎人様，および同社のWork in Life Labo.プロジェクトのみなさまにも感謝申し上げたい．筆者の研究を発信し，また活用する機会をいただいたおかげで，本書の実証研究の結果について，一定の自信を持って発信することができるようになった．同プロジェクトは2018年現在も進行中であるが，まずはこれまでの多大なるご支援に感謝申し上げたい．

　そして，本書の刊行にあたっては，東京大学出版会の小室まどか様に本当にお世話になった．刊行の出発時から執筆・校正に至るまで，様々な情報やご支援，ご助言をいただいたことに深く感謝したい．

　最後に，家族への感謝を述べたい．決して楽ではない博士後期課程や修了直後の時期を忍耐強く支えてくれた両親，そして妻に感謝の意を表したい．精神的・社会的にも，また金銭的にも難しいことであったことは重々承知しており，その中でこれまで支え続けてくれたことには，感謝してもしきれない．

　重ねて述べるが，筆者の研究は，多くの方々のご支援があって初めて成り立つ研究である．このことを忘れずに，引き続き社会心理学を活かして社会問題に取り組み続けたい．

　　2018年12月

　　　　　　　　　　　　　　　　　　　　　　　　　　　正木郁太郎

初出一覧

　本書の一部は，以下に示す既出論文を，本書の目的・主旨に即して改稿したものである．

正木郁太郎（2017）．職場の性別ダイバーシティの心理的影響——日本における組織環境の調整効果について　東京大学大学院人文社会系研究科博士論文

第 3 章
3.2 節　正木郁太郎・村本由紀子（2018）．性別ダイバーシティの高い職場における職務特性の心理的影響——仕事の相互依存性と役割の曖昧性に着目して　経営行動科学, *30*(*3*), 133-149.

第 6 章
6.1 節　正木郁太郎・村本由紀子（2017）．多様化する職場におけるダイバーシティ風土の機能，ならびに風土と組織制度との関係　実験社会心理学研究, *57*(*1*), 12-28.
6.2 節　同上

引用文献

Adams, R. B., & Ferreira, D. (2009). Women in the boardroom and their impact on governance and performance. *Journal of Financial Economics, 94*(2), 291-309.

荒木淳子・正木郁太郎・松下慶太・伊達洋駆 (2017). 企業で働き女性のキャリア展望に影響する職場要因の検討　経営行動科学, *30*(1), 1-12.

Becker, G. (1971). *The economics of discrimination* (2nd ed.). University of Chicago Press.

Blau, P. M. (1977). *Inequality and heterogeneity.* New York: Free Press.

Bliese, P. D. (2000). Within-group agreement, non-independence, and reliability: Implications for data aggregation and analysis. In K. J. Klein & S. W. J. Kozlowski (Eds.), *Multilevel theory, research, and methods in organizations: Foundations, extensions, and new directions* (pp. 349-381). San Francisco: Jossey-Bass.

Boehm, S. A., Dwertmann, D. J. G., Kunze, F., Michaelis, B., Parks, K. M., & McDonald, D. P. (2014). Expanding insights on the diversity climate performance link: The role of workgroup discrimination and group size. *Human Resource Management, 53*(3), 379-402.

Brewer, M. B. (1999). The psychology of prejudice: Ingroup love or outgroup hate? *Journal of Social Issues, 55,* 429-444.

Buttner, E. H., Lowe, K. B., & Billings-Harris, L. (2012). An empirical test of diversity climate dimensionality and relative effects on employee of color outcomes. *Journal of Business Ethics, 110*(3), 247-258.

Chatman, J. A. (2010). Norms in mixed sex and mixed race work groups. *The Academy of Management Annals, 4*(1), 447-484.

Chen, X., Liu, D., & Portnoy, R. (2012). A multilevel investigation of motivational cultural intelligence, organizational diversity climate, and cultural sales: Evidence from U.S. real estate firms. *Journal of Applied Psychology, 97*(1), 93-106.

Chung, Y., Liao, H., Jackson, S. E., Subramony, M., Colakoglu, S., & Jiang, Y. (2015). Cracking but not breaking: Joint effects of faultline strength and diversity climate on loyal behavior. *Academy of Management Journal, 58*(5), 1495-1515.

Daft, R. L. (2001). *Essentials of organization theory & design* (2nd ed.). London: South-Western College Publishing.（高木晴夫（訳）(2002).　組織の経営学——戦略と意思決定を変える——　ダイヤモンド社）

van Dick, R., van Knippenberg, D., Hägale, S., Guillaume, Y. R. F., & Brodbeck, F. C. (2008). Group diversity and group identification: The moderating role of diversity beliefs. *Human Relations, 61*(10), 1463-1492.

Drach-Zahavy, A., & Trogen, R. (2013). Opposites attract or attack? The moderating role of diversity climate in the team diversity-interpersonal aggression relationship. *Journal of Occupational Health Psychology, 18*(4), 449-457.

Dwertmann, D. J. G., Nishii, L. H., & van Knippenberg, D. (2016). Disentangling the fairness & discrimination and synergy perspectives on diversity climate: Moving the field forward. *Journal of Management, 42*(5), 1136-1168.

海老原嗣夫（2012）．女子のキャリア――〈男社会〉のしくみ，教えます――　筑摩書房

Ellison, S. F., & Mullin, W. P. (2014). Diversity, social goods provision, and performance in the firm. *Journal of Economics & Management Strategy, 23*(2), 465-481.

Ferdman, B. M. (2014). The practice of inclusion in diverse organizations: Toward a systemic and inclusive framework. In B. M. Ferdman & B. R. Deane (Eds.), *Diversity at work: The practice of inclusion* (pp. 3-54). San Francisco: Jossey-Bass.

Ferdman, B. M., & Deane, B. R. (Eds.) (2014). *Diversity at work: The practice of inclusion*. San Francisco: Jossey-Bass.

Ferguson, M., & Porter, S. C. (2013). An examination of categorization processes in organizations: The root of intergroup bias and a route to prejudice reduction. In Q. M. Roberson (Ed.), *The oxford handbook of diversity and work* (pp. 98-114). New York: Oxford University Press.

Festinger, L. (1950). Informal social communication. *Psychological Review, 57*(5), 271-282.

Frazier, M. L., Fainshmidt, S., Klinger, R. L., Pezeshkan, A., & Vracheva, V. (2017). Psychological safety: A meta-analytic review and extension. *Personnel Psychology, 70*, 113-165.

麓幸子（2015）．なぜ，あの会社は女性管理職が順調に増えているのか――先進20社が実践する女性人材育成の戦略と施策――　日経BP社

Gelfand, M. J., Nishii, L. H., Raver, J., & Schneider, B. (2005). Discrimination in organizations: An organizational level systems perspective. In R. Dipboye & A. Colella (Eds.), *Discrimination at work: The psychological and organizational bases* (pp. 89-116). Mahwah, NJ: Erlbaum.

Gonzalez, J. A., & DeNisi, A. S. (2009). Cross-level effects of demography and diversity climate on organizational attachment and firm effectiveness. *Journal of Organizational Behavior, 30*, 21-40.

Guillaume, Y. R. F., Dawson, J. F., Woods, S. A., Sacramento, C. A., & West, M. A. (2013). Getting diversity at work to work: What we know and what we still don't know. *Journal of Occupational and Organizational Psychology, 86*, 123-141.

濱口桂一郎（2013）．若者と労働――「入社」の仕組みから解きほぐす――　中央公論新社

Harrison, D. A., & Klein, K. J. (2007). What's the difference?: Diversity constructs as separation, variety, or disparity in organizations. *Academy of Management Review, 32*(4), 1199-1228.

Harrison, D. A., Price, K. H., Gavin, J. H., & Florey, A. T. (2002). Time, teams, and task performance: Changing effects of surface- and deep-level diversity on group functioning. *Academy of Management Journal, 45*(5), 1029-1045.

Harzing, A. W., & Feely, A. J. (2008). The language barrier and its implications for HQ-subsidiary relationships. *Cross Cultural Management: An International Journal, 15*(1), 49-61.

間宏 (1963). 日本的経営の系譜　日本能率協会

Hellerstein, J. K., Neumark, D., & Troske, K. R. (2002). Market forces and sex discrimination. *The Journal of Human Resources, 37*(2), 353-380.

Herdman, A. O., & McMillan-Capehart. (2010). Establishing a diversity program is not enough: Exploring the determinants of diversity climate. *Journal of Business Psychology, 25*, 39-53.

Hobman, E. V., Bodia, P., & Gallois, C. (2004). Perceived dissimilarity and work group involvement: The moderating effects of group openness to diversity. *Group and Organization Management, 29*(5), 560-587.

Hofhuis, J., van der Zee, K., & Otten, S. (2012). Social identity patterns in culturally diverse organizations: The role of diversity climate. *Journal of Applied Social Psychology, 42*(4), 964-989.

Hofstede, G., Hofstede, G. J., & Mincov, M. (2010). *Cultures and organizations: Software of the mind* (3rd ed.). New York: McGraw-Hill Education. （岩井八郎・岩井紀子（訳）(2013).　多文化世界――違いを学び未来への道を探る――　有斐閣）

Hogg, M. A., & Terry, D. J. (2000). Social itdentity theory and self-categorization process in organizational contexts. *Academy of Management Review, 25*(1), 121-140.

Homan, A. C., van Knippenberg, D., Van Kleef, G. A., & De Dreu, C. K. W. (2007). *Journal of Applied Psychology, 92*(5), 1189-1199.

House, R. J., Hanges, P. J., Javidan, M., Dorfman, P. W., & Gupta, V. (2004). *Culture, leadership, and organizations: The GLOBE study of 62 societies*. Thousand Oaks, CA: Sage.

池田宏・古川久敬 (2015).　集団目標管理と職務の相互依存性が職務パフォーマンスに及ぼす効果　心理学研究, *86*(1), 69-75.

池田謙一・唐沢穣・工藤恵理子・村本由紀子 (2010).　社会心理学　有斐閣

乾友彦・中室牧子・枝村一麿・小沢潤子 (2014).　企業の取締役会のダイバーシティとイノベーション活動　*RIETI Discussion Paper Series*, 14-J-055.

石田英夫 (1985).　日本企業の国際人事管理　日本労働研究機構

石田正浩 (1997).　組織コミットメントがもたらすもの　田尾雅夫（編著）会社人間の研究――組織コミットメントの理論と実際――(pp. 101-135)　京都大学学術出版会

石塚由紀夫 (2016). 資生堂インパクト――子育てを聖域にしない改革――　日本経済新聞出版社

James, L. R (1982). Aggregation bias in estimates of perceptual agreement. *Journal of Applied Psychology, 67*, 219-229.

Jehn, K. A., Northcraft, G. B., & Neale, M. A. (1999). Why differences make a difference: A field study of diversity, conflict, and performance in workgroups. *Administrative Science Quarterly, 44*, 741-763.

de Jonge, J., van Breukelen, G. J. P., Landeweerd, J. A., & Nijhuis, F. J. N. (1999). Comparing group and individual level assessments of job characteristics in testing the job demand-control model: A multilevel approach. *Human Relations, 52*(1), 95-122.

Joshi, A., & Roh, H. (2009). The role of context in work team diversity research: A meta-analytic review. *Academy of Management Journal, 52*(3), 599-627.

Joshi, A., & Roh, H. (2013). Understanding how context shapes team diversity outcomes. In Q. M. Roberson (Ed.). *The oxford handbook of diversity and work* (pp. 209-219). New York: Oxford University Press.

Kaplan, D. M., Wiley, J. W., & Maertz, Jr, C. P. (2011). The role of calculative attachment in the relationship between diversity climate and retention. *Human Resource Management, 50*(2), 271-287.

川口章 (2008). ジェンダー経済格差——なぜ格差が生まれるのか，克服の手がかりはどこにあるのか—— 勁草書房

Kawaguchi, D. (2007). A market test for sex discrimination: Evidence from Japanese firm-level panel data. *International Journal of Industrial Organization, 25*, 441-460.

Kearney, E., & Gebert, D. (2009). Managing diversity and enhancing team outcomes: The promise of transformational leadership. *Journal of Applied Psychology, 94*(1), 77-89.

経済産業省 (2012). ダイバーシティと女性活躍の推進——グローバル化時代の人材戦略—— 経済産業調査会

経済産業省 (2014). 経済産業省平成25年度ダイバーシティ経営企業100選・平成25年度なでしこ銘柄 ダイバーシティ経営戦略2——多様な人材の活躍が，企業の成長力に繋がる—— 経済産業調査会

Kiggundu, M. N. (1981). Task interdependence and the theory of job design. *Academy of Management Review, 6*(3), 499-508.

Kiggundu, M. N. (1983). Task interdependence and job design: Test of a theory. *Organizational Behavior and Human Performance, 31*(2), 145-172.

北居明 (2014). 学習を促す組織文化——マルチレベル・アプローチによる実証分析—— 有斐閣

北山忍 (1998). 自己と感情——文化心理学による問いかけ (認知科学モノグラフ9)—— 共立出版

van Knippenberg, D., De Dreu, C. K. W., & Homan, A. C. (2004). Work group diversity and group performance: An integrative model and research agenda. *Journal of Applied Psychology, 89*(6), 1008-1022.

van Knippenberg, D., Haslam, S. A., & Platow, M. J. (2007). Unity through diversity: Value-in-diversity beliefs, work group diversity, and group identification. *Group Dynamics: Theory, Research, and Practice, 11*(3), 207-222.

van Knippenberg, D., Homan, A. C., & van Ginkel, W. P. (2013). Diversity cognition and climates. In Q. M. Roberson (Ed.). *The oxford handbook of diversity and work* (pp. 13-31). New York: Oxford University Press.

van Knippenberg, D., & Schippers, M. C. (2007). Work group diversity. *Annual Review of Psychology, 58*, 515-541.

小林哲郎・池田謙一（2008）．PCによるメール利用が社会的寛容性に及ぼす効果——異質な他者とのコミュニケーションの媒介効果に注目して——　社会心理学研究, *24*(2), 120-130.

児玉直美・小滝一彦・高橋陽子（2005）．女性雇用と企業業績　日本経済雑誌, 52, 1-18.

Kossek, E. E., Markel, K. S., & McHugh, P. P. (2003). Increasing diversity as an HRM change strategy. *Journal of Organizational Change Management, 16*(3), 328-352.

Kossek, E. E., & Zonia, S. C. (1993). Assessing diversity climate: a field study of reactions to employer efforts to promote diversity. *Journal of Organizational Behavior, 14*, 61-81.

Lambert, J. R., & Bell, M. P. (2013). Diverse forms of difference. In Q. M. Roberson (Ed.). *The oxford handbook of diversity and work* (pp. 13-31). New York: Oxford University Press.

Lau, D. C., & Murnighan, J. K. (1998). Demographic diversity and faultlines: The compositional dynamics of organizational groups. *Academy of Management Review, 23*(2), 325-340.

Lovelace, K., Shapiro, D. L., & Weingart, L. R. (2001). Maximizing cross-functional new product teams' innovativeness and constraint adherence: A conflict communications perspective. *Academy of Management Journal, 44*(4), 779-793.

Luijters, K., van der Zee, K., & Otten, S. (2008). Cultural diversity in organizations: Enhancing identification by valuing differences. *International Journal of Intercultural Relations, 32*, 154-163.

Maas, C. J. M., & Hox, J. L. (2005). Sufficient sample sizes for multilevel modeling. *Methodology, 1*(3), 86-92.

前田幸男（2016）．ジェンダー・家族に関する意識　池田謙一（編著）　日本人の考え方　世界の人の考え方——世界価値観調査から見えるもの——（pp. 62-80）　勁草書房

Markus, H. R., & Kitayama, S. (1991). Culture and the self: Implications for cognition, emotion, and motivation. *Psychological Review, 98*, 224-253.

Martin, A. E., & Phillips, K. W. (2017). What "blindness" to gender differences helps women see and do: Implications for confidence, agency, and action in male-dominated environments. *Organizational Behavior and Human Decision Process, 147*, 28-44.

正木郁太郎・村本由紀子（2017）．多様化する職場におけるダイバーシティ風土の機能，ならびに風土と組織制度との関係　実験社会心理学研究, *57*(1), 12-28.

Masaki, I., & Muramoto, Y. (2018). The joint effect of diversity climate and value diversity on employees' motivation for a promotion: A case of global manufacturing company in Japan. The 29th International Congress of Applied Psychology, Montreal, Canada.

正木郁太郎・村本由紀子（2018）．性別ダイバーシティの高い職場における職務特性の心理的影響——仕事の相互依存性と役割の曖昧性に着目して——　経営行動科学，*30*(*3*), 133-149.

McKay, P. F., Avery, D. R., & Morris, M. A. (2008). Mean racial-ethnic differences in employee sales performance: The moderating role of diversity climate. *Personnel Psychology, 61*, 349-374.

McKay, P. F., Avery, D. R., & Morris, M. A. (2009). A tale of two climates: Diversity climate from subordinates' and managers' perspectives and their role in store unit sales performance. *Personnel Psychology, 62*, 767-791.

McKay, P. F., Avery, D. R., Tonidandel, S., Morris, M. A., Hernandez, M., & Hebl, M. R. (2007). Racial differences in employee retention: Are diversity climate perceptions the key? *Personnel Psychology, 60*, 35-62.

三沢良・佐相邦英・山口裕幸（2009）．看護師チームのチームワーク測定尺度の作成　社会心理学研究，*24*(*3*), 219-232.

Mor Barak, M. E., Cherin, D. A., & Berkman, S. (1998). Organizational and personal dimensions in diversity climate: Ethnic and gender differences in employee perceptions. *Journal of Applied Behavioral Science, 34*(*1*), 82-104.

Morgeson, F. P., & Humphrey, S. E. (2006). The Work Design questionnaire (WDQ): Developing and validating a comprehensive measure for assessing job design and the nature of work. *Journal of Applied Psychology, 91*(*6*), 1321-1339.

内閣府男女共同参画局（2013）．平成25年度版男女共同参画白書　内閣府男女共同参画局ホームページ Retrieved from http://www.gender.go.jp/about_danjo/whitepaper/h25/zentai/index.html（2016年4月11日参照）

内閣府男女共同参画局（2015）．第4次男女共同参画基本計画　内閣府男女共同参画局ホームページ　Retrieved from http://www.gender.go.jp/about_danjo/basic_plans/4th/（2016年4月15日参照）．

内藤知加恵（2014）．フォールトラインに関するレビューと一考察　商学研究科紀要，*79*, 103-125.

中原淳（2010）．職場学習論——仕事の学びを科学する——　東京大学出版会

中野円佳（2014）．「育休世代」のジレンマ——女性活用はなぜ失敗するか？——　光文社

日本経済新聞（2015）．日本，女性就業率24位　日本経済新聞7月10日朝刊，5面．

日本経済新聞（2016）．　国家公務員の働き方改革，「国会対応，人数減を」，残業減，有識者懇低減へ　日本経済新聞6月18日朝刊，4面．

日本経済新聞（2018）．M字カーブほぼ解消，女性，30代離職減る，全体では就労7割，働き方改革や採用増　日本経済新聞2018年2月23日朝刊，3面．

日本労働研究機構（1995）．調査研究報告書 No. 71　高齢化とワークモティベーション　労働政策研究・研修機構 調査研究データベース詳細 Retrieved from http://db.jil.go.

jp/db/seika/2000/E2000012805.html（2015 年 11 月 5 日参照）
西村孝史（2008）．企業事例から学ぶダイバーシティ推進サイクル──株式会社 INAX と日本ヒューレット・パッカード株式会社の事例から── 日本労働研究雑誌, 50(5), 85-94.
Niehoff, B. P., & Moorman, R. H. (1993). Justice as a mediator of the relationship between methods of monitoring and organizational citizenship behavior. *Academy of Management Journal, 36*(3), 527-556.
Nishii, L. H. (2013). The benefits of climate for inclusion for gender-diverse groups. *Academy of Management Journal, 56*(6), 1754-1774.
Nishii, L. H., & Mayer, D. M. (2009). Do inclusive leaders help to reduce turnover in diverse groups? The moderating role of leader-membership exchange in the diversity to turnover relationship. *Journal of Applied Psychology, 94*(6), 1412-1426.
Offermann, L. R., & Basford, T. E. (2014). Inclusive human resource management: Best practices and the changing role of human resources. In B. M. Ferdman & B. R. Deane (Eds.), *Diversity at work: The practice of inclusion* (pp. 229-259). San Francisco: Jossey-Bass.
尾形真実哉（2012）．プロフェッショナルのキャリア初期における組織適応タイプに関する実証研究 日本経営学会誌, 29, 54-67.
大岡栄美（2011）．社会関係資本と外国人に対する寛容さに関する研究── JGSS-2008 の分析から── 日本版総合的社会調査共同拠点 研究論文集, 11, 129-141.
大沢真知子（2015）．女性はなぜ活躍できないのか 東洋経済新報社
大内章子（2010）．均等処遇と女性人材の活用 日本労働研究雑誌, 597, 66-69.
Parker, S. K., & Collins, C. G. (2010). Taking stock: Integrating and differentiating multiple proactive behaviors. *Journal of Management, 36*(3), 633-662.
Parks, K. M., Knouse, S. B., Crepeau, L. J., & McDonald, D. P. (2008). Latina perceptions of diversity climate in the military. *Business Journal of Hispanic Research, 2*, 48-61.
Pearce, J. L., & Gregerson, H. B. (1991). Task interdependence and extrarole behavior: A test of the mediating effect of felt responsibility. *Journal of Applied Psychology, 76*(6), 838-844.
Phillips, K. W., Duguid, M. M., Thomus-Hunt, M., & Uparna, J. (2013). Diversity as knowledge exchange: The role of information processing, expertise, and status. In Q. M. Roberson (Ed.), *The oxford handbook of diversity and work* (pp. 157-178). New York: Oxford University Press.
Pitinsky, T. L. (2010). A two-dimensional model of intergroup leadership: The case of national diversity. *American Psychologist, 65*(3), 194-200.
Pugh, S. D., Dietz, J., Brief, A. P., & Wiley, J. W. (2008). Looking inside and out: The impact of employee and community demographic composition on organizational diversity climate. *Journal of Applied Psychology, 93*(6), 1422-1428.
Ratten, A., & Ambady, N. (2013). Diversity ideologies and intergroup relations: An ex-

amination of colorblindness and multiculturalism. *European Journal of Social Psychology, 43*, 12-21.

リクルート HC ソリューショングループ (2008). 実践ダイバーシティマネジメント——何をめざし，何をすべきか—— 英治出版

Roberson, Q. M. (2006). Disentangling the meanings of diversity and inclusion in organizations. *Group & Organization Management, 31*(2), 212-236.

Roberson, Q. M. (2013). *The oxford handbook of diversity and work*. New York: Oxford University Press.

Roberson, Q. M., Ryan, A. M., & Ragins, B. R. (2017). The evolution and future of diversity at work. *Journal of Applied Psychology, 102*(3), 483-499.

労働政策研究・研修機構 (2013). JILPT 資料シリーズ No. 118 男性の育児・介護と働き方——今後の研究のための論点整理—— Retrieved from http://www.jil.go.jp/institute/siryo/2013/118.html (2016 年 8 月 7 日参照)

労働政策研究・研修機構 (2015). データブック国際労働比較 (2015 年版) 労働政策研究・研修機構

労働政策研究・研修機構 (2017). データブック国際労働比較 (2017 年版) 労働政策研究・研修機構

坂田桐子・岩永誠・横山博司 (2006). 心理的風土が看護職のワークストレスに及ぼす影響——対処方略採用への影響を考慮したモデルの検討—— 産業・組織心理学研究, *19*(2), 13-23.

Sargent, L. D., & Sue-Chan, C. (2001). Does diversity affect group efficacy? The intervening role of cohesion and task interdependence. *Small Group Research, 32*(4), 426-450.

佐藤厚 (2007). 単身赴任を伴う転勤を従業員が受け入れていること 労働研究雑誌, *561*, 71-73.

佐藤博樹 (2015). 自社の現状と課題の正しい把握がその出発点に——ダイバーシティマネジメントと女性の活躍の場の拡大—— 麓幸子 (編) なぜ，あの会社は女性管理職が順調に増えているのか——先進 20 社が実践する女性人材育成の戦略と施策——(pp. 14-33) 日経 BP 社

佐藤博樹・武石恵美子 (2014). ワーク・ライフ・バランス支援の課題——人材多様化味代における企業の対応—— 東京大学出版会.

佐藤博樹・武石恵美子 (2017). ダイバーシティ経営と人材活用 東京大学出版会

Schein, E. H. (2004). *Organizational culture and leadership* (3rd ed.). San Francisco: Jossey-Bass.

Schneid, M., Isidor, R., Li, C., & Kabst, R. (2015). The influence of cultural context on the relationship between gender diversity and team performance: a meta-analysis. *The International Journal of Human Resource Management, 26*(6), 733-756.

Schneider, B., Ehrhart, M. G., & Macey, W. H. (2013). Organizational climate and culture. *Annual Review of Psychology, 64*, 361-388.

Schneider, B., & Reichers, A. R. (1983). On the etiology of climates. *Personnel Psychol-*

ogy, *36*, 19-39.
清水裕士 (2014). 個人と集団のマルチレベル分析　ナカニシヤ出版
清水裕士 (2016). フリーの統計分析ソフト HAD——機能の紹介と統計学習・教育，研究実践における利用方法の提案——　メディア・情報・コミュニケーション研究, *1*, 59-73.
下光輝一・原谷史隆・中村賢・川上憲人・林剛司・廣尚典・荒井稔・宮崎彰吾・古木勝也・大谷由美子・小田切優子 (2000). 職業性ストレス簡易調査票の信頼性の検討と基準値の設定　労働省平成11年度「作業関連疾患の予防に関する研究」報告書, pp. 126-138.
Siegel, J.・児玉直美 (2011). 日本の労働市場における男女格差と企業業績　*RIETI Discussion Paper Series*, 11-J-073.
Smith, C. A., Organ, D. W., & Near, J. P. (1983). Organizational citizenship behavior: Its nature and antecedents. *Journal of Applied Psychology, 68*(4), 653-663.
園田剛士・坂田桐子・黒川正流 (2002). 集団成員の属性多様性が成員の会社への帰属意識・モラール・ストレスに及ぼす影響——企業組織における検討——　経営行動科学学会年次大会発表論文集, *5*, 213-216.
鈴木竜太 (2013). 関わりあう職場のマネジメント　有斐閣
鈴木竜太・麓仁美 (2009). 職場における仕事のあり方とメンタリング行動に関する実証研究　神戸大学経営学研究科 Discussion paper, *2009-14*, 1-13.
Suzuki, S., & Takemura, K. (2016). The effects of diversity in innovation: The moderating role of universal-diverse leaders. *RIETI Discussion Paper Series*, 16-E-086.
Tajfel, H., & Turner, J. (1986). The social identity of intergroup behavior. In W. G. Austin & S. Worchel (Eds.), *Psychology and Intergroup Relations* (pp. 7-24). Chicago: Nelson-Hall.
高木浩人・石田正浩・益田圭 (1997). 実証的研究——会社人間をめぐる要因構造——　田尾雅夫（編）「会社人間」の研究（pp. 265-296）　京都大学学術出版会
高橋康二 (2013). 限定正社員のタイプ別にみた人事管理上の課題　日本労働研究雑誌, *55*(7), 48-62.
髙崎美佐・佐藤博樹 (2014). 女性管理職の現状——2020年30%は実現可能か——　佐藤博樹・武石恵美子（編）(2014). ワーク・ライフ・バランス支援の課題——人材多様化味代における企業の対応——(pp. 35-58)　東京大学出版会
武石恵美子 (2014). 女性の仕事意欲を高める企業の取り組み　佐藤博樹・武石恵美子（編）(2014). ワーク・ライフ・バランス支援の課題——人材多様化味代における企業の対応 (pp. 15-34)　東京大学出版会
田中堅一郎 (2007). 成果主義的人事思索は組織の機能を阻害するか　経営行動科学, *20*(3), 355-362.
田中俊之 (2009). 男性学の新展開　青弓社．
田中俊之 (2015). 男がつらいよ——絶望の時代の希望の男性学——　KADOKAWA
谷口真美 (2008). 組織におけるダイバシティ・マネジメント　日本労働研究雑誌, *50*(5), 69-84.

谷口真美（2014）．組織成果につながる多様性の取り組みと風土　*RIETI Discussion Paper Series*, 14-J-042.

Timmerman, T. A. (2000). Racial diversity, age diversity, interdependence, and team performance. *Small Group Research, 31*(5), 592-606.

Williams, K. Y., & O'Reilly, C. A. (1998). Demography and diversity in organizations: A review of 40 years of research. *Research in Organizational Behavior, 20*, 77-140.

World Economic Forum (2015). The Global Gender Gap Report. World Economic Forum. Retrieved from https://www.weforum.org/reports/global-gender-gap-report-2015 (April 15, 2016).

矢島洋子（2014）．女性の能力発揮を可能とするワーク・ライフ・バランス支援のあり方　佐藤博樹・武石恵美子（編）(2014)．ワーク・ライフ・バランス支援の課題——人材多様化味代における企業の対応——(pp. 59-82)　東京大学出版会

山本勲（2014）．上場企業における女性活用状況と企業業績との関係——企業パネルデータを用いた検証——　*RIETI Discussion Paper Series*, 14-J-016.

山本勲・黒田祥子（2014）．労働時間の経済分析——超高齢化社会の働き方を展望する——　日本経済新聞出版社

保田江美・中原淳（2017）．看護チームのチームワークが新人看護師の臨床実践能力に及ぼす影響に関する研究　日本教育工学会論文誌，*40*(4), 221-240.

読売新聞（2016）．女性活用入札で優遇　読売新聞1月25日夕刊，1面．

Appendix 1 「女性が増えると風土が変わる」のか

背　景

　その成否や是非についての議論はさておき，日本で「女性活躍推進」の社会的な動きが盛んになっていることはたしかである．これは第 1 章でも述べたとおりである．この「女性活躍推進」の動きは非常に多義的なものであり，あるときには管理職に昇進する女性を増やすことを，またあるときには就労者に占める女性の割合の向上を，さらには，子育てや家事労働からの女性の「解放」という抽象的な発想をも意味していることがあると筆者は考えている．しかし，中でも本書に関連する特徴が，「女性活躍推進」の持つ就労者に占める女性の割合の向上の意味，言い換えれば「職場の女性割合」の向上という意味である．以下では原則として，この側面に限定して，「女性活躍推進」という表現を用いることとする．

　この側面から「女性活躍推進」を推進する場合の主張やその根拠としては，大きく分けて以下の三つが挙げられると筆者は考えている．

　第一の主張が，社会的価値や規範としての側面から「女性活躍推進」を主張する場合である．これは男女が平等であるべきという観点からの主張であり，最も端的な例を挙げれば「人口の半分が女性であるにもかかわらず，従業員に占める女性の割合がそれ以下であれば，不自然であるから是正すべきである」という表現もできるだろう．この主張は，あくまでも「女性活躍推進」の根本にある男女の平等や社会的包摂（インクルージョン）が「正義」であるとする，価値や規範に関する議論に基づいている．そのためこの立場に立った主張をする場合には，究極的には「科学的」で客観的な根拠（エビデンス）に関する議論にすぎない，本書のような論拠は不要となる．つまり，「女性活躍推進」（従業員に占める女性割合の向上）が，仮に企業業績や職場のモチベーションなどを低下させたとしても，それは平等や社会的包摂の価値・規範としての意義を損なうものではない．そのため，どのような影響を与えるものであったとしても，「女性活躍推進」は必要だと主張することができる．しかし，この立場だけから「女性活躍推進」が主張されることは少なく，多くの主張では以下の第二・第三の立場もあわせて取られていると筆者は考えている．

　第二の立場が，経営資源としての「女性活躍推進」の有効性を主張する立場である．この立場では「女性活躍推進」には何らかの経営効果があることが想定される．これは本書のダイバーシティの影響に関する議論と最も近いものであり，影響対象としては，

狭義の経営効果（企業業績や職場業績），イノベーション，または従業員のモチベーションや職場の活性化などが挙げられる。多くの「女性活躍推進」はこうした経営効果に関する主張を伴うことが多いのではないかと考えられる（例えば，経済産業省，2012, 2014）。ただし，この立場の問題として，日本における実証研究の数の少なさや，研究が精緻化されていないことにより，主張の根拠が揺らぎがちなことがある。この点については第3章や第4章で述べたとおりである。そして第5・6章の実証研究の結果から言えば，性別ダイバーシティを高めるだけでは従業員に正負いずれの心理的影響もなく，また日本的な職務特性下では性別ダイバーシティの向上が好ましくない影響すら持ちうることから，「女性活躍推進」は手放しに肯定されるべきものではないと考えられる。むしろ，職務特性の変革や，各社の特徴に合致したダイバーシティ風土の醸成を並行して行うことで，初めて性別ダイバーシティが有効に機能しうることから，「女性活躍推進」は「難しい」ものであり，注意深く進められるべきものであると言える。

最後に，第三の立場が，変革の起点としての「女性活躍推進」を主張する立場である。たしかに，本書の実証研究の結果にあるとおり，性別ダイバーシティの向上は直接的には広義の経営効果を持つものではないかもしれない。しかし第三の立場では，それでもなお，「女性活躍推進」には組織変革の起点となる効果があると仮定することができる。すなわち，「女性活躍推進」を進めて従業員に占める女性割合を高めることで，結果としてダイバーシティ風土の醸成などのための起爆剤とすることができるかもしれない。そのため，「女性活躍推進」には直接的な経営効果はなくとも，ダイバーシティ風土の醸成などを通じた間接的な経営効果がみられる可能性がある。仮にそうであるならば，「女性活躍推進」には組織変革の起点としての意義があり，単純に従業員に占める女性割合を高めるだけのことにも一定の意義があると考えられる。

以上の立場の中でも，ここでは特に第三の立場に関連する実証研究を行う。具体的にはダイバーシティ風土の醸成との関係を取り上げて，「従業員の女性割合が高いと，ダイバーシティ風土の知覚も好転するのか？」という疑問に関して，実証分析を実施する。

ここでは，職場の性別ダイバーシティに代表される従業員の女性割合と，ダイバーシティ風土の相関関係を分析する。もしも従業員の女性割合が高いほどダイバーシティ風土の知覚も高まっていれば，上記の第三の主張は部分的に支持される。この分析はあくまでも女性割合とダイバーシティ風土の相関関係を分析するものであり，厳密には逆因果（ダイバーシティ風土が高いために女性割合が高まる）かもしれない。しかし，実証的な根拠の一端にはなりうると考えた。なお，ここではダイバーシティの変数化の方法に複数を想定した。第5・6章では，分析にBlauの多様性指標を用いた（Blau, 1977）。しかしこの指標は「男性が80%」の職場と「女性が80%」の職場を等価に扱っており，あくまでも「男女が半々」を最適とするダイバーシティの指標である。そのため，「女

性が多ければ多いほどよい」という「女性活躍推進」の視点とは必ずしも合致する指標ではない．そこで，ここではBlauの多様性指標のほかに，「職場の女性割合」をそのまま変数化したものを用いた．

方　　法

分析に用いたデータ　分析には，ダイバーシティ風土を測定した五つのデータを用いた．具体的には，①社会人ウェブ調査，②企業調査A，③企業調査B，④企業調査C，⑤企業調査Dの五つである．

主要な変数①ダイバーシティ風土　ダイバーシティ風土の変数化に関しては，①〜⑤のデータを用いた第6章（研究5〜9）の変数化と同じ方法を取った．

主要な変数②性別ダイバーシティおよび女性割合　前述のとおり，研究5〜9と同様のBlauの多様性指標（Blau, 1977）を用いたほかに，その変数化のもととなった「職場の女性割合」の元データも分析に用いた．

分析方法　分析には相関分析を用いた．これはここでの目的が，「従業員の女性割合が高いとダイバーシティ風土の知覚も好転するのか？」という疑問に対して粗い答えを出すことにあるためであり，剰余変数を統制するという発想はそぐわないと考えたためである．

結　　果

分析の結果が表A1-1である．

まず，Blauの多様性指標（Blau's Index）を用いた場合の結果だが，社会人ウェブ調査では，性別ダイバーシティが高い職場に属する個人ほど，職場の女性登用の風土が高く（$r=.27, p<.01$），働き方の多様性の風土が高く（$r=.16, p<.01$），包摂性の風土が高い（$r=.11, p<.05$）と認識していた．また，企業調査Dでは，性別ダイバーシティが高い職場に属する個人ほど，職場の女性登用の風土が高く（$r=.13, p<.01$），男性優位の風土が低く（$r=-.11, p<.01$），男性のマッチョイズムの風土が低い（$r=-.10, p<.01$）と認識していた．この結果は，「職場の女性割合」を分析に用いた場合にも大きくは変わらなかったが，企業調査Aでは「職場の女性割合」が高いほど，職場の女性登用の風土が低く（$r=-.13, p<.05$），男性優位の風土が高い（$r=.19, p<.01$）と認識していた．

以上の結果をまとめると，性別ダイバーシティや職場の女性割合が高まった場合には，ダイバーシティ風土との間に肯定的な相関関係がみられた調査データ（社会人ウェブ調査）と，肯定的な影響と否定的な相関関係が混在していた調査データ（企業調査D），否定的な相関関係がみられた調査データ（企業調査A），そして統計的に有意な相関関係がみられなかった調査データ（企業調査B，C）にわかれていた．

表A1-1　性別ダイバーシティおよび「職場の女性割合」とダイバーシティ風土の相関係数

Blauの多様性指標	社会人ウェブ調査	企業調査A	企業調査B	企業調査C	企業調査D
女性登用	0.27 **	-0.01	0.05	-	0.13 **
男性優位	0.00	-0.10	-	-	-0.11 **
働き方の多様性	0.16 **	0.07	-	-	-0.05
包摂性	0.11 *	-	0.03	0.06	0.04
マッチョイズム	0.06	-	-	-	-0.10 **
職場の女性割合	社会人ウェブ調査	企業調査A	企業調査B	企業調査C	企業調査D
女性登用	0.29 **	-0.13 *	0.02	-	0.13 **
男性優位	-0.06	0.19 **	-	-	-0.08 *
働き方の多様性	0.09 *	-0.06	-	-	-0.06 †
包摂性	0.05 *	-	-0.02	0.01	0.05
マッチョイズム	-0.08 †	-	-	-	-0.11 **

いずれも個人を分析単位とした心理的風土の分析である．†$p<.10$, *$p<.05$, **$p<.01$

考　察

　ここでは，「女性活躍推進」を女性の数的比率の向上として捉え，性別ダイバーシティと「職場の女性割合」の二つの指標と，ダイバーシティ風土の相関関係を分析した．この分析を通じて「従業員の女性割合が高いとダイバーシティ風土の知覚も好転するのか？」という疑問に対して，わずかながら実証的な観点から検討を行うことを目指した．

　分析結果からは，性別ダイバーシティとダイバーシティ風土の間に一部のデータで肯定的な相関がみられた．特に，社会人ウェブ調査と企業調査Dでは様々なダイバーシティ風土の好転と関連する傾向がみられており，この点から言えば，組織変革のために性別ダイバーシティを高めるという立場には一定の実証的な支持が得られると考えられる．

　ただし，この示唆にはいくつかの注意が必要である．第一に企業によっては性別ダイバーシティや「職場の女性割合」の向上が，ダイバーシティ風土の低下と関連していたり，関連がみられなかったりしている．具体的には，企業調査Aでは「職場の女性割合」が高まるとダイバーシティ風土が一部で低下しており，企業調査B・Cでは統計的に有意な関連がみられなかった．このことから，あらゆる企業で性別ダイバーシティないし「職場の女性割合」の向上が組織変革上の意味を持つとは言えない．この点は，本書全体で扱った，性別ダイバーシティの有効性の限界にも通じるものがある．

　また第二に，社会人ウェブ調査における結果がどこまで有効かという点にも疑問が残る．社会人ウェブ調査の結果は，多様な企業に勤務する社会人を対象としており，性別ダイバーシティ以外の多くの要因が交絡していることが予想される．最も顕著な問題を

Appendix 1 「女性が増えると風土が変わる」のか

挙げれば，社会人ウェブ調査の結果は企業間の比較を行っており，企業内の比較を行った他調査とは性質が異なる．企業間の比較結果は，言い換えれば「職場に女性が多い企業ほど，ダイバーシティ風土が肯定的になっている」という結果であり，あくまでも企業レベルの比較となってしまう．組織変革のために女性の割合を高めるという主張に立ち返れば，様々な条件が異なることが想定される企業間で比較を行うのではなく，女性割合以外の各種条件が等しい同一の企業の中で比較を行うべきだろう．以上のことから，社会人ウェブ調査から得られた結果をどこまで企業内の「女性活躍推進」の論拠としてよいかには疑問も残る．

また，本分析の最大の問題点に分析の精緻性がある．本分析は相関関係の分析にとどまっており，因果関係の分析を行うものではない．もしも「女性活躍推進」に関する緻密な分析を行うのであれば，時系列データを取得した上で比較分析を実施するなどの工夫が必要になる．しかし，本書の主眼は性別ダイバーシティの心理的影響を検討することにあり，ここで行った分析は補足的なものであるため，あくまでも付属的な分析および考察にとどまる点に限界を有する．

最後に，ここでの検討はあくまでも「女性活躍推進」を女性の数的割合の観点からのみ捉えて分析を行った．そのため「女性の数を増やし，またそれを活かせば，組織変革につながる」という観点は考慮していない．たしかに本分析のとおり，企業によっては，女性を増やすだけでは，ダイバーシティ風土の改善にはつながらないかもしれない．しかし，女性を増やした上で，何らかの組織的介入をさらに加えることで，ダイバーシティ風土に改善がみられる可能性は残される．もし「女性活躍推進」を多角的な組織的介入を含むものとして捉えるのであれば，本書のこの分析で得られた結果を参考にしつつも，今後の研究ではより多角的な観点から，ダイバーシティ風土の醸成について検討すべきであろう．

Appendix 2　女性比率を用いた分析例

背　景

第5・6章では，主要な変数として性別ダイバーシティをBlauの多様性指標（Blau's Index）を用いて定義した．つまり，「男性が80％」の職場と「女性が80％」の職場はいずれも等しく偏りのある職場であると定義し，「男女が半々」の職場を最もダイバーシティが進んだ職場であると定義した．この定義はダイバーシティの影響を扱った各種研究では一般的なものである（詳細は第2章や第3章を参照）．また，社会的カテゴリ化パースペクティブなどにみられるように「女性が」「男性が」という点ではなく，「多様な人がいるかどうか」という点を重視する理論枠組みに則った議論を行う場合には，むしろこうしたダイバーシティの定義はきわめて自然なものであると言える．

しかし，日本社会における「女性活躍推進」の主流のあり方からすれば，このダイバーシティの定義は不自然であると言えなくもない．日本では「女性活躍推進」に代表される性別ダイバーシティに関する議論では，女性の数をいかに増やすかということが焦点となっており，「男女を半々にする」ことを目的にしているというよりは，「女性の人数をできるだけ増やす」ことを目的にしていると考えることも可能である．関連して，例えば性別ダイバーシティが企業業績に及ぼす影響を定量的に検討した山本（2014）などでも，Blauの多様性指標や近しい指標ではなく，企業の女性割合の数値をおよそそのまま用いていた．したがって，そこから導かれる結論も，厳密には「性別ダイバーシティが高いほど……である」ではなく，「女性を多く雇うほど……である」となる．この場合には，職場の中のダイバーシティではなく，女性の労働という問題を扱うために，社会的カテゴリ化パースペクティブに代表されるダイバーシティ研究の諸理論の適用が困難になるという限界がある．しかし，その一方で社会通念との相性はよいという利点もあるだろう．

さらに理論的な観点からも，性別ダイバーシティをBlauの多様性指標で扱うことには一定の限界が存在しうる．前述のとおり，性別ダイバーシティをBlauの多様性指標によって定義する場合には，男性と女性のどちらに構成比率が偏っていても，等しく職場のメンバー構成が偏っていると仮定される．しかし，労働市場においてマイノリティである女性と，マジョリティである男性の比率を等価に扱うことが妥当であるかについては，やや疑問が残ることもまた事実である．つまり，「女性が多い職場」と「男性が多い職場」は性質が異なるのではないかとも考えられる．前述のとおり，こうした差異

を仮定する場合には既存のダイバーシティ研究の諸理論との整合性が問題になるが，分析・考察を試み，その結果を今後の研究のために示すことにも一定の価値があるものとも考えられる．

以上の議論を踏まえて，ここでは，性別ダイバーシティの計算方法を Blau の多様性指標ではなく，単純な「職場の女性割合」に置換した分析をあわせて実施した．ただし，この場合には社会的カテゴリ化パースペクティブなどによる説明がそのままあてはまりにくく，解釈が難しいことには注意が必要である．

方　法
分析に用いたデータ　分析には，第 6 章研究 4・5 で用いた社会人ウェブ調査のデータを用いた．これは，個別企業の状況に左右されるほかのデータとは違って，当該データが社会の様相をおおまかに把握するのに最も適したデータであると考えたためである．

主要な変数①：職場の女性割合　第 6 章研究 5 において Blau の多様性指標を算出するために用いた「職場の女性割合」を，そのまま分析に用いた．これは，職場に占める女性の割合を「10% 未満」から「90% 以上」までの 10% 間隔の 10 件法で質問した項目である．

主要な変数②：その他　その他の変数（例えば，ダイバーシティ風土）は，第 6 章研究 5 で分析に用いたものとすべて同じである．

分析方法　分析方法や変数の組み合わせについても，性別ダイバーシティの変数を Blau の多様性指標から「職場の女性割合」に変更した以外は，すべて第 6 章研究 5 と同様である．

結　果
「職場の女性割合」を用いた重回帰分析の結果が以下の表 A2-1 である．特徴的な結果として，まず「職場の女性割合」の主効果がある．第 6 章研究 5 の Blau の多様性指標を用いた分析では，多様性指標はいかなる統計的に有意な主効果も持っていなかったが，「職場の女性割合」は離職意図に正の効果，情緒的コミットメントに対して負の効果を持っていた．つまり，ダイバーシティ風土などの諸変数を統制した場合には，「職場の女性割合」が高まるほど会社を辞める考えが強まり，会社への愛着も弱まると解釈できる．そのため総じて言えば，職場に対して好ましくない心理的影響をもたらす可能性もあると言える．これは性別を統制した上でも生じている効果であることから，男女の違いにかかわらず，「職場の女性割合」が負の影響を持つものと考えられる．

加えて，「職場の女性割合」とダイバーシティ風土の交互作用に関してもいくらかの特徴がみられた．第 6 章研究 5 の Blau の多様性指標を用いた分析では，ワークモチベ

ーションを目的変数とした場合に，性別ダイバーシティと「働き方の多様性」の風土の間に正の交互作用が，「包摂性」の風土との間に負の交互作用がみられた．これに対して，「職場の女性割合」を用いたここでの分析では，同じような交互作用はみられなかった．したがって「ダイバーシティ風土を醸成する（と認知される）ことで，性別ダイバーシティの心理的影響を好転させる」という調整効果は，「職場の女性割合」を用いた場合には限定的になると考えられる．

対して離職意図を目的変数とした分析では，研究5の分析と同様の結果と，それと異なる結果の二つが得られた．まず，再現された結果として，「包摂性」の風土と性別ダイバーシティ・「職場の女性割合」の間の正の交互作用が挙げられる．目的変数がネガティブな心理指標であることから，ここでの正の交互作用は「風土が高まるほど影響が低下（悪化）する」ことを意味している．対して異なる結果として，まず研究5でみられた「働き方の多様性」の風土に関する交互作用は，ここでの分析では統計的に有意ではなかった．しかし研究5ではみられなかった効果として，「男性優位」の風土と「職場の女性割合」の間に正の交互作用がみられた．これは「男性優位」の風土が高くみつもられている職場では，「職場の女性割合」が離職意図に及ぼす心理的影響が低下（悪化）することを意味している．

考　察

ここでの分析から，いくつかの特徴的な結果がみられた．

まず，性別ダイバーシティと比べて「職場の女性割合」は，負の心理的影響を持ちやすかったことが指摘できる．その理由については，社会的カテゴリ化パースペクティブなどで説明ができないために定かでないが，日本企業における職場の維持に「男性的」な働き方が寄与しており，それがこの結果を生んだのではないかと考えている．日本の職場では，第1章で述べたとおり，長時間労働に代表される全人格的なコミットメントが要求される労働慣行が一般的となっていると言われる．女性は一般的に男性以上にライフイベント上の変化（例えば，妊娠や出産）が多いことから，女性の継続雇用には長時間労働を中心とする「男性的」な働き方が大きな阻害要因となっているということは度々指摘されている（例えば，川口，2008; 麓，2015）．こうした社会環境の中で女性の従業員の数をただ増加させることは，概して負の効果を持ちうるのかもしれない．あるいは，こうした社会環境を踏まえてなお「女性が多い企業・職場」には，共通の特徴（例えば，補助的な役割に専念する部署）があるのかもしれない．

加えて，ここでは，「職場の女性割合」とダイバーシティ風土の交互作用も検討したが，Blauの多様性指標を用いた場合の分析結果とは部分的に異なる結果が得られた．まず，ワークモチベーションを目的変数とした場合には，「職場の女性割合」を分析に

Appendix 2 女性比率を用いた分析例

表 A2-1 「職場の女性割合」を用いた重回帰分析の結果

目的変数	ワークモチベーション	離職意図	愛着要素	内在化要素
職場の女性割合（X）	-0.02	0.08 †	-0.08 *	-0.07 †
ダイバーシティ風土				
女性登用（Y1）	0.02	0.02	0.09 *	0.14 **
男性優位（Y2）	-0.01	0.05	-0.04	0.03
多様性（Y3）	0.14 **	-0.05	0.20 ***	0.11 *
包摂性（Y4）	0.44 ***	-0.29 ***	0.44 ***	0.41 ***
マッチョイズム（Y5）	0.02	0.03	0.01	0.01
交互作用				
X * Y1	-0.04	-0.05	-0.02	-0.06
X * Y2	-0.05	0.10 *	-0.01	-0.05
X * Y3	0.08	-0.08	-0.04	0.04
X * Y4	-0.03	0.12 *	0.04	0.00
X * Y5	-0.04	-0.02	0.01	0.00
性別（男性=1，女性=0）	-0.05	-0.01	-0.08 *	0.01
年　　齢	0.00	0.02	0.01	0.00
勤続年数	0.02	-0.17 ***	0.05	0.07
職　　位	0.09 *	0.03	0.05	0.09 *
公務員ダミー	0.11 **	-0.10 *	0.05	0.01
フルタイム勤務ダミー	-0.04	0.08 †	-0.02	0.00
製造業ダミー	-0.04	0.01	-0.02	-0.01
情報通信業ダミー	-0.06 †	0.01	-0.05	-0.06 †
企業規模	-0.08 *	-0.04	0.03	-0.06
R^2	0.37 ***	0.17 ***	0.46 ***	0.39 ***
調整済み R^2	0.35	0.14	0.44	0.37
N	605	605	605	605

用いると調整効果が確認されなかった．このことは，性別ダイバーシティに関する諸理論があくまでも「男女が半々」である状態を是とする仮定を置いており，「女性が多いかどうか」とは異なる仮定の下で構築された理論であることを考慮すれば，決して不自然な結果ではない．ダイバーシティに関する理論は，直接的には「職場の女性割合」のような，女性が多いかどうかを表す指標にはあてはまりにくいと考えられる．対して，「包摂性」の風土の醸成（またはその認知）が心理的影響を低下させる点は，性別ダイバーシティおよび「職場の女性割合」に共通する結果だった．したがって，日本において社会的包摂（インクルージョン）が逆効果になりうることは，ある程度頑健な仮定であると言えるのかもしれない．

しかしその一方で，Blauの多様性指標を用いた分析では重要だった「働き方の多様性」の風土の効果はみられず，むしろ「男性優位」の風土，つまり男性が重要な役割を優先的に担う風土の解消が，女性の多い職場でのモチベーション維持には重要だった．この点は非常に興味深い．つまり，男女がともに働くために（性別ダイバーシティの向上のために）重要な風土と，女性が多く働くために重要な風土は異なっている可能性がここから指摘できる．そして，社会的に言及されることの多い「働き方の多様性」の風土は，あくまでも男女がともに働くために有効な風土であり，女性が多く働くために重要な風土ではないと言える．むしろ，女性が多く働くために重要な風土は，ここでの分析の限りでは，性役割分業の解消であると言える．これは職場の実像をイメージすると，理解がしやすいかもしれない．例えば，「男性優位の風土が強いが，女性が多い職場」では，メンバー内のマイノリティである男性が重要な役割や社会的な地位を得ていることに対して，マジョリティである女性からの反発が生じうるか，あるいはモチベーションを失ってフリーライドに走る女性が増えるであろうことは容易に想像がつくだろう．対して，「男性優位の風土が弱く，女性が多い職場」では，女性従業員が登用されたり重要な役割を担ったりする余地が十分にあることから，そうでない場合と比べてモチベーションの低下の可能性は低いだろう．こうした事情が背景にあり，性別ダイバーシティを扱った場合とは異なり，「職場の女性割合」を用いた分析では「男性優位」の風土の調整効果がみられたと解釈できる．

　最後に，ここでの分析の持つ限界についても簡潔に言及したい．ここでは「職場の女性割合」とダイバーシティ風土の交互作用について検討を行った．しかし最大の課題として，そこから得られた結果を解釈する十分な理論的背景が存在しないことが挙げられる．本書全体を通じて依拠していた社会的カテゴリ化パースペクティブには，あくまでも同じ職場内でメンバーが多様化することが，職場のサブカテゴリ化につながり，それが転じてネガティブな心理的影響につながるという理論的な仮定があった．職場の中に占める女性の割合がただ増加した場合には，女性割合が50％に至るまではダイバーシティが上がるものの，50％を超えればむしろダイバーシティが下がってしまう．そのため，社会的カテゴリ化パースペクティブの視点に則れば，50％を境に理論的な予測が成り立たなくなってしまう．これが本書全体を通じて「職場の女性割合」ではなく性別ダイバーシティ（Blauの多様性指標）を用いた理由だった．したがってここでの分析は，本書の本論からは逸脱したものとなっており，結果に理論的な解釈を加えることが困難だった．今後の研究では，もしも「職場の女性割合」のような単純な女性割合を分析に用いるのであれば，関連する理論的枠組みの検討などをより精緻に行う必要があるだろう．

Appendix 3　男女で結果は異なるか

背　景

　本書では全体を通じて，男性と女性を合併したサンプルを対象に分析を行った．すなわち，男性と女性でダイバーシティの効果や，ダイバーシティと職務特性・ダイバーシティ風土の交互作用が異なることは想定せず，あくまでも両性を合併した「職場全体」への影響を検討したと言える．

　こうした分析手法を用いた最大の理由は，本書の主目的が職場全体に対する影響の検討にあり，「男性が」あるいは「女性が」という議論を目指さなかったことにある．例えば，ダイバーシティの心理的影響に対するダイバーシティ風土の調整効果が男女で異なったとしても，職場において「男性向けの風土醸成」と「女性向けの風土醸成」を使い分けることは非常に困難である．また，ここで生じる両性の区別という点がさらなる差別的取り扱いにつながりかねないことも懸念される．そこで本書ではこれまで，男女の違いを問わず「職場全体」に有効なダイバーシティ・マネジメントについて検討してきた．また，先行研究との一貫性という点も重要な理由である．先行研究では男女や人種を使い分けた分析が行われることは少なく，特にダイバーシティ・マネジメントの視点に立った研究ではその傾向がさらに顕著である．

　とはいえ，男性と女性を区別して分析を行うことが重要であるという指摘にも十分に納得がいく．例えば，職場の性別ダイバーシティの影響が，労働市場全体におけるマジョリティである男性と，マイノリティである女性の間で異なっていたとしても不思議ではない．これは筆者の予測にとどまるが，日本において「女性活躍推進」に関連して実施されるいくつかの研究が最初からサンプルを女性に限定している（例えば，武石，2014；矢島，2014）ことも，そもそも男女の間で明確に異なる各種心理的・社会的プロセスが存在することを想定しているからではないか．

　そこでここでは，これまでの本書の中心的な分析に加えて，一部のデータを用いて各種効果の性差についても分析を行った．具体的には，社会人ウェブ調査のデータを用いた第6章研究5の分析内容を中心に，性差の有無を検討する．第一に，職場の性別ダイバーシティが持つ心理的影響が男女によって異なるか（性別，職場の性別ダイバーシティの2要因交互作用）を検討する．第二に，ダイバーシティ風土の調整効果が男女によって異なるかを検討する（性別，職場の性別ダイバーシティ，ダイバーシティ風土の3要因交互作用）．

方　法

分析に用いたデータ　第6章研究5の社会人ウェブ調査のデータを用いた.

主要変数　主要な変数は，第6章研究5とすべて同じである．研究5では性別を統制変数として用いたが，ここでは調整変数として用いる点のみが異なっている．なお，交互作用の分析にあたっては，ダミー変数である性別は女性を−0.5，男性を+0.5に変換して各種分析を実施した．

結　果

まず，性別と職場の性別ダイバーシティの2要因交互作用項を含む重回帰分析を実施した（表A3-1）．分析の結果，性別と職場の性別ダイバーシティの交互作用は，四つの目的変数のどれに対しても統計的に有意な効果を持っていなかった．このことから，男性か女性かを問わず職場の性別ダイバーシティの関係は一定であると考えられる．

続いて，上記分析にダイバーシティ風土を加えた3要因交互作用を含む重回帰分析を実施した結果が表A3-2である．分析の結果は第6章研究5とほとんど同じだが，この分析ではダイバーシティ風土と職場の性別ダイバーシティの2要因交互作用項に加えて，性別を調整要因として加えた3要因交互作用項を分析に加えた点が異なっている．しかし，分析の結果，3要因交互作用はごく限られた組み合わせについてのみ統計的に有意だった．具体的には，離職意図を目的変数とした場合に，「働き方の多様性」の風土と職場の性別ダイバーシティ，および性別の3要因交互作用が統計的に有意傾向にあった（$b=.18, p<.10$）．交互作用が統計的に有意傾向だったことを踏まえて，男性および女性ごとの単純交互作用の分析，および職場の性別ダイバーシティの単純・単純主効果にあたる単純傾斜の分析を実施した．まず単純交互作用についてだが，性別の値に±0.5を代入した上で，「働き方の多様性」の風土と職場の性別ダイバーシティの単純交互作用を検討した結果，男性回答者の間では負の交互作用が統計的に有意傾向であり（$b=-.09, p<.10$），女性回答者の間では同じく負の交互作用がより強く統計的に有意だった（$b=-.27, p<.01$）．また，単純・単純主効果を検討するために，ここではサンプルを男性と女性に分離したデータセットを作成し，「働き方の多様性」の風土の値に$\pm 1SD$の値を代入し，単純傾斜の分析を実施した．まず，男性サンプルでは，「働き方の多様性」の風土の値が低い場合には職場の性別ダイバーシティが正の効果を持っていたが（$b=.14, p<.05$），値が高い場合には係数こそ負だが統計的に有意な効果がみられなかった（$b=-.05, n.s.$）．一方，女性サンプルでは，風土の値が低い場合には職場の性別ダイバーシティの係数こそ正だが統計的に有意な効果がみられなかったのに対して（$b=.16, n.s.$），値が高い場合には負の効果がみられた（$b=-.36, p<.01$）．これらの結果から，男女どちらにおいても交互作用は負であり，ダイバーシティに心理的影響を好転させていた点で

Appendix 3 男女で結果は異なるか

表 A3-1 性別と職場の性別ダイバーシティの交互作用項を含む重回帰分析

目的変数	ワークモチベーション	離職意図	愛着	内在化
（切片）	2.45 ***	2.45 ***	2.17 ***	2.14 ***
性別ダイバーシティ（X）	-0.03	0.04	-0.03	-0.04
ダイバーシティ風土				
女性登用（Y1）	0.01	0.01	0.05 †	0.09 **
男性優位（Y2）	0.00	0.04	-0.03	0.03
多様性（Y3）	0.12 **	-0.04	0.14 ***	0.09 *
包摂性（Y4）	0.33 ***	-0.21 ***	0.34 ***	0.29 ***
マッチョイズム（Y5）	0.02	0.01	0.01	0.01
交互作用 X×性別	0.00	0.03	-0.01	-0.02
性別（男性=0.5, 女性=-0.5）	-0.04	-0.04	-0.04	0.03
年齢	0.00	0.00	0.00	0.00
勤続年数	0.00	-0.01 ***	0.00	0.00 †
職位	0.07 *	0.02	0.04	0.07 **
公務員ダミー	0.26 **	-0.22 *	0.11	0.04
フルタイム勤務ダミー	-0.10	0.20 *	-0.04	0.01
製造業ダミー	-0.06	0.01	-0.01	0.00
情報通信業ダミー	-0.18 †	0.04	-0.10	-0.14
企業規模	-0.03 *	-0.02	0.01	-0.02
R^2	0.36 ***	0.16 ***	0.45 ***	0.39 ***
調整済み R^2	0.35	0.13	0.44	0.37
N	615	615	615	615

各種係数は偏回帰係数 b を記載した．交互作用の分析にあたっては，職場の性別ダイバーシティのみ標準化を施した．
†$p<.10$, *$p<.05$, **$p<.01$, ***$p<.001$

そのあり方は大きく異なってはいない．ただし，両性で効果の強弱がやや異なっていると言える．具体的に言えば，男性ではダイバーシティの悪影響を緩和させる効果（cf. 緩衝効果：buffering effect）があり，女性ではダイバーシティの肯定的影響を強化する効果（cf. "diversity as an asset"）がみられた．

考　察

ここでは，本書を通じて扱ったテーマに関する性差の有無を中心に，定量的な検討を再度行った．すなわち，男女によって職場の性別ダイバーシティの影響は異なるのかという点と，第6章でみられたダイバーシティ風土の調整効果が両性で共通しているのかという点である．総じて言えば，本書の結果は労働市場におけるマイノリティである女

表 A3-2　性別と職場の性別ダイバーシティ，ダイバーシティ風土の交互作用項を含む重回帰分析

目的変数	ワークモチベーション	離職意図	愛着	内在化
(切片)	2.46 ***	2.54 ***	2.20 ***	2.09 ***
性別ダイバーシティ (X)	-0.03	0.03	-0.03	-0.04
ダイバーシティ風土				
女性登用 (Y1)	0.01	0.00	0.06 †	0.09 **
男性優位 (Y2)	0.01	0.03	-0.02	0.03
多様性 (Y3)	0.11 **	-0.02	0.14 ***	0.09 *
包摂性 (Y4)	0.34 ***	-0.22 ***	0.34 ***	0.29 ***
マッチョイズム (Y5)	0.01	0.02	0.01	0.02
交互作用 (1)				
X×Y1	0.00	0.00	0.04	-0.04
X×Y2	0.03	-0.02	0.02	-0.01
X×Y3	0.10 *	-0.18 ***	0.01	0.03
X×Y4	-0.10 †	0.17 **	-0.09 †	0.00
X×Y5	-0.01	0.07	-0.03	0.00
交互作用 (2)				
X×Y1×性別	-0.06	-0.01	-0.11	0.00
X×Y2×性別	-0.09	0.01	0.00	-0.02
X×Y3×性別	-0.01	0.18 †	0.04	0.01
X×Y4×性別	0.07	-0.17	0.15	-0.02
X×Y5×性別	0.03	-0.07	0.04	0.09
性別 (男性=0.5, 女性=-0.5)	-0.13	-0.08	-0.12 †	0.07
年　齢	0.00	0.00	0.00	0.00
勤続年数	0.00	-0.01 ***	0.00	0.00
職　位	0.07 *	0.03	0.04	0.07 **
公務員ダミー	ー0.26 **	-0.19 *	0.12	0.05
フルタイム勤務ダミー	-0.11	0.22 *	-0.04	0.01
製造業ダミー	-0.06	0.02	-0.01	0.01
情報通信業ダミー	-0.17 †	0.03	-0.10	-0.13
企業規模	-0.03 *	-0.02	0.01	-0.02
R^2	0.37 ***	0.18 ***	0.46 ***	0.39 ***
調整済み R^2	0.35	0.14	0.44	0.36
N	615	615	615	615

各種係数は偏回帰係数 b を記載した．交互作用の分析にあたっては，職場の性別ダイバーシティとダイバーシティ風土にのみ標準化を施した．†$p<.10$, *$p<.05$, **$p<.01$, ***$p<.001$

性にも，マジョリティである男性にも，ほとんど等しく適用可能であることが示された．

　まずここでは，職場の性別ダイバーシティの効果の性差を検討したが，二つの要因の間に交互作用はみられなかった．これは「男性だから（女性だから），性別ダイバーシティの効果が負（正）になるはずだ」という指摘に対する反証になりうる．社会的カテゴリ化パースペクティブを中心に本書で依拠したダイバーシティ研究の理論枠組みは，いずれももともと性別間での違いをさほど考慮していなかった．これは，Blauの多様性指標でも「多様な人がいるか，いないか」が表現されており，「女性が多いか，少ないか」という性差にこだわった表現がなされていないこととも関連していると思われる．こうした理論的な背景を踏まえれば，性別によって性別ダイバーシティの効果が違わないという結果は，自然なものと言えるだろう．

　続いて，職場の性別ダイバーシティの影響がダイバーシティ風土の如何によって異なるという第6章の結果が，性別によって異なりうるか検討した．この点についても，効果は概ね男女の間で同じであり，ダイバーシティ風土の醸成（またはその認知）は，男女を問わず心理的影響の好転につながっていた．ただし，離職意図に対して職場の性別ダイバーシティが及ぼす影響については，性別によって効果がやや異なっていた．結果に記したとおり，男性回答者に限定すれば，職場の性別ダイバーシティは，一部のダイバーシティ風土の高低によって「好ましくない影響を持つか，影響がないか」という関係がみられた．対して，女性回答者に限定すれば，職場の性別ダイバーシティは，ダイバーシティ風土の高低によって「好ましい影響を持つか，影響がないか」であった．

　この結果は，過去のダイバーシティの影響研究の中でもみられた，以下の差異に似ている（図A3-1）．本書で想定した各種コンテクストの調整効果が正であったとしても，そのあり方には大きく分けて以下の二つの可能性が存在する．一つめが，ダイバーシティにはそもそもネガティブな影響がデフォルトとして存在し，コンテクストがそれを緩和するという状態である．これを本書では，緩衝効果（Buffering effect）と仮に呼ぶ（cf. Kearney & Gebert, 2009）．対してもう一つの可能性が，ダイバーシティにはそもそも効果がみられないが，特定のコンテクストの下ではダイバーシティの肯定的な効果が発揮されるという状態，あるいはダイバーシティには元来肯定的な影響があり，コンテクストによってそれが強化されるという状態である．これを本書では仮に，資産としてのダイバーシティ（diversity as an asset）を強調する効果と呼ぶ（cf. van Dick *et al.*, 2008）．ここでの分析結果では，組織的あるいは社会的なマジョリティである男性には前者の緩衝効果が，マイノリティである女性には後者の資産としてのダイバーシティを強調する効果がみられた．本書の主たる関心は性差の検討ではなく，職場全体に対する影響の検討だったために詳細は考察していないが，あるいはマジョリティ・マイノリティのどちらを対象とするかによって，ダイバーシティの二つの可能性のどちらが顕在

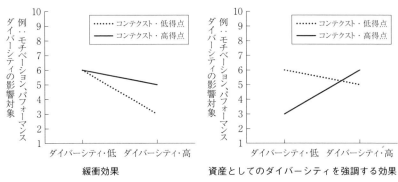

図 A3-1　ダイバーシティの影響およびコンテクストの影響の類型化

化するかが異なるのかもしれない．ただし，どちらの効果が顕在化したとしても，コンテクストが肯定的な影響を持つ点は間違いなく，ここで言えばダイバーシティ風土の醸成（またはその認知）が重要であることは，両性の間で同様であることは確かである．

ここでは「働き方の多様性」の風土に関する交互作用にのみ部分的な性差がみられたが，その他のダイバーシティ風土には性差はみられなかった．研究5で示したとおり，「働き方の多様性」の風土には得点の平均値に性差がみられず，また「女性登用」や「男性優位」などと違って性別に直接的に関連する風土でもなかった．これらの特徴にもかかわらず交互作用に性差が生じた点は，興味深くこそあるが，理由は定かではない．

また，男女の間の性差を検討し，その考察にあたっては男性が何らかのマジョリティ，女性が何らかのマイノリティであることを想定した．しかし，厳密に言えばマジョリティ／マイノリティであるという事実による効果なのか，あるいは生物的・社会的な性差による効果なのかははっきりとしない．また，マジョリティ／マイノリティという切り口が有効であったとしても，どの枠組みにおけるマジョリティ／マイノリティであるのかはここでの分析からは定かでない．例えば，Pugh et al. (2008) では，職場のダイバーシティと，職場の属する地域コミュニティのダイバーシティを別の要因として使い分けている．ここでも，女性が職場でマイノリティである可能性と，労働市場というより広い枠組みの中でマイノリティである可能性が併存している．またほかの枠組みが存在する可能性も否定できず，ここでの考察はあくまでも表層的なものにとどまる．

最後に，ここでは第6章研究5の社会人ウェブ調査のデータ一つを用いた追加分析を実施したのみにとどまる．したがって，ここで得られた考察や結論には，あくまでも「このデータの限りでは」という注釈がついてしまう．今後，性差を重要視する研究が必要となった場合には，さらなる調査・分析を行った上で，結果の一般化可能性や限界について改めて議論を重ねるべきだと考えている．

Appendix 4　ダイバーシティ風土の上位因子の有無

背　景

　ここでは，Nishii（2013）などの発想に準じて，ダイバーシティ風土の項目に対する二次因子分析を実施した．

　Nishii（2013）では，ダイバーシティ風土や独自に作成した質問項目から，まず三つの因子を抽出している．そしてこれらの三つの因子がさらに上位の二次因子に包括されうると仮定し，二次因子分析を行うことでその仮定の妥当性を確認した上で，すべての質問項目をダイバーシティの包摂に関する風土という1因子にまとめて変数化を施している．

　本書ではダイバーシティ風土の下位因子間の効果差に関心があったために，こうしたアプローチは取らず，本書で独自に追加した項目を含めた各下位因子を独立に分析に用いた．しかし，Nishii（2013）のように二次因子分析を用いる手法に利点があることも事実である．

　第一に，下位因子を考慮しないことによって，研究結果を非常に簡便に示すことが可能になる．ダイバーシティ風土の調整効果について議論した先行研究では，「ダイバーシティ風土があるほどよい」というきわめて単純明快な結論を導くことが目的とされている．ダイバーシティ風土の定義がきわめて多義的であることなどもあり（詳細は，第3章のレビューを参照），この結論も明快なようで，しかし「結局ダイバーシティに関するどのような風土を醸成すればよいか？」という点が判然としない．先行研究では，欧米圏を中心とした研究が多いことから，ダイバーシティ風土は属性によらない平等さや偏見の抑止，社会的包摂を意味するものであるというコンセンサスが存在し，比較的この点は問題になりにくかったものと思われる．しかし，日本においては，第6章で示したとおり，男女の役割分業などの社会的背景に由来する様々な論点が併存している．したがって，本書ではあえて下位因子間の効果差を議論した．ただし，単純にダイバーシティ風土や組織風土の意義を強調することを目的とする場合には，下位因子の効果差を議論するよりも，むしろ簡便な結論を導いたほうがよい場合もあると考えている．例えば，ダイバーシティ風土と組織制度，またはダイバーシティ風土とダイバーシティ信念の効果差を議論する場合には，下位因子をすべて含めて各種検討を行うことは複雑にすぎるかもしれない．この点であえて二次因子を用いるなどの方法にも利点がある．

　第二に，二次因子に課題を絞り込むことは，調査における回答者負荷の軽減に有効で

ある．特に，企業組織においてアンケート調査を実施する場合には，業務時間の一部を割く必要があることから，紙幅（質問項目数）や回答時間に厳しい制約が設けられることが多い．そのため，限られた紙幅の中で結論を得ようとする場合には，様々な下位因子を含む質問項目群を用いるよりも，むしろ短縮版の質問項目群を用いることが必要になる場面もあるだろう．これは本書に固有の主張ではない．例えば，Parker & Collins (2010) は，プロアクティブ行動に関する尺度構成の研究を行う中で，様々なプロアクティブ行動の下位因子があることを指摘する一方で，それらを包括する二次因子の存在も同時に指摘している．それらの使い分けについても論文では言及されており，紙幅に制約がある場合や，広義あるいは一般的な (broad) プロアクティブ行動に関心がある場合には，二次因子に基づく限られた質問項目を用いるメリットがあるとしている．ただし，二次因子および限られた質問項目のみを用いることによって，下位因子間の違いがみおとされる可能性があることも指摘されており，研究関心によってどちらを用いるか使い分ける必要があると指摘している．この例にみられる指摘は，ダイバーシティ風土に関する本書でもあてはまると考えている．

以上の背景を踏まえてここでは，第6章研究4で実施した一次因子のみを考慮した因子分析に加えて，二次因子分析を実施した．あわせて，質問項目群の妥当性検証の一貫として，手続き的公正の既存尺度を含めた確認的因子分析や，相関関係の比較も実施した．

方　法

分析に用いたデータ　第6章研究4の社会人ウェブ調査のデータを用いた．

主要変数①：ダイバーシティ風土　第6章研究4と同様の変数を用いた．

主要変数②：手続き的公正　田中 (2007) において用いられた6項目を測定した．この項目は，Nishii (2013) においても妥当性検証のために用いられた Niehoff & Moorman (1993) によって作成された項目の一部であるとされており，具体的には以下の6項目を用いた．Cronbach の信頼性係数は .73 と十分に高かったため，単純加算後平均して手続き的公正の得点として用いた．

項目1：「事業計画や会社（組織）の業績の動向を，すべての従業員に知らせてくれる」

項目2：「会社（組織）の昇進・昇格の手続きは，一部の部署や人々に偏って行われている」

項目3：「会社（組織）が行う職務上の決定は，正確で完全な情報に基づいてなされている」

項目4：「会社（組織）のシステムや手続きでは，社員がある決定に関して説明を

Appendix 4　ダイバーシティ風土の上位因子の有無

表 A4-1　二つのモデルの適合度の比較

	χ^2	df	GFI	AGFI	CFI	RMSEA
モデル 1	781.37	220.00	0.97	0.96	0.94	0.06
モデル 2	1034.73	225.00	0.96	0.95	0.92	0.08

求めたり情報を要求することが認められている」

項目 5：「会社（組織）のシステムや手続きは，ある決定を行う際，関係者すべての意見や要望を聞くようになっている」

項目 6：「会社（組織）のシステムや手続きは，社員が重要な決定に関して意見を述べる機会を十分に設けている」

結　果

まずダイバーシティ風土の質問項目に対する二次因子分析の結果について述べる．ここで準拠する Nishii（2013）の分析では，二次因子分析のモデルが適切であるかどうかの評価を適合度指標の比較によって行っている．すなわち，二次因子を仮定した分析モデルの適合度が，一次因子のみを仮定した分析モデルの適合度から大きく低下しない場合に，そのモデルが適切であると判断している．本書もこの方法に準じて次の二つのモデルの比較を行った．

　モデル 1　一次因子のみを仮定するモデル：分析のもとになる，二次因子を仮定しないモデルである．これは研究 4 で行った分析と同じものである．

　モデル 2　二次因子一つを仮定するモデル：ダイバーシティ風土の五つの下位因子を共通して反映する一つの二次因子があると仮定したモデルである．これは Nishii（2013）の考え方に準じたものであり，ダイバーシティ風土ないしダイバーシティを包摂する風土は，総合的な一つの要因に包括されるという仮定である．

以上二つのモデルを仮定して二次因子分析（モデル 1 は一次因子のみの確認的因子分析）を実施した結果が，表 A4-1 である．二次因子を仮定したモデル 2 では，モデル 1 と比較して各種適合度の低下がみられた．加えて，二次因子から各下位因子に対するパスの係数は，「女性登用」「働き方の多様性」「包摂性」の風土についてはいずれも .70 以上と高かったが，「男性優位」「マッチョイズム」の風土については順番に .21 と .15 と低くとどまっていた．研究 4 で示した因子間相関においても，前者三つの下位因子が相互に高い相関を持っていたのに対して，後者二つの下位因子はこれらと限られた相関関係にとどまっていた．したがって，二次因子の仮定が妥当でなかったとしても不思議ではないだろう．この結果より，本書で用いたダイバーシティ風土の質問項目群に対しては，ダイバーシティ風土の二次因子の仮定は妥当ではないと判断した．

表 A4-2 手続き的公正の変数とダイバーシティ風土の相関関係

	全体 (618名)	男性 (526名)	女性 (92名)
女性登用	0.47 **	0.44 **	0.59 **
男性優位	0.10 *	0.12 *	0.00
働き方の多様性	0.50 **	0.52 **	0.40 **
包摂性	0.67 **	0.65 **	0.72 **
マッチョイズム	0.06	0.01	0.28 *

*$p<.05$, **$p<.01$.

続いて,手続き的公正とダイバーシティ風土の関係を検討した.まず,ダイバーシティ風土に関する23個の質問項目と手続き的公正の質問項目7項目に対して同時に確認的因子分析を実施,6因子を仮定して適合度を評価した.その結果,6因子を仮定したモデルには一定の適合度がみられた($\chi^2(390) = 1255.55$, $p<.001$, GFI = .97, AGFI = .96, CFI = .93, RMSEA = .06).ここでの分析からはダイバーシティ風土と手続き的公正の尺度は異なる概念だと仮定することが妥当だと考えている[※1].

結果についてまとめたのが,表 A4-2 である.分析の結果,ダイバーシティ風土と手続き的公正の相関係数は高いものでも.67(中程度の相関),低いものでは.06で有意な相関関係とは言えなかった.Nishii (2013) では両変数の相関係数は.50〜.59にとどまるとされており,変数によってはここでの分析のほうが強い相関関係が確認されている.ただし,ダイバーシティ風土と手続き的公正が同一の概念であると言えるほど強い相関でもなかったことや,「包摂性」の風土の相関のみが.67と高かったことを踏まえると,本書で用いたダイバーシティ風土の質問項目は,手続き的公正とは相関関係を持ちつつも,異なる概念を測定していたものと考えられる[※2].

※1 なお,Nishii (2013) ではこの分析のほかに,ダイバーシティ風土の全項目と手続き的公正の質問項目が一つの因子に集約できるというモデルと,別の因子に集約されるというモデルの適合度の比較も行っている.しかし,ここでの分析では,そもそも一つの二次因子を仮定したモデルには課題があり,この課題を無視して同様の分析を行うことには問題があると考えたため,確認的因子分析で別因子を仮定したモデルの分析のみを実施した.

※2 ダイバーシティ風土と組織制度の関係性を検討した分析と同様に,相関関係を検討したい二つの要因以外のダイバーシティ風土を統制した偏相関分析もあわせて実施した.その結果,「女性登用」の風土と手続き的公正の尺度の偏相関係数が.12,「包摂性」の風土と手続き的公正の尺度の偏相関係数が.46になった以外は,偏相関係数は.10未満と低くとどまった.このことから,特に「男性優位」の風土と手続き的公正の正の相関関係は様々な要因の交絡によって生じた結果であることが予想される.

また補足的に，男性と女性のサンプルを分割した上で，各々で相関係数を算出した結果も併記している．この結果においても大幅な性差はみられず，結果は性別を問わず妥当なものと考えている．唯一違いがみられた点が，「男性優位」「男性のマッチョイズム」の風土と手続き的公正の相関関係であり，女性サンプルに限定した場合には前者が手続き的公正と相関関係を持っていなかったほか（$r = .00, n.s.$），後者は手続き的公正と正の相関関係を持っていた（$r = .28, p < .05$）．

考　察

ここでは，Nishii（2013）の手続きに準じて，本書で用いたダイバーシティ風土の質問項目群における二次因子の有無の検討と，手続き的公正の尺度との相関関係の分析を実施した．

まず，二次因子の仮定については，第 6 章で用いた質問項目群に関しては妥当ではないことが示唆された．二次因子を仮定したモデルは，そうでないモデルと比べて適合度こそわずかな低下にとどまったものの，一部の下位因子，具体的には「男性優位」の風土と「男性のマッチョイズム」の風土に対するパス係数が非常に低くなった．このことから，二次因子がすべての下位因子の情報を集約できているとは考え難く，二次因子の仮定は妥当ではないと筆者は考えた．Nishii（2013）と異なる結果が得られた理由だが，これは第 6 章のダイバーシティ風土に関する質問項目群が，ダイバーシティにポジティブな下位概念と（女性の登用や包摂性など），ダイバーシティにネガティブな下位概念（男性優位および男性のマッチョイズム）の両方を含んでいたことに由来すると考えられる．二次因子を仮定した分析でも，二次因子との関係はポジティブな下位概念では強く，ネガティブな下位概念では弱いという違いがみられており，したがって両者は相互に関連しつつも異なる特徴を反映した風土である可能性が高い．先行研究ではダイバーシティ風土はポジティブな下位概念のみを用いて構成されていることが多く，いわば逆転項目のような意味合いを持つネガティブな下位概念は用いられていなかった．しかし，ネガティブな下位概念（を解消すること）も当然ダイバーシティについて考える上では重要な考え方の一つであることから，ポジティブ・ネガティブ両者の挙動が異なる点を発見したことは本書の一つの貢献であると考えている．

続いて，手続き的公正の尺度との相関関係について述べる．Nishii（2013）の研究では，ダイバーシティの包摂の風土は意味内容が公正の概念に似通っていたことから，手続き的公正および対人的公正の尺度との比較検討を行っていた．ここでもそれに準じて，手続き的公正の尺度と，ダイバーシティ風土の質問項目群の相関関係の分析を行った．分析の結果，ダイバーシティ風土の五つの下位概念のうち，四つが手続き的公正の尺度と一定の相関関係を持っていた．中でも，Nishii（2013）の項目をもとに作成した「包

摂性」の風土,および「働き方の多様性」「女性登用」の風土は,各々 $r = .67$, .50, .47 と,手続き的公正と中程度の相関関係を持っていた.このことから,特にダイバーシティ風土の中でもダイバーシティに対するポジティブな価値を象徴する風土は,手続き的公正と関係が深い概念であると考えられる.ただし,各概念は同一のものであると言えるほどの強い相関関係でもなかったことから,それぞれ区別して論じるべきものであることも指摘できる.

対して,「男性優位」「男性のマッチョイズム」の二つの風土は,手続き的公正との関係は薄いか,まったくみられなかった.これらはいわば性役割分業の強弱を意味するダイバーシティ風土であり,したがってこれを解消することが「公正」であると捉えられたとしてもおかしくはない.しかし分析の結果はこの予測に反しており,意外にも性役割分業と手続き的公正の関係はきわめて弱かった.この結果は日本において,性役割分業がそのまま不公正を意味するとは捉えられていない現状を示唆しているのかもしれない.言い換えれば,性役割分業は日本においては,ある意味では公正なものであると素朴には捉えられていると考えることができる[※3].

最後に,いずれも本書全体に関する課題であるが,研究の限界について述べたい.第一にサンプル特性の限界である.ここでの分析は多様な企業に勤める回答者からなるデータを対象に行っており,企業特性など,何らかの別の要因が交絡している可能性がある[※4].第二に,質問項目の限界である.ダイバーシティ風土の質問項目あるいは下位概念は,本書で想定した五つ(ないし Nishii(2013)の下位因子を含むと六つ)だけであるとは,筆者は考えていない.あくまでもこれは便宜上用いたものであり,網羅的な質問項目とはなっていない点には限界が残る.

※3　なおこの結果は男性にしかあてはまらず,女性は性役割分業を不公正なものと捉えているという反論がありうる.しかし,男女を分けた分析も実施したが,結果は大きく変わらなかった.むしろ,女性回答者に限れば「男性のマッチョイズム」の風土,つまり男性に重い負担を強いるような風土と手続き的公正の間に正の相関がみられた.このことから,少なくともここでの調査回答者に限れば,女性のほうが部分的にとはいえ,性役割分業(または男性に優先的に負担を担わせること)を公正な仕組みであると捉えているということができる.

※4　ただし,この点は,組織を対象とした研究では解消がきわめて困難だと同時に考えている.要因の交絡を回避するために一つの組織を対象とした調査・分析を実施すれば,今度は結果の一般化可能性に大きな課題を生じてしまうためである.理想的には,ランダムサンプリングに近い形で抽出された多くの企業を対象に大規模調査を実施し,データの階層性を仮定した分析などを実施することが望ましい.しかしこうした調査は実現可能性がきわめて低い.

索　引

あ行

インクルージョン　14, 54
M字カーブ　3

か行

価値観のダイバーシティ　131
カラーブラインドネス　58
機会平等　144, 155
コンテクスチュアル・パースペクティブ
　　27, 31, 153

さ行

ジェンダー・ギャップ指数　3
仕事の相互依存性　41, 46, 79, 95, 153
社会的アイデンティティ理論　22
社会的カテゴリ化パースペクティブ
　　22, 45, 96, 146, 158
社会的寛容性　34
社会文化　28
情緒的コミットメント　70, 74
情報資源パースペクティブ　23, 24
職場　17
　　――の女性割合　185, 191
　　――のダイバーシティ　17
職務特性　28, 41, 153
女性活躍推進　7, 185, 190
心理的風土　48
斉一性圧力　43, 44

性差　74
性平等性　4
性別ダイバーシティ　1, 35, 40, 152
世界価値観調査　4
組織制度　106
組織風土　47, 62, 101
組織文化　62

た行

対人的ストレス　90, 95
ダイバーシティ　13, 14, 49
　　深層の――　18
　　――の主効果　25
ダイバーシティ信念　29
ダイバーシティ風土　30, 47, 49, 50, 51,
　　54, 65, 101, 102, 142, 147, 155, 201
　　――尺度　102
ダイバーシティ・マネジメント　39, 97,
　　151
多文化主義　58

な行

二次因子分析　201

は行

フォールトライン　33, 51
Blauの多様性指標　69
包摂性　→インクルージョン

207

ま行

マルチレベル分析　　71, 131

や・ら・わ行

役割の曖昧性　　42, 46, 79, 96, 153

リーダーシップ　　28
ワークライフバランス　　6, 10

著者略歴
2012 年　東京大学文学部行動文化学科卒業
2017 年　東京大学大学院人文社会系研究科博士後期課程修了
　　　　博士（社会心理学）
現　在　東京大学大学総合教育研究センター特任研究員
主要論文「性別ダイバーシティの高い職場における職務特性の心理的影響」（共著，『経営行動科学』第 30 巻第 3 号，2018 年），「多様化する職場におけるダイバーシティ風土の機能，ならびに風土と組織制度との関係」（共著，『実験社会心理学研究』第 57 巻第 1 号，2017 年）

職場における性別ダイバーシティの心理的影響

2019 年 1 月 31 日　初　版

［検印廃止］

著　者　正木郁太郎（まさき いくたろう）

発行所　一般財団法人　東京大学出版会

代表者　吉見俊哉
153-0041 東京都目黒区駒場4-5-29
http://www.utp.or.jp/
電話 03-6407-1069　Fax 03-6407-1991
振替 00160-6-59964

組　版　有限会社プログレス
印刷所　株式会社ヒライ
製本所　誠製本株式会社

Ⓒ2019 Ikutarō Masaki
ISBN 978-4-13-016121-3　Printed in Japan

JCOPY〈出版者著作権管理機構　委託出版物〉
本書の無断複製は著作権法上での例外を除き禁じられています．複製される場合は，そのつど事前に，出版者著作権管理機構（電話 03-5244-5088，FAX 03-5244-5089, e-mail: info@jcopy.or.jp）の許諾を得てください．

ダイバーシティ経営と人材活用
―― 多様な働き方を支援する企業の取り組み

佐藤博樹・武石恵美子(編)　A5 判・360 頁・4400 円

多様な人材が活躍できる職場環境の構築が，いま企業に求められている．仕事と育児・介護の両立，女性の活躍の場の拡大といった課題に加え，キャリア形成のための転勤政策のあり方や，仕事と病気療養の両立支援などの企業の取り組みを分析する．

ワーク・ライフ・バランス支援の課題
―― 人材多様化時代における企業の対応

佐藤博樹・武石恵美子(編)　A5 判・320 頁・3800 円

ワーク・ライフ・バランスへの支援は，これまで子育てを中心に考えられてきた．仕事と介護の両立や女性活躍推進という新しい課題に注目し，これからの日本社会に対応する企業の取り組みを，豊富なデータをもとに紹介する．

「家族する」男性たち
―― おとなの発達とジェンダー規範からの脱却

大野祥子　A5 判・256 頁・3800 円

男性のジェンダー規範に縛られた生き方は変わらないのか？　おとなの発達という側面から，「男は仕事」という性役割規範から脱し，主体的に家庭に関与し，家族と応答的にケアし合うようになった男性たちの生き方に迫る．

チームワークの心理学
―― エビデンスに基づいた実践へのヒント

マイケル・A・ウェスト　下山晴彦(監修)　高橋美保(訳)　A5 判・416 頁・2800 円

実証にもとづく心理学の観点から，タスクの設定，リーダーシップ，問題解決などのポイントを解説し，事例や実用的チェックリストを多数掲載．メンバーの学びと育ちを促進するチームづくりに必携の，世界 12 ヶ国で翻訳されたロングセラー．

ここに表示された価格は本体価格です．ご購入の際には消費税が加算されますのでご了承ください．